娃哈哈区域标杆

豫北市场营销实录

罗宏文 快车君 赵晓萌 寇尚伟◎著

Using Wahaha as a Regional Benchmark

The Actual Marketing Record of Yubei Northern Henan Province

中华工商联合出版社

图书在版编目（CIP）数据

娃哈哈区域标杆：豫北市场营销实录/罗宏文等著.
—北京：中华工商联合出版社，2016.7
ISBN 978-7-5158-1699-9

Ⅰ.①娃… Ⅱ.①罗… Ⅲ.①饮料工业-工业企业管理-市场营销-经验-杭州市 Ⅳ.①F426.82

中国版本图书馆CIP数据核字（2016）第137474号

娃哈哈区域标杆：豫北市场营销实录

作　　者：罗宏文　快车君　赵晓萌　寇尚伟
责任编辑：于建廷　王　欢
责任审读：郭敬梅
封面设计：久品轩
责任印制：迈致红
出版发行：中华工商联合出版社有限责任公司
印　　刷：北京鑫益晖印刷有限公司
版　　次：2016年9月第1版
印　　次：2016年9月第1次印刷
开　　本：710mm×1000mm　1/16
字　　数：240千字
印　　张：16.25
书　　号：ISBN 978-7-5158-1699-9
定　　价：86.00元

服务热线：010-58301130
团购热线：010-58302813
地址邮编：北京市西城区西环广场A座
19-20层，100044
http：//www.chgslcbs.cn
E-mail：cicap1202@sina.com（营销中心）
E-mail：gslzbs@sina.com（总编室）

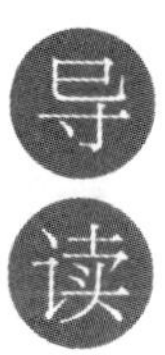

导读

2000年8月14日，我加入娃哈哈河南省分公司，一直到2015年3月离开，在娃哈哈公司工作了15年，历任娃哈哈集团业务经理、娃哈哈集团省级团队经理等职位。

离开娃哈哈公司后，我帮朋友经营咨询管理公司期间，我经常和前来咨询的小微企业老板们聊到娃哈哈如何做产品、如何培养团队、如何布局网络、如何做促销等问题，也和其中一些老板成了好朋友。2015年7月18日，我和这些朋友们小聚，席间大家都说自己按我的建议操作后收获颇多。

之后，应朋友们的强烈要求，在接下来的无数个夜晚，我寻找存在电脑里的资料和记在日记本里的日记，把娃哈哈的落地营销和试错营销策略进行分类，整理最接地气的实战经验，再进行若干遍精简。经我和三位联合作者的加工提炼，才有了你手里的这本《娃哈哈区域标杆：豫北市场营销实录》。

无论你是刚踏入社会，还是自己创业，无论是已经创业成功，还是正在打工，我相信你都有自己或痛苦，或高兴，或百思不得其解的职业成长故事。在本书的第一章里，娃哈哈面临的困惑，或许就是你的困惑，如何破局？如何蝶变？我与娃哈哈的故事，也许就是你的故事。

在做产品和做市场时，你知道从渠道为王到终端为王的重要性，也知道从终端为王到消费者为王的重要性；你了解娃哈哈的联销体模式，也深切地感受到了互联网时代的革命变化，但是你的新产品做一个死一个，不仅没赚到钱，还赔上了老本。如何使用娃哈哈的联销体营销模式化解这个难题？请你仔细看看本书第二章中娃哈哈思慕 C、格瓦斯和小陈陈推广失败的真实原因，以及第三章中娃哈哈进行营销升级的内容，在这里也许你能找到你要的答案。

如果你的产品规模不小，网络也很全，并且你还在不停地开发客户，但是销售额就是提不上去，你真的很困惑。那么请你好好读本书的第四章，看看娃哈哈是如何创造“二套网络”这个营销名词的，了解一下娃哈哈是如何构建二套网络的。

此外，书中还有精彩的生意经，即如何进行市场节奏的把控和人员管控，这些都是生产力产生价值的源泉，也是企业获得效益的源泉。如怎么做企业内训才能寓教于乐，既让员工学到东西，快速成长，又能取得好的销售成绩？娃哈哈在 2014 年 7 月举办了一场“猎鹰实战特训”活动，在此次活动中，30 名学员经过 3 天实战，使 98000 件零售价才 3 元至 4 元的产品到达终端门店，完成了近 400 万元的销售额。

我敢肯定，在这本书里，你看到的干货最多，内容最全面，方法也最接地气。那么，请跟随我们的脚步，相信你能快速找到你想要的答案。

2015 年转眼间过去了，作为饮料界业内人士，这一年过得如何，其中的心酸苦楚也许只有自己知道。说起我的老东家杭州娃哈哈集团，或许中国的老百姓都知道，毕竟它是中国食品饮料企业的老大，很多企业把它看作中国饮料行业的风向标。也许我说这话的时候，很多人会提出疑问：你们还风向标呢？2014 年收入的负增长率都达到 7% 了，娃哈哈打法真的靠谱吗？

最近我看了一本书，书名为《成功一日可以丢弃》，这本书是优衣库掌门人柳井正先生对自己二次出山重振业绩的经验梳理。柳井正先生一直倡导“No risk，No profit”，从中我们可以看出，什么是成王败寇，什么是功成名未就，因为成功是偶然，失败是常态，不创新的企业随时面临被市场大潮淘汰出局的风险。

回到我撰写本书的初衷，当下质疑饮料行业的人居多，质疑实体创业者的人居多，质疑中国经济能否持续发展的人居多，质疑中国当代改革是否可行的人居多……其实，质疑的人都是伪命题的创造者，而真正的创新者都在实干之中产生。娃哈哈这家企业从 1987 年由宗庆后老先生创立到今天，已经走过了 28 个年头，说娃哈哈是中国民营经济体的缩影也不为过。我们困难过，我们发展过，我们风光过，难道一家民营企业不能够在持续的创新中稍微地停顿一下吗？难道一位 70 岁老人一直坚守的实体经济强国之路不应该受到国人的敬仰吗？为何业界总是质疑？

作为娃哈哈大家庭曾经的一员，我感恩娃哈哈给予我成长的 15 年，这也是我人生中最精彩的15年，更是我营销生涯中收获颇多的15年。在这里，我将发出一个全新的声音，让大家看到，娃哈哈不是落幕，而是在二次创新！

这种创新的背景包括：互联网时代下新的市场语境、“90后”消费群体的崛起、整个饮料行业产能过剩及29年来体制与时代发展的滞后……这种挑战几乎是全方位袭来的。在这种状况下，我们不应只关注娃哈哈业绩的负增长，更应关注一家走过了29年风雨历程的传统制造企业至今仍屹立不倒的秘密，及其试图突破“创新者的窘境”的努力和实践，在我看来，这更加有价值。

近10年，河南市场一直是娃哈哈的第一大市场，而豫北市场（娃哈哈公司把河南分成两部分，商丘、周口、许昌往南属于豫南，三门峡、洛阳、郑州、开封往北属于豫北）又是其中的标杆。在娃哈哈流行一句话：“新产品推广看河南，河南看豫北。”娃哈哈新产品在豫北市场能否推广成功，直接影响着全国市场的成败。

与市面上多数研究和分析娃哈哈的书籍不同，本书选取了非常有代表性的微观视角——娃哈哈豫北市场，为大家详细展现这个标杆市场如何仅用10年的时间，完成了销售额从2000万元到30亿元的华丽转身，并为大家分析如何理解当下的新环境，以及娃哈哈在新的挑战下的探索之路。

作为一名快消品营销老兵，我只想把15年来与娃哈哈公司共同成长的经历分享给当下的营销人，希望能为您的事业添砖加瓦。

2016年2月15日

作于贵州万峰林

第1章

Chapter 1

娃哈哈面临的营销困局

1.1 与娃哈哈结缘

2000 年 8 月 13 日上午，我正在小店里张罗着生意，这时我的呼机响了，拿出来一看，是个陌生的号码。我随即回复过去，对方告诉我他是娃哈哈公司的，姓李，公司正在招业务，问我愿不愿意去，并把娃哈哈公司的详细地址告诉了我。当天下午，我骑着自行车按照发过来的地址去参加了面试。

合作路是一条很窄的路，由于当时的街道没有路牌指示，只有门牌号，再加上该街道太小，路面又太破，即使当时我在郑州也算是闯荡了两年的业务代表，愣是绕了好几圈才找到这个小院子。进入小院后，我询问了三个人才找到娃哈哈的办公室，当时接待和面试我的主管，一位姓李（就是这位主管给我打的传呼机），一位姓章。简短地交流后，我很顺利地通过了面试。经过一下午的思考，我决定上班，面试完的第二天，也就是 8 月 14 日，我就加入了娃哈哈。

这之前，我曾是旺旺集团的一名业务员，在旺旺集团做了两年时间的业务代表，做过流通渠道的业务，也做过终端商超业务，如当时的亚细亚、紫百、郑百、友谊、丹尼斯等。我经历了当时国有超市的倒闭潮，后来因个人原因从旺旺辞职了。

辞职后没多久，我就自己经营一家小商店，店名叫作“小上海”。后来我才知道，原来我能顺利地通过面试，是因为当时面试我的李主管去过我的店，见我的小店很卫生，产品陈列做得不错，服务态度也不错，认为我做业务应该没问题；同时我的一位客户向他推荐了我，所以他亲自邀请我参加面视。有缘面试后加入娃哈哈，我很感恩。

营销的目的是什么？这是理论界与实践界一直在争论的问题。娃哈哈的观点跟科特勒的理论观点不谋而合，那就是研究需求，这个需求是自下而上的，即：①研究消费者的需求；②研究批发商、经销商的需求；③研究员工的需求、管理层的需求；④产品出炉。也许有人会觉得我说得过分了，其实不然，细说之，大家就会明了。

1.2 娃哈哈的营销困局

娃哈哈作为行业内的翘楚，相信它的战略及战术大家都耳熟能详，战略就是“坚持主业，小步快走，不在培养市场上交学费，要跟进和领跑”；重要战术就是联销体。前些年，我们做营养快线、爽歪歪、596ml红标水、八宝粥都是这样一路走来的，都做成了让行业人士瞩目的大单品，为什么这几年连续作战就不行了呢？如启力、格瓦斯、乳酸菌、椰汁来一榨、小陈陈、C驱动等都几乎连续败北。难道娃哈哈真的是不行了吗？娃哈哈的营销策略到底出了什么问题？

1.3 反思2015：蝶变和转型

一、2015年存在的具体问题

看娃哈哈的通报，你会发现，任何时候娃哈哈都不会说是外部环境即外因有问题，而是说内因、说主观能动性有问题，即人出现了问题。市场若丧失了战斗力，首先是人出现了问题，是人向困难屈服了。

2015年是豫北市场近十年来生意做得最累、最差的一年，也是我们最值得反思的一年。在这一年中，经销商和业务员队伍都遇到了困难，遇到了很多自认为无法突破的瓶颈。

就经销商队伍而言，他们放弃了以往赖以生存的渠道压库模式，转向了精耕终端建设模式。在这个过程中，他们遇到了人力、运输能力、仓储等高成本的压力；遇到了高投入、低回报的压力；遇到了改变原有的运输工具的压力（从大车到小车，从一位二批商几千箱货到一个终端几箱货）；遇到了被二批商抛弃的压力；也遇到了应该选择继续发展还是小富即安的迷茫徘徊的压力。

这些压力的根源在于他们犯了“左倾”冒进主义的错误，具体表现为：继续盲目跟进，封杀二批商，直接搞向终端，导致与二批商的利益相冲突，在市场上成了孤家寡人，以至于往日的光环不在，往日的地位不在，往日的利润不在，往日舒服的日子不在！

就市场管理而言，客户经理从以往收款、报站、压库、推广会的单兵粗放作战模式向终端精细化建设模式转型。在这个过程当中，他们遇到了目标客户从传统的冰摊儿、小店向网吧、学校、大排档、夜市、BC类私超、小型连锁超市等新渠道转变的压力；遇到了员工管理从管理几名渠道人员向管理十几名终端业务人员转变的压力；遇到了终端管理从任务销量、回款额度向终端见货率、终端形象建设，诸如pop粘贴、冰柜维护、消费者启动活动、零瓶割箱端架地堆等转变的压力。

这些压力的根源同样来自于自己。经销商和业务员队伍一直沉浸于娃哈哈渠道王者的昨日之梦当中，导致终端形象差、口碑差、品牌差、服务差。而要消除这些压力，必须从以往单兵作战向主动服务意识形态做细致的工作转型，向一个学习型、成长型团队转型，即向会分工、会协同作战、会计划、会总结的团队转型。

我认为2015年娃哈哈有三件大事没有抓好：一是内部冲货问题，它严重影响了经销商的积极性，也造成价格价差不足；二是陈列退步，旺点抢占不够坚决，陈列不规范，节假日礼品包装没有优势；三是对客户经理的培养不够，以往基本是一名大客户经理掌控一个县，制约了小客户经理的发展和成长，也造成了大客户经理权力过大，一手遮天。因此，在我看来，人祸大于天灾，做营销永远要相信人定胜天！

第一，致命硬伤冲窜货。

跟其他的快消品公司一样，娃哈哈同样面临着区域管控的困难。区域管控不了，意味着价格体系混乱，价格体系混乱，意味着渠道参与者收入不可控，那么很快一个区域就废掉了。娃哈哈也非常头疼此事，于是在总公司打假办下属的区域督查，再加上分公司又有专属的督查组，直接归属分公司总经理，这样可以查出区域内所有参与者的任何行为。

尤其是2015年，整个快消品行业的冲窜货现象特别严重，娃哈哈为避免这类现象的发生，规定只要查出属于恶意冲窜货者，一律负连带责任。一次认定，客户经理、区域经理直接开除，省级经理待岗，这种严格的制度在娃哈哈的历史上也是罕见的。

其实老板也看到了冲窜货的根源，很多人会说是源于压货式营销，其实不是这样。在我看来，是因为很多人过于短视，开发了很多成活不了的经销商，或者是业务人员有私心，开发了一些不具备经销商资格的二批商。他们把控不了销售布局，就恶意冲窜货，且与当地销售人员沆瀣一气。对于此类人员，河南分公司会直接除名。

第二，新品竞争激烈。

娃哈哈当下的市场布局为八大主销品、四大新品，根据省级市场的不同，新品可以有所更改，但是主销品必须一致。当下的营销已经步入体验营销的鼎盛时期，所有的行业都会将消费者体验做到极致。比如，餐饮行业的海底捞、巴奴；IT 行业的苹果、三星。

我们快消品也是如此。2015 年，统一的新品让消费者眼前一亮。小茗同学、海之言更加注重消费者体验，譬如他们的消费者场景布局、小型促销拉缸桶布局均是如此。

那么，娃哈哈未来的成败在哪里？其实还在于渠道。大家可能会说，你傻了吧？不傻！当下“互联网 +”非常热，那么互联网中什么最贵？那就是流量。什么是流量？大家可能会说是浏览时产生的大数据。那么配送环节的流量在哪里？其实就来自广大的渠道经销商。从互联网的趋势来看，未来谁整合了渠道，谁就是王者！

蝶变和转型很痛苦，但是不可以避免。面对豫北市场的增长压力，面对经销商的盈利压力，面对客户经理、区域经理的收入增长压力，所有的娃哈哈人都很痛苦，但痛苦无法改变现实。我们只能接受现实、面对现实，因为我们不仅要活着，而且要更好地活着。

二、网络布局

娃哈哈的网络渠道可以说是中国最棒的，豫北市场又是娃哈哈渠道构建中的翘楚，那我们还需要市场布局吗？

当然需要，而且迫切需要。举例来说，我们 2013 年主推的 DHA 和启力产品为何在市场上迟迟不见销量？去市场跟大伙儿聊天，他们认为原因基本上是两方面：一是老板（公司）的推广思路有问题；二是区域间、市场间窜货的影响。那是不是就真的无路可走了？未必，只要不怕麻烦，认真细做，还是有出路的。

在这里就以一个市场实例对大家的疑惑进行解答。郑州市场一名新进的业务人员负责北区启力产品的销售，他一个人的销量是整个区域里所有销量的总和。

他是怎么做到的呢？因为这位小伙子善于动脑子。首先他把自己区域里能销售启力的可销点位全部覆盖。一段时间后，他发现这并不能形成很大的销量，毕竟他只负责三个都是村庄的片区；接下来他就找其他厂家的业务员一起吃饭聊天，看看对手是如何做的。他找到农夫山泉的业务员，发现人家的军队、劳教所都可以供货，于是乎，这位小伙子经过努力，使启力也成功地进入军队和劳教所了，而且销量还比较稳定！

这个例子是市场一个很小的缩影，从中我们可以看出：推广新产品，提升终端商店的销量，第一步就是要找对人，做对事，必须找到能卖的经销商，而不是仅仅依赖现有的客户和现有的渠道。如果布局出了问题，那么接下来的事情大家一定会经历。

三、渠道变革：产品终端化，终端产品化

快消品步入洗牌阶段，大多数厂家都说2015年特别的难熬，但在行业内的老兵看来却是机会来了。这二十年来我看了些许的宦海沉浮、产品的更迭换代，因此对于广大的中小企业来说，寒冬来临了，但是老话不是说得很好吗？冬天来了，春天还会远吗？

我们目前处在由渠道为王向终端为王和消费者为王的转型街口，变革得好，就是希望之春，就是最好的年代；变革得不好，就是失望之冬，就是最坏的年代。

实际上所有面对消费者的地方都叫作终端，批发的最终环节还是终端。定位渠道还是终端的依据，就是看厂家的管理能力深入到哪一个层

面。渠道管理只是到中间批发商这一层面，借助批发商的推力或者零售商的主动采购将产品推向终端的渠道运作手法我们称之为流通，反之，服务到零售商层面甚至消费者层面的渠道运作手法我们称之为终端。

1. 有一往无前的气魄

对于渠道变革，现在公司并没有统一的认识和制度，或者说公司的认识不足、决心不够，用时髦的话说叫“缺少顶层设计”，这就需要豫北人有一往无前的气魄。河南省是第一个完成像样拓展编制的省份，是第一个建立督查队的省份，是第一个建立培训师队伍的省份，我们应该做渠道变革的第一个践行者。

2. 转变政策投放

渠道时代我们的费用都用在了渠道批发上，收款要么给大促销品，要么直接送产品折价格，提货给政策，疑难问题出来了不给解决不接货；可终端除了陈列，基本得不到任何恩泽，二批商渠道就如一个政策拦水坝，所有的政策到那就停住了。即使陈列费也被人为操作用到了二批商身上，仅有少部分用在了砸大店上。费用投放比例不转变，所有变革就是无根之苗，我们一定要承受住销售压力，将政策的使用逐步改变过来。

3. 缩短通路，取消三批商、弱化二批商

公司以往的操作模式，是由大的二批商去辐射三批商，收款的时候三批商和大终端将 1 ~ 2 万元不等的钱交给二批商，二批商再集中起来交给一批商 10 ~ 20 万元，得到公司的一件冰箱、洗衣机或者直接的价格优惠，这就衍生了一个新名词——“冲账”。这样的操作模式只会扰乱价格，对促销没有什么实质意义。以后我们要取消由二批商分销给三批商，再由三批商到终端的模式。以往我们有调整，可不够彻底、不够系统。现在，一批商必须直接辐射所有批发商，价格政策可以略有差异，但这必须掌握在公司手里。

4. 锁定大店，借鉴大商超套路走

无论是郑州市还是地级市、县级市，都出现了一些面积在 500 平方米甚至 1000 平方米以上的单店。我们公司产品月销量在 100 箱以上的现代中型超市，有的还是小连锁形式，以往都是由二批商辐射的，其实二批商无论在价格还是服务上都已经渐渐无法满足这部分商超的需求，对于这类 A 类终端客户，我们要逐步实现一批商直供。

一谈到直供，赊账问题就成为绕不开的坎儿。

也许社会的诚信度在逐步降低，生意场上轻谈信任是危险的，可谁都不信任也是危险的。对于直供的商超，在店内销售上我们可以按照大商、丹尼斯等商超的供货方式走，该上地堆、端架陈列的首先在这些店上，该投 DM 单页的要投放，该上导购的时候上导购，店内有活动我们要参与，并且终端业务员应该具备基本的商超系统谈判知识和能力。

5. 实行团队小组战斗制

以一名渠道业务员为小组长，由 3 ~4 名终端业务员组建一个小组，所有任务以小组为单位考核。以往娃哈哈是个人挂靠 1 ~2 家批发商，以个人为作战单位，常常会暴露一些问题，诸如：

（1）领导任务分配不公平，导致任务无法完成，员工心里怨气很大。

（2）差不多的区域，有的人工作能力强，任务越分越多；有的人偷懒不干活，任务一直不多，发工资时领导心存不忍，还给调配一下。

（3）新品上市时，谁发的多、谁剩下的疑难问题多，其他人都眼看着不管不问。

（4）渠道业务员在批发上有了疑难问题，没有终端店卖，终端业务也不帮忙。

（5）终端店不从终端业务员手里接货，如果从其他批发商手里接货，终端业务员就不去理货拜访。

（6）每天大家坐在一个会议桌上开会，可能一句话都不说，甚至连彼此的电话都没有，社会的发展却带来了人情的冷漠。

实行小组制带来了很大的变化：

（1）按照小组分配任务，组长进行调配，一个小组一起努力卖，干得不好的组员就不能在团队里混日子了。每个人都要努力，因为一个人完不成任务，团队都要受到惩罚，领导可能看不出来你偷懒，可其他组员天天和你在一起，大家都看得清清楚楚。不好卖的新品、老品渠道批发有了疑难问题，终端业务员都开始积极帮忙找几家好店卖了，否则出现问题全组被罚。

（2）批发业务员成为组长后，除走访自己负责批发的区域外，每周至少要有 2 天时间跟随终端业务员一起跑市场，整理货架排面，贴广告做客情，指导新业务员的销售技能，这也是为了避免老业务员的懈怠。挖其他厂家优秀的终端业务员，更新小组队伍。

（3）终端店即使不接终端业务员的货，渠道业务员也要协助了解是哪位批发商给的货，终端业务员以后可以把这个终端店的单子直接给批发商，或通过渠道业务员转给该批发商。重点是把终端市场操作起来，一个小组的区域有肉，所有组员都有得吃。

（4）一个小组的人员要互相沟通，定期举行文化娱乐活动，不能总是吃饭喝酒。有句话说，没有集体活动的团队不是好团队。

6. 终端业务员究竟该做什么

市场要做好，只靠渠道业务员天天给批发商压库，市场只会一天天萎缩，销量越做越少。所以一名好的渠道人员，必须是一名优秀的终端业务员，这样在他成为渠道业务员以后，才能组建好自己的小团队，才能知道终端团队该如何去做。

（1）广告张贴。广告宣传是市场的脸面，就好像女人是否化妆一样。可蓝矿泉水除了公交车广告外基本很少做广告，可它的广告画却到处都是，广告画在可蓝的市场拓展中起到了重要作用。贴广告画不用多，每天 10 张就够了，怎么贴？最好是集中贴，积少成多，慢慢我们的市场就会有起色。

（2）货架整理。夏季的冰柜是关键资源，谁的冰冻效果好，消费者就买谁的。货架就是和消费者接触的最前沿，整齐划一的大排面货架摆放，绝对能激起消费者的购买欲望。同时，货架的抢占等于是挤占了竞争对手的市场空间，是一种无形的胜利。

（3）做好陈列。对于快速消费品而言，终端是产品与消费者见面的窗口，只有终端做得好，产品才能卖得好！终端最终做什么？终端做的就是陈列霸气！所谓的陈列霸气，就是让咱的产品在同类产品终端陈列中“脱颖而出”，在陈列气势与陈列创意上瞬间抓住消费者的眼睛，留住消费者的脚步！

我们豫北市场的兄弟姐妹们很少有不知道陈列为何物的，也很少有不知道豫北市场陈列标准的，但是为什么还做不好呢？其实原因有三：一是人力资源平衡问题，如果要保证每个月的任务都必须完成，就需要主管对人力进行平衡，谁来完成销售额，谁来做终端精耕，这就需要对人力资源进行变化、调整、分配；二是态度问题，做陈列，其实是做汗水，做细心，做执行力，没有用心去做是肯定做不好的；三是技巧问题，不能仅仅知道做多少数量是合格的，而没有细究做到哪里可以引爆销量，做到哪里可以四两拨千斤，以及做陈列之时应该遵循哪些准则。这是豫北培训组 2009 年乃至于以后持续研究的一个课题和方向。

当下我们终端陈列的效果出不来，大部分原因就是陈列的霸气不到位，不是陈列的数量（如地堆、零瓶、价格签、POP 等）不够，就是陈列千篇一律，毫无创意可言。

我们常常把陈列当作促销卸库政策，有个时髦的名词叫陈列式卸库。以后凡是做卸库的，我们就利用促销品，简单直接地给到终端，凡是做陈列就扎扎实实地做到位。陈列是一个个碉堡，一个个火力点，凡陈列点必须满足三点要求：摆放优美、客情良好、下货量大。如果客情不好，摆放不优美，下货量不大，那就直接用促销品诱惑，不用做陈列。

（4）抬高价格。批发的量大，批发商出的价格肯定低，这是市场的必然。比如，老快线我们给终端价格为 46.5～47 元，给批发商为 46 元。如果我们给终端 46 元再送一提纸，给批发商只能为 45.5 元，如果我们给终端 45.5 元，给批发商只能为 45 元。所以终端价格是市场的风向标，是市场洪流中的中流砥柱，是市场价格的定海神针。终端业务员必须稳固终端价格，如果一名终端业务员能够抓住 40% 的终端客户，价格保持坚挺，渠道政策使用规范，价格体系浑然天成、收放自如，那这个市场慢慢肯定会有起色。

（5）终端业务员要统一着装、装备齐全、形象专业。终端业务员是市场上一道亮丽的风景线，终端业务员应该统一着装，订单本、文件夹、斜挎包、收据条、美工刀等所有终端工作使用的装备应该统一配备。一出会议室奔向市场，他们就代表了公司，应该以一支团队的外部标识出现在市场上。

渠道的变革不是一蹴而就的，也不是一帆风顺的，变革必然触动筋骨，带来短期的业绩下滑，这与公司要求业绩增长的目标相违背。在这样的环境下，如何掌握调整的力度，顺利平稳地推进变革是一个复杂的命题。

第2章

Chapter 2

思慕C、格瓦斯、小陈陈的真相

关于娃哈哈的成功，外界各有说法，有人说是因为联销体，也有人认为是娃哈哈赶上了一个好的时代，亦有人说是娃哈哈的产品总是采取跟随战略而后来居上，还有人说是用广告轰出来的，更有牛人认为联销体能让经销商打预付款是因为有旺销的产品。娃哈哈的联销体系都是那些媒体和专家鼓吹出来的，在现代新生快消品行业不应该推崇。

在这里我想问，娃哈哈的联销体你真的了解吗？联销体的真正核心你研究过吗？如果说娃哈哈联销体就是一件产品，你真正了解这件产品五层结构中的核心本质吗？就因为娃哈哈开发出来的很多产品如瓜子、方便面、纯牛奶等都没有旺销起来，甚至于短暂面市后就死掉了，就能认为娃哈哈的联销体失效、过时了吗？还有就是，你了解娃哈哈联销体系营销模式里的八大经典战略吗？如果你的回答是：不是很了解，也没有专门研究过。请你跟我来。

我作为在快消品一线摸爬滚打近 20 年的“草根实战派”，现以娃哈哈思慕 C、娃哈哈格瓦斯和小陈陈三个产品为例，详细回忆娃哈哈公司当年开发和在豫北市场推广这些产品实录，告诉你这些产品在市场推广中不太成功的真正原因。

2.1 思慕 C：美丽动人

娃哈哈公司在 2005 年成功推出营养快线以后，在 2006 年岁末，一个同样以果汁营养元素和牛奶营养元素相组合而美丽动人的产品——娃哈哈思慕 C 芒果、香橙、桃杏惊艳上市。你还记得那句“天天一瓶，美丽动人”的广告词吗？都不记得了吧，不记得就对了，因为这款产品上市没多久就夭折了。娃哈哈思慕 C 与娃哈哈营养快线极其相似，当时除了瓶身标签不同，口感不尽相同外，思慕 C 瓶子大小与瓶形和娃哈哈营养快线一模一样。

思慕 C 的产品介绍说是将新鲜水果去皮去核后，连同果肉与香浓牛奶一起进行融合配比，还采用了国际领先的生产流水线与特殊工艺，保留了产品“低脂肪、多营养”的健康特色，并特别添加了深得白领女性熟知与信赖的“利体素”，让女孩们不但可以享受到营养美味，同时也不再担忧身材发胖的问题。公司还大手笔地邀请因“快乐精灵”形象而深受观众喜爱的湖南卫视知名主持人谢娜，全程担纲娃哈哈思慕C的形象代言人，将因畅饮思慕C而感受到的快乐带给与她一样知性、智慧、充满魅力的年轻女性们。然而，就是这么多的利益好处，产品居然没有爆量，实在是可惜。

对于这款富含营养元素和充满朝气的前卫产品，在刚上市时，娃哈哈采用的推广手法和营养快线上市时的推广手法是一样的，同样也是在娃哈哈联销体作用下迅速到达全国市场，同步的电视广告不仅投放于CCTV，还有各个地方的卫视频道、电波广告、地方报纸、公交广告等。媒体广告的投放密度之大，纸媒楼宇的投放频率之高，都远远超过之前的产品。地面推进的速度也很快，消费者拉动的形式也不少，甚至在推广营养快线的基础上还总结出来好多落地的经验用于思慕C产品的推广。可是这款产品面市不久就很快退出市场，从消费者的面前消失了，这是为什么呢？难道是娃哈哈公司不希望这款产品卖好吗？答案当然是否定的，娃哈哈人绝对期望思慕C卖得比营养快线还要好，甚至是超级火爆。

最后思慕C产品没有爆量，有人说是广告做得不好；又有人说是广告做得不错，但思慕C口感不好；还有人说是时代变了，联销体的作用失效了。这些说法都是仁者见仁，智者见智。

如果说广告不好、口感不好，那么你看过椰树椰汁的广告吗？你喝过椰树椰汁吗？其实很多人都不喜欢喝椰汁，椰树椰汁不也卖得很成功。如果你说我没喝过椰汁，那杏仁露你总喝过吧，杏仁露的口感好吗？其实很多人不喜欢那种味道，但是人家就是能风风火火闯九州。有人可能会说：这些原因都不是，那就一定是联销体的作用失效了。如果你也这么认为，我只能说你真的不了解娃哈哈联销体模式的核心和本质，联销体能解决的问题就是两个字：“信”和“快”。信，就是娃哈哈任何一款新产品的推出，娃哈哈联销体成员都是按照公司的要求现款提货，从来不担心产品卖不掉而导致自己赔钱的问题；快，就是娃哈哈推出的任何一款新产品都能通过联销体一夜之间送达全国各地市场。

娃哈哈思慕 C 推广失败，不是广告不好，也不是口感不好，更不是娃哈哈联销体的作用失效了。那到底是什么原因导致这款产品推广失败呢？请您继续随我看完整个营销活动中思慕 C 与营养快线的对比你就明白了。

第一：产品研发。研发营养快线时，一方面，娃哈哈老品的销售开始萎缩，已经几年没有开发出新产品了；另一方面，很多白领上班时来不及吃早餐，牛奶加果汁融合的奶昔产品正好迎合了消费者需求。思慕 C 的研发，正处在营养快线高速成长期，产品诉求要解决的问题对于消费者来说不是特别强烈（如果现在重新推广，可能就是不一样的结果）。

第二：产品内容物。思慕 C 和营养快线的内容物结构似乎没有多大的区别，都是牛奶加果汁，富含多种维生素。

第三：产品广告语。营养快线是“香浓牛奶，营养果汁，十五种营养元素一步到位”或“早上喝一瓶，精神一上午，晚上喝一瓶，精神一整天”。思慕 C 的是“香浓牛奶，营养果汁，天天一瓶，美丽动人”。从这些广告语中可以看出，思慕 C 和营养快线都从理性和感性的角度对消费者进行了清晰的诉求传播，一个给予全面营养，一个给予全身美丽。

第四：产品推广手法。都是运用娃哈哈强大的联销体合作伙伴迅速把产品推向全国市场，再通过一级联销体下面庞大的特约批发商快速铺市，同时运用海陆空媒体进行立体轰炸。

第五：产品生动化。对于产品在市场上的展示，无论是终端买断陈列，还是商超形象，抑或是与异业合作，娃哈哈都采用了“四统打造法”，即统一形象、统一用语、统一时间段和统一动作。

第六：产品涨价。营养快线上市后，由于原材料、物流等成本的增加，娃哈哈公司对出厂价进行了多次上调。以 500ml × 15 装的为例，从最初的 36 元/件上调到 38 元/件，再从 38 元/件调到 39 元/件，一直调到44元/件。从36元/件到44元/件，中间至少是做了不少于8次的价格上调，每次调价后产品都卖得很疯狂，似乎越调越火，而且每次调价都很顺利，但是到了44元/件这个价位时，它好像成了娃哈哈营养快线调价的一道坎，再也上不去了。于是娃哈哈就开始进行升级，推出了一款娃哈哈幸福牵线，出厂价价位略高于营养快线。思慕C上市时，终端门店老板都是参照着营养快线来接货，谁也不会放过赚钱的机会，因此第一轮铺市很顺利。娃哈哈公司吸取了营养快线的经验，在思慕C上市后第二轮订单还没有发出来时，就对思慕C产品进行了统一调价，每件统一上调2元。价格上调后没多久，思慕C铺市全面遇阻，造成联销体合作伙伴产品的库存滞销，娃哈哈公司又迅速回落价格，但是还是没能挽救思慕C的成长。特约批发商不敢接货，终端门店也不卖货，导致经销商库存批号越来越陈旧，在残酷的市场面前，思慕C很快就消失了。

这回应该明白了吧，娃哈哈思慕C推广失败的原因，根本就不是广告不好，也不是口感不好，更不是娃哈哈联销体的作用失效了，而是涨价涨死的，是拔苗拔死的。那么思慕C在涨价时到底遇到了什么阻碍，在营养快线都已涨成功时，而思慕C却涨价涨死了呢？根据我的亲身经历，我认为原因有二：

一是涨价的时机不对。常言说买涨不买落，这句话的内容是需要具备一些条件的，比如，货源紧缺或者产品非常热销时，买涨的欲望就会高涨。如果消费的热情度都没有上来，终端门店不敢接货，批发商不敢囤货时，整个消费氛围都还没形成，别说买涨了，不出现买落的欲望就不错了。娃哈哈公司对营养快线的涨价，正好具备买涨的条件，即消费者热情购买，需求量逐渐增加。一家终端小门店一次敢要2件甚至更多的货，批发商一次敢要500件，经销商一次敢下单3000件时，业务员说公司现在产能不足，先给你发2000件吧，经销商对批发商说公司现在没货，看在咱们老关系的份上先给你200件卖着吧，在这种情况下，公司进行了第一次调价。第一次上调后，由于消费者需求量不断倍增，公司已有生产线满负荷生产也不能满足现有订单量时，公司又进行了第二次价格上调，接下来就是第三次、第四次，每次上调都很成功，越上调卖得越疯狂。对思慕 C 的调价呢？进行第一次调价时，涨价的时机不对，也就是第一轮货刚好铺到终端门面上，消费者的热情度还没有上来，消费者还没有对思慕 C 形成二次或者三次消费的欲望，终端门店的存货都还没有真正动销，还没有真正形成消费循环。

二是涨价挫伤了二批商的积极性。思慕 C 涨价时，由于能接货的终端门店存的货动销慢，消费者也还没有形成循环消费意识。动销慢肯定就不敢存货，终端不存货也就意味着二批商不敢存货。这时涨价，对于终端门店老板来说，涨价与不涨价都没有什么影响，根本刺激不了消费，没货也无所谓，甚至干脆不接货。但是对于一批商、二批商就不一样了，特别是一批商，按照惯例，由于第一批铺货速度快，原来一月卖出去 2000 件的，现在可能在不到半个月里就会集中订单 5000 件，可是等到已经涨过价的这些思慕 C 的订单到达仓库时，二批商因为每件产品一下子涨了 2 元，而给终端门店的价格因产品动销慢又无法涨起来，这时也就意味着二批商每件产品的利润一下子减少了 2 元。本来可以多赚 2 元，现在一下子就少了 2 元，于是二批商干脆不要或者少要货，甚至于等待观望。等到集中报站的订单都发出来后，市场库存的批号越来越陈旧而无法正常销售，甚至低价销售，直接挫伤了二批商和一批商的积极性。

2.2 格瓦斯：液体面包

2013 年，娃哈哈对创新研发的新品“格瓦斯”的推广预算广告费用高达 5 亿元，这款新品到底有什么魅力值得娃哈哈公司这么大手笔地投入？5 亿元的广告启动后，这款新品在短短半年时间就为娃哈哈公司带来了十分可观的销售额。这个销售额让蜗居东北多年的老东家——秋林百般嫉妒，随后秋林精心策划掀起了一场不亚于加多宝与广药争夺谁是正宗凉茶的口水营销大战。

后来娃哈哈企业又通过赞助湖南卫视的创新节目《我是歌手》，使其赞助品牌娃哈哈格瓦斯的市场认知度迅猛上升，也让大家知道了号称东北格瓦斯一哥的秋林，还有松雷、得莫利、华威等品牌，而且还向全国人民普及了一个词——格瓦斯，使格瓦斯迅速成为当时夏季饮料市场最受关注的一款产品。

只要想起娃哈哈格瓦斯你就立马想到了液体面包，还有那棕黄色的液体、异域风情的包装、长发飘逸的性感俄罗斯美女……娃哈哈格瓦斯饮料自从2012年年底上市后便给众多消费者留下了深刻的印象。但是才时隔一年，就在娃哈哈对格瓦斯轰轰烈烈的推广，以及与秋林格瓦斯谁正宗的口水战后，娃哈哈格瓦斯就在不知不觉中淡出了人们的视野，娃哈哈公司对格瓦斯营销动作也随之减少了，产品也慢慢地退市了。

关于娃哈哈格瓦斯的淡出，有的人说秋林赢了，娃哈哈输了，有的人说是娃哈哈格瓦斯不如秋林格瓦斯好喝，还有的人说是娃哈哈格瓦斯的定位模糊、理念不清，甚至于还有的人说是娃哈哈的营销战略错误。总之，对娃哈哈格瓦斯失败的原因众说纷纭。那么娃哈哈格瓦斯没能畅销起来的真正原因是什么呢？我在这里以豫北郑州市场为例，讲述一下一线冲锋陷阵人员的真切体会，从全新的三维角度解说娃哈哈格瓦斯的推广活动，带你从多维的角度审视网络上的各种说法和观点。

一、格瓦斯的魅力

格瓦斯是什么东西，到底有什么魅力？

根据百度网络资料显示，“格瓦斯（又叫克瓦斯、卡瓦斯）”取自俄语，原产于俄罗斯，中文翻译为用面包发酵酿制的饮料。格瓦斯是以山花蜜、啤酒花、谷物、浆火、白糖、黑糖等天然物质为原料，经多种乳酸菌、酵母菌复合发酵酿制而成的微醇性生物饮品，属酒精饮料。格瓦斯具有开胃、健脾、降血压、消除疲劳等保健作用，与“德国啤酒”“美国可乐”和“保加利亚布扎”一起被公认为世界四大民族饮品。在1982年于南斯拉夫举办的国际清凉饮料评比中，俄罗斯“格瓦斯”以18分的绝对优势力压可口可乐9.8分而摘得桂冠，这就是“格瓦斯”的魅力。

二、格瓦斯为什么“蜗居”东北

格瓦斯早在1900年就由俄罗斯商人传入中国东北，成为国内外众多饮料中有点啤酒味道和麦芽香醇的唯一烤面包（大列巴）发酵健康饮料。这么多年了，除了去过东北的人略知哈尔滨秋林格瓦斯和得莫利格瓦斯外，我想之前很多人都和我一样不知道格瓦斯是什么东西，直到2012年娃哈哈格瓦斯的全国推广。要知道格瓦斯从传入中国到全国推广已有100年了，有几家企业能做到100年呀？为什么这么好的产品100年后才走出东北呢？而且还是娃哈哈告诉你才知道的呢？原因有四：

一是地域限制。地方特产，受区域印象限制。格瓦斯作为外来民族的健康饮品，就像地方特产一样，能给产品打上深深的烙印，在地方上很有特色，很难走出去，即便走出去也会因水土不服很难适应外部市场。

二是工艺局限。传统工艺，受制于生产流程。在“格瓦斯口味正宗之战”时，秋林公司讲了一个有关“格瓦斯”传统工艺的故事：几个世纪前，在俄国，有位小饭店店主将食客掉在桌子上的面包渣收集起来，装在瓶子里进行发酵。几天后，瓶子里的面包渣变成一种具有浓郁酵香的汁液，其独特的味道受到俄罗斯人的喜爱。人们还发现，这种饮品具有助消化、调节肠胃的功能，逐渐成为俄罗斯一种常见的饮品流行起来，也就是说格瓦斯的生产受到传统工艺的限制，快速大批量甚至自动化生产，做不出格瓦斯真正的口感来。

三是资金限制。营销太慢，受制于资金。作为格瓦斯的发源地东北，在100年的时间里，至少有50年有可以扩张的机会，但由于企业受资金的限制，东北市场一直定位于传统，扩张速度太慢。

四是胆识不够。胆识不够，受制于思想固化。当娃哈哈大手笔砸下5亿元的广告费推广娃哈哈格瓦斯，秋林格瓦斯从产值不到3亿元一下子也能卖到6亿元时，娃哈哈格瓦斯能卖到10亿元甚至于直抵20亿元，就足以证明娃哈哈的胆识，证明什么叫与时俱进和解放思想。你不走出去，别人就走进来，你不革命，别人就革你的命。

三、娃哈哈“闹革命”，格瓦斯才冲出东北

格瓦斯经过这么长时间的沉寂，如果不是娃哈哈公司在 2012 年年底到 2013 年年初推出娃哈哈格瓦斯，也许你现在还不知道什么是格瓦斯和非一般的液体面包，更不知道原来在东北早就有一个秋林格瓦斯了，也不会知道格瓦斯到底是什么东西。

说到这里，你可能想到了娃哈哈八大经典营销战略里的跟随战略，但你一定不知道在娃哈哈的跟随战略里还有一个模仿创新战略。娃哈哈公司这次对东北格瓦斯发起的营销革命，可谓是娃哈哈模仿创新战略的经典案例。

宗庆后为什么会在这时推出格瓦斯，并对东北传统格瓦斯发起革命呢？一是因为格瓦斯饮料成为地方饮料，在东北的确受消费者欢迎，有市场基础。二是因为格瓦斯在东北卖了这么多年，说明这款产品有特性。三是因为这段时期流行包括红牛、脉动、营养快线等在内的功能型或者保健型饮料。

宗庆后向来对市场具有敏锐观察力，加上长期在一线，走访过东北市场，自然不会放过这种机会，于是亲自到俄罗斯考察，考察完后对酿造格瓦斯的传统工艺进行了大胆的创新。一是根据中国人的口感进行了改进；二是采用麦芽汁发酵技术，更先进、安全，不同于传统操作工艺将麦子磨粉后烤成面包，然后发酵酿制而成，带有低度酒精。

在 2013 年年初，娃哈哈格瓦斯刚投放市场就受到了广大消费者的欢迎和热捧，网络搜索量迅速飙升，娃哈哈格瓦斯这个词在百度的搜索里排到了最前沿。市场表现更是惊人，半年时间就突破了 10 亿元的销售额，直指 20 亿元。

紧接着格瓦斯的发源地东北冒出数十家生产企业，“东北军团”包括了秋林、得莫利、华威、地佰益、完达山等品牌，个个都跃跃欲试，企图把这个具备俄罗斯风情的发酵饮料的市场份额带上一个新台阶。

军团中秋林格瓦斯的表现最为突出，他非常机智地在 2013 年 6 月 28 日官方微博发起了主题为“拜托‘娃’，山寨也要认真点”的格瓦

斯正宗口水战，直接将炮火引向娃哈哈，文案中句句带刺地表达了“娃哈哈格瓦斯是冒牌山寨，唯我秋林格瓦斯才是正宗”的观点。恰逢娃哈哈格瓦斯的广告大举造势之际，秋林借助这场漂亮的公关营销战，吸引到不少人的目光，秋林格瓦斯一下子也从东北地区跑向了西南地区。

四、豫北市场是娃哈哈格瓦斯推广的缩影

娃哈哈格瓦斯在 2013 年年底到 2014 年年初，大手笔地投入 5 亿元广告费进行市场推广，通过赞助《中国好声音》、《我是歌手》、《非诚勿扰》等媒体活动，娃哈哈格瓦斯在全国的销售表现非常好，市场表现也惊人，着实火了一把。

豫北市场的郑州市场里的一位客户，第一个月才发货 5000 件，还是公司根据联销体给客户下达的推广新品的任务指标。经过娃哈哈业务的全面布局，到第六个月，不用下任务，客户自己一个月就销售了 10 万件娃哈哈格瓦斯，而且到月底库里还没有库存，你就不难想到娃哈哈格瓦斯当时的畅销程度。郑州市场是豫北市场乃至于全国市场对娃哈哈格瓦斯推广活动的缩影。我们来还原一下当时的情景，希望对你的公司或者企业开发推广新产品有所帮助和借鉴。

1. 网络布局更新

经销新产品的风险相对比较大，虽然利润高，但是销量少，如果区域里没有形成足够的集中销货数量就很难养活客户。在豫北市场省级经理骆总的指导下，娃哈哈郑州市场业务经理借鉴了前期洛阳市场非常可乐的推广经验，采用了一套网络和二套网络相结合、二套网络为主和一套网络为辅的营销模式，对这次格瓦斯的推广进行了全新的探索。

原有的联销体合作伙伴对新品格瓦斯都没有直接的经销权，娃哈哈重新开发出一家做宝洁产品的客户来经销娃哈哈格瓦斯这款新产品。这家客户不仅掌握着郑州庞大的终端门店，还有自己的团队，在终端门店具有良好的客情，除了现代大终端门店由原有 KA 经销商配送经营外，郑州市场所有终端门店都交由新客户来经营配送。

2. 封闭经营权限

在郑州市区除了KA门店由原有KA经销商配送外，新客户作为二套网络客户，独家经销娃哈哈格瓦斯，对郑州终端门店进行全区域铺货。同时，原有联销体客户也必须按照娃哈哈制定的统一价差结构销售格瓦斯，而且只能在自己的封闭区域内销售，从新客户那里拨货，严格实行格瓦斯在郑州市场上各级价差价格的统一，禁止跨区销售或者窜货，以及低价卖货。这样一开始就鼓舞了新客户经销格瓦斯的信心，再加上娃哈哈郑州市区60多名业务人员的集中配合铺货，更加调动了二套网络新客户的积极性。

3. 丰厚利润点燃激情

格瓦斯一上市，娃哈哈就利用强大的品牌力，和以往一样给经销商制定了严格的价差结构。以往经销商推广新产品基本上保持在每件产品2元的利润，这次与以往不同，每箱格瓦斯直达终端的利润在10元左右，而且原有的一套客户从二套客户处拨货时，每件产品也给新客户留足了每件0.5元的利润，也就是说新客户坐着不动，每件格瓦斯产品一出库就有五毛钱进账。

另外，娃哈哈几十名业务人员集中配合，强力铺货，首批2000件货几天就铺完了，而且全都是收现金直达终端门店，第一个月5000件货很轻松地就铺完了，轻轻松松几万元就赚到了手。这个速度不仅让新客户激动，而且当月新客户自己就从每件产品中拿出2元的利润来奖励所有业务人员，丰厚的利润不仅点燃了客户的激情，高额的奖励也鼓足了业务员的干劲。

4. 推拉结合生动化先行

产品要真正卖出去被消费者消化掉，仅仅把货推出去是不行的，还必须要有拉动的力量才行。娃哈哈除了投放具有强大影响力的央视广告，还投放了河南卫视和都市频道的黄金档广告、公交视频媒体广告，还有河南交通广播广告，进行了空中密集轰炸。另外，还有专门的拓展队负责各种路演拉动和与腾讯等网络媒体的合作，还有强势纸媒如《大河报》和《郑州晚报》的整版平面媒体广告。这些拉动给予你最多的是视觉冲击和听觉冲击，那金发飘飘的俄罗斯美女及液体面包的感觉，直接勾起你消费的欲望。

在广告的攻势下，娃哈哈公司郑州业务员进行了地毯式的买断陈列，不到 10 天就买断了上千家。买断形式有端架、货架和地堆，还配以围贴和展板，集中在 5、6、7 三个月，因为这三个月正好是饮品销售的旺季。凡是被买断的点位，就相当于打仗一样占领了制高点，占领了制高点当然也就意味着战争的胜利，在这里娃哈哈公司真正打出了娃哈哈联销体里不为人知的试错营销连环组合拳。如六个核桃当初上市推广时，在三门峡地区搞的堆箱虚实陈列活动，一夜时间爆出来的销售氛围，在很大程度上满足了消费者因视觉冲击产生的购买欲，进而实现了好奇体验，其实这就是娃哈哈试错营销的真实再现。每一个经典的成功案例，都是从上一个试错成功的案例中借鉴过来的，然后又在创新的过程中不断试错，不断更新。

5. 开展校园营销竞赛活动

郑州市场对格瓦斯的推广活动，完全来自于前期推广营养快线和爽歪歪的成功经验，并在这些经验的基础上进行了全新的升华，高密度开展与异业之间的合作，特别是校园和网吧。这些场所就像一艘一艘核潜艇，把推广活动做好了就是核反应，把里面的消费群体调动起来就是核动力，这些反应堆产生的动力所带来的效应无可估量。

比如，娃哈哈拓展队负责联络高校，开展高校内部和高校与高校之间的大学生校园营销竞赛活动，把参与活动的学生分成若干个小组。这些小组组成一个一个的虚拟公司，各个虚拟公司的负责人带领自己的团队在营销老师的指导下，针对娃哈哈格瓦斯产品搞销售竞赛，筛选出最好的策划文案和先进的小组，由娃哈哈公司给予现金奖励。

这种活动一方面培养了大学生的社会实践能力和团队组织管理能力，另一方面老师和学校不需要出一分钱，就把学生放到了真实的营销活动和社会中，把理论和实践进行了有机结合。当然最大的受益者还是娃哈哈公司，一场校园营销竞赛活动结束可以卖出近万件娃哈哈产品，一场网吧的线上线下活动结束也能卖出十几件甚至上百件娃哈哈产品。

郑州市场的娃哈哈格瓦斯在全新的二套网络、人员管理、合理价差和产品促销四架马车的驱动下，不到半年的工夫，就使格瓦斯经销商的月销售量从第一月的5000件很快飙升到10万件，而全国的销量已经突破了10亿件直至20亿件，再次验证了娃哈哈联销体营销模式里试错营销的威力。这个惊人的数字一传开，着实让人嫉妒，短时间内的销售量竟然是竞品全年销售量的好几倍。这让竞品急红了眼，于是就爆发了精心策划的一场格瓦斯谁正宗的口水营销大战，各大媒体纷纷报道，这才让全国人民知道了格瓦斯东北军团。

6. 动力不足全军溃败

格瓦斯这个品类，在娃哈哈大手笔广告的推动下，走出了东三省并迅速扩张，在2013年至2014年年初，着实火了一把。为什么这个品类在短暂爆发之后却逐渐沉寂？关于格瓦斯的全军溃败，有一句话说得比较形象：当所有的竞争对手都死了，一个人活着也很孤单，甚至于也会孤单地死去。就在一场口水营销大战后没多久，大家发现娃哈哈格瓦斯开始隐退市场，继续飙升的势头已经不在，并且随着娃哈哈格瓦斯的慢慢隐退，除了秋林格瓦斯还在短暂拼杀，其他东北军团也退回去了，因为没有娃哈哈的存在，市场就少了推动力。

娃哈哈格瓦斯的迅速退市，其实不是口感不好，也不是被秋林打败了，更不是营销策略不对，亦不能定性为“2013年饮料界的失败案例”。

在网络上有一段关于娃哈哈格瓦斯优劣势的分析，文中说到了娃哈哈格瓦斯被迫退市的几个关键点：

娃哈哈格瓦斯SWTO分析

（一）优势（strenghth）

1. 品牌优势：①娃哈哈集团是中国目前最大的饮料生产企业，公众对其品牌的认可度相对较高。②娃哈哈集团拥有完善的全国营销体系和销售网络，良好的联销体运作模式把厂商与经销商的利益紧密联系起来，保证了新产品上市后能迅速地铺货到终端。

2. 产品优势：①格瓦斯这款新产品，不同于果汁饮料、碳酸饮料、乳制品饮料，它是一个新品类，与其他饮料有巨大差异性。②格瓦斯是纯麦芽汁发酵，是一种健康饮品，而且有助消化，生津止渴，有非常好的养胃功效。③格瓦斯带有浓烈的俄罗斯风味、异域风情，消费者都有体验新事物的好奇心，所以在初期一定会得到消费者的关注。

（二）劣势（weakness）

1. 历史原因：娃哈哈不是第一家从俄罗斯引进格瓦斯的企业，所以从其产品本身而言并没有深厚的历史文化底蕴，而且也没有真正地掌握制作格瓦斯饮品原始的生产工艺。

2. 自身原因：①娃哈哈在对格瓦斯的定位上不是很明确，在试销阶段，消费者对格瓦斯的认知没有一个清晰的概念。②娃哈哈格瓦斯针对南方市场调配的口味偏甜，需要经过一段时间的消费者体验，然后通过得到的反馈信息，再针对出现的问题进行适当改进，所以初期消费者对格瓦斯的认可度还有不确定性。

（三）机会（opportunity）

①目前对于格瓦斯这一品类饮料认知度较高的只有东北三省，所以还有大片的空白区域等待着娃哈哈去开拓。②饮料行业竞争激烈，各大厂商接连推出各种类型的饮料，促使消费者对新饮料的需求日益增强。③格瓦斯这一品类饮料的细分市场还不是很成熟，为全面控制并占领此细分市场留下了巨大的机会。

（四）威胁（threat）

1. 直接竞争对手：①在同品类的饮料当中，只有东北的秋林公司生产的秋林格瓦斯占据了东北三省大部分的销售份额，而且目前正在强力扩张，其在天津设立的分厂使产量大幅增加。②秋林是最早从俄罗斯引进格瓦斯的企业，并且拥有较为正宗原始的生产工艺，秋林格瓦斯浓烈的口味在东北市场的认可度非常高。

2. 潜在竞争对手：有报道称，康师傅和统一也伺机进入格瓦斯市场的争夺战。

3. 地域风俗：格瓦斯属于特定区域下产生的一种饮品，不同地方的人对其口味会有不适应性，所以要调配出适合大多数人口味的格瓦斯也是一种挑战。（来源：百度文库）

以上这段文字里面提到两个关键点，我也比较认同，一个是历史原因，娃哈哈不是第一个从俄罗斯引进格瓦斯的企业，对格瓦斯这类产品本身而言并没有深厚的历史文化底蕴，没有真正掌握制作格瓦斯饮品原始的生产工艺；另一个是地域风俗生活习惯，格瓦斯属于特定区域下产生的一种健康饮品，所以不同地方的人对其口味会有不适应性，要调配出适合大多数人口味的娃哈哈格瓦斯也是一种挑战。那么网文提到的这两个原因是不是娃哈哈格瓦斯退市的真正原因呢？我们再回到郑州市场，看看郑州市场接下来都遭遇到了什么样的市场风暴。

郑州乃是中原的腹地，是河南的省会中心，可谓得中原者得天下，失中原者失市场。

就在娃哈哈格瓦斯在郑州二套网络月销售达到 10 万件，且月底没有库存、月初还要疯狂下单时，一场针对娃哈哈格瓦斯的黑色风暴正在郑州乃至于全国各地悄悄刮起。

此时正值 7、8 月份，是饮品真正的销售旺季，开始有消费者反映娃哈哈格瓦斯的口感有点发酸，怀疑是不是买到了假的娃哈哈格瓦斯，甚至有消费者还怀疑娃哈哈格瓦斯是不是有质量问题。再加上秋林格瓦斯发起的口水战，这个消息在消费者中开始发酵，引起了消费者的心理恐惧。

这无疑给了娃哈哈格瓦斯致命一击，铺到终端门面上的格瓦斯开始滞销，终端老板不敢要货，批发商不再屯货，经销商库存积压。虽然娃哈哈及时采取了促销措施，但是经销商看着满仓库的格瓦斯批号慢慢变老、资金不能及时变现，信心严重受挫，产生恐慌心理，就开始低价甩货，导致市场价格混乱。

尽管娃哈哈及时采取了很多挽救措施，但由于格瓦斯这款产品在娃哈哈没有历史文化底蕴，这场创新的生产工艺和原始的生产工艺的较量，终归还是没能挽回消费者的心。

五、试错营销战略将是娃哈哈格瓦斯二次革命的胜利法宝

有人说目前娃哈哈格瓦斯已经死了，或者说停产了，真是这样吗？你只要走进现代 KA 渠道和流通渠道的部分门店，如郑州的世纪联华、正道思达、大商、丹尼斯等超市，照样还能够从货架上买到娃哈哈格瓦斯，规格还是 330ml 装的，零售价也还是 3 元一瓶。目前倒是除了秋林，东北格瓦斯军团都退守东三省市场了。

格瓦斯的大举扩张，可以说是娃哈哈拿 5 亿元广告费砸出来的，冲到东北闹革命，东北格瓦斯军团这才不得不大举扩张。特别是秋林，在 2013 年 8 月还放出消息，说除了哈尔滨和天津厂，还计划将湖南、四川、广东、福建等地作为候选地区建厂，要把产能做到 13 亿元。但是这个踌躇满志的计划，随着娃哈哈格瓦斯的火热度败退，一年后也烟消云散了。

那么娃哈哈格瓦斯还有没有机会重新闹革命，再次冲击东北格瓦斯军团，引领格瓦斯品类走向全国市场呢？我做个大胆的预测，答案是肯定的。无论是你认为娃哈哈格瓦斯口感不尽如人意也好，还是产品诉求模糊不清也好，抑或是渠道策略创新不足也罢，我认为娃哈哈一定会像推广 AD 钙奶、纯净水等产品一样用试错营销战略对格瓦斯发起二次革命。

第一，娃哈哈联销体营销模式八人经典之一的模仿跟随战略里有一个不为人知的试错营销战略，而且市场实践验证是屡战屡胜，特别是娃哈哈 AD 钙奶目前在市场上的表现就足以证明。

第二，模仿创新向来是娃哈哈的强项，小步快跑更是娃哈哈的绝笔，从非常可乐到 AD 钙奶，再到冰糖雪梨，等等，在对比中你会发现娃哈哈模仿有两个特点：一是模仿当前特别流行的，二是模仿在某个区域一直流行的。同时娃哈哈也很会抓时机，我不需要快人一步，我只需要略微创新，比别人快一小步，要么不跟，一跟就火，别人再跟就死。

第三，无论是对渠道的掌控、网点的密集程度、操盘管理思路，还是资金实力等各方面，东北军团的企业都不具备操盘全国的能力。比如，大部分东北格瓦斯企业年产值都没超过 2 亿元，资金的匮乏让东北军团很难做高空拉动，很难将顾客对新品的好奇心转换为购买习惯，如有人说南方人喝不惯格瓦斯，那都是消费习惯培养的问题。

第四，娃哈哈已经掌握创新工艺，攻克了“传统工艺导致的产品口感略糊，且容易爆瓶”的技术难题。接下来只需要再融合一下传统工艺，解决目前娃哈哈格瓦斯的口感因气温变化不稳定的问题，这对于娃哈哈来说肯定是轻而易举的事情，5 亿元的广告费都花了，娃哈哈肯定会再对这个品类发起二次革命。

毕竟目前很多经销商还是看好格瓦斯这个品类的，并且行业人士也认为：“格瓦斯这个品类本身很好，它属于发酵饮料，能够调理人体胃肠，这是对人有益的东西，把这个品类好好做，市场不是做不起来，而是看怎么拉动消费。”这就需要深挖市场需求，不应该被市场波动牵着走，而是要找准自己的优势，拿出真正有价值的东西去教育消费者。

娃哈哈有着丰富的试错经验，它一定不会甘于落后或者放弃，它已经花了 5 亿元对消费者进行了教育，只要用好试错营销和落地营销就能对格瓦斯品类发起二次革命，目前只是在等待时机。至于什么时候会发起二次革命，请跟着我来看一下娃哈哈格瓦斯目前的市场现状，再去预测也不晚。

有人说娃哈哈格瓦斯死了。但实际上娃哈哈格瓦斯目前不仅没有死，而且还活得很好，只是娃哈哈的产品太多，在产品推广上没有将格瓦斯作为重点或者根本就不管它，任其在市场上自生自灭，这样一来给人的感觉就是这款产品淡出了视线，好像已经不复存在。

其实娃哈哈的产品推广有一个特点，就是在娃哈哈不重视推广时，如果这款产品还有人消费，娃哈哈经销商或者主管业务就会少量发货。反正没有销售任务，卖一点是一点，还能充点业绩。对于客户来说利润很好，客户也不需要低价卖，也没人低价窜货，在卖其他产品时顺带就把钱赚到了。

由于格瓦斯这个品类比较奇特，现在大家都知道它能帮助消化，有益人体健康，还有消费者愿意消费或者专门消费，市场存在需求，经销商就少量多频次要货，还能卖个好价钱，娃哈哈格瓦斯就是这样。

另外，加上秋林格瓦斯目前已开始走出东北，也在慢慢地培养市场、培养消费者习惯，娃哈哈一定会抓时机。如果一定要预测一个时间表，将会是3~5年，如同娃哈哈在2014年对沉寂了几年的AD钙奶的二次推广“找回你的童年，还是那个味道”一样，娃哈哈一定会运用自己的独门绝技“试错营销+落地营销”对格瓦斯品类发起二次革命，届时它将再次成为行业的领跑者或者领头羊。

2.3 小陈陈：为何没萌萌哒

曾经在电商首发，一时间被网络和各大媒体推到前沿，备受关注及追捧的娃哈哈小陈陈，作为娃哈哈首款个性化产品，公司希望借助京东这个平台，通过小陈陈的个性化定位和卡通形象的传播，迅速传递一种积极乐观的生活态度，挖掘出年轻消费者潜在的个性需求，进而将小陈陈打造成为一个全新的爆炸性品类，彻底开发出年轻消费群体的个性市场。

针对小陈陈的上市，娃哈哈一改27年的市场推广定位，除了做常规的地面推广活动，京东商城还史无前例地在首页上为娃哈哈小陈陈做萌萌哒个性广告，把消费群体锁定在15~30岁这个年轻群体，同时运用微博、微信等H5现代媒体互动传播小陈陈经典语录及卡通形象，这一改变和网络首发成绩还是着实令人吃惊的。

那么娃哈哈为何最后没能如愿开创网购时代的新模式呢？在这里，我顺着小陈陈的百度档案、网络首发热评、小陈陈失败说和我在豫北市场的一线亲历展开叙述，供各位读者和各路营销专家与学者借鉴。

一、个性小陈陈

娃哈哈小陈陈是娃哈哈集团于2014年年初推出的一款全新个性饮品，是青梅和陈皮这两种传统功效食材的天然结合，具有生津益气、下气安心的作用，适合日常饮用，是真正的健康饮料。

娃哈哈这次的创新点有二：一是产品创新，二是推广渠道创新。

首先，产品创新。小陈陈力推养生健康的高品质产品，在研发上和娃哈哈的经营理念“健康你我他，欢乐千万家”是完全融合的。小陈陈这个名字也融合了产品本身的内容，这款产品针对“90后”年轻人经常上网的习惯，以及现在年轻人经常感到有点小郁闷的特殊个性，通过一系列的人物性格设定，一个创新型“呆萌、乐观、淡定、积极”的小陈陈形象就来到了我们的面前，并且成功赋予了小陈陈下气安心的个性内涵，这不得不说是一次创新。

其次，推广渠道创新。从推广方式上看，娃哈哈小陈陈首发仪式选择京东这个网络平台，京东还史无前例地与娃哈哈合作，在首页上为娃哈哈小陈陈做广告。这是娃哈哈一改27年来的常规市场推广战略定位模式，尝试着把产品推广搬到现代网络上，并且充分利用微博、微信等网络平台，植入小陈陈卡通形象进行全面互动。小陈陈网络首发当月就突破10000件的销售量，这的确也说明了娃哈哈在销售渠道上的创新和进步。

二、网络首发惊人

根据娃哈哈提供给网络媒体的资料显示，就在2014年5月5日小陈陈网络首发当天，娃哈哈官方微信账号就向所有关注的粉丝推送了小陈陈的宣传信息，送达人数为13万人。通过菜单推送及二维码触发，小陈陈宣传信息的总阅读量超过15万人，其中小陈陈视频广告播放量超过2万次，所有数据都创阅读人数新高。

根据当时的市场反馈显示，小陈陈的一系列前期推广非常有效，网络首发及相关推广活动作为探索推广渠道的有益尝试，准确地获得了目标受众。小陈陈在京东商城上市仅 3 天时间，即 5 月 5 日、5 月 6 日、5 月 7 日，累计销售娃哈哈小陈陈就达到了 3099 件，月销售量 10000 多件，好评率高达 95%。

这些数据的确让人感觉到网络渠道销售的惊心动魄及电商渠道的魅力，也直接显示出消费者对小陈陈的信心和认可。由于这是娃哈哈第一次尝试开创电商网络渠道，再加上又是与京东商城强强联合，一时间引起了国际在线、中新网等各大网络媒体的关注和报道，也引来了业内人士的热评。

三、小陈陈探索成败说

娃哈哈小陈陈是对健康时尚个性的跟进，是对网购时代开拓电商渠道营销的大胆尝试和探索，首选与京东商城合作，显示出了企业对产品的信心和与时俱进的理念。小陈陈首发的确取得了惊人的战绩，那么娃哈哈电商渠道探索能否如愿开创网购时代营销模式？小陈陈能成功吗？

一位署名为蒋军的作者认为小陈陈要成功很难。原因有三：一是娃哈哈近几年没有推出成功的新品，小陈陈也很难改写这个局面；二是娃哈哈近期没有成功的大单品，联销体模式失去了控制力；三是小陈陈还缺乏足够大的利润空间推动。

我认为，蒋军在文中的陈述好像跟娃哈哈小陈陈探索电商渠道网购营销模式没有多大关系，蒋军在文中后半部分才提到对娃哈哈选择电商渠道的肯定，能够选择在电商渠道进行首发，也是饮料大佬的胆识和一大进步。

与之持相反观点的是另一篇新浪财经微博《小陈陈有机会像爽歪歪一样成功》，作者认为小陈陈是娃哈哈可以用来 pk 王老吉、加多宝凉茶的战略性产品，只要运作得当，小陈陈完全有机会像爽歪歪、营养快线一样成功，并给出了以下几点理由：

1. 名字很好

小陈陈这个名字很好。从这个名字你可以很直观地联想到这款产品原料有陈皮，另外叠字的方式跟娃哈哈和爽歪歪一样，基本上可以让消费者过目不忘。

2. 品牌个性鲜明

其实第一眼看到这个产品广告，你会发现个性应该是小陈陈希望努力实现的方向，不管是名称还是包装设计，就感觉这款产品跟其他产品不同，至少能够在货架里面跳出来。

3. 市场定位准确

理理气，顺顺心，找我“小陈陈”，这就是小陈陈青梅陈皮植物饮料的核心诉求。“自然清爽、生津益气、下气安心、无添加剂”是四大产品利益点。“减肥、熬夜、心情郁闷”是消费小陈陈的三大场景，很显然，小陈陈面对的是职场白领……

从博主给出的几点理由，不难看出博主比较熟悉快消品这个行业，对娃哈哈也比较了解。

对于一个新生事物的成长，其未来总是充满了不可预知性。正像“月有阴晴圆缺，人有旦夕祸福”，当你做到很好了，旁人总会用鲜花和掌声追捧你；当你做得不好了，旁人总会笑话你，并且还会把你当成笑料。

娃哈哈小陈陈后来在市场上的表现并不遂人愿，于是就有声音出来说小陈陈已经“死”了，并告诉你小陈陈是怎么死的，而且还是早有预见性地给出了“死亡”的理由。某营销网作者说娃哈哈小陈陈这款产品，从一开始就是一个败笔，注定要死亡。名字不好，形象不好，卖萌装嗲，产品策略不严谨，不该试探互联网，操作上存在逻辑错误。

四、我的一线观点

在2005年到2014年间，河南市场是娃哈哈的标杆市场，也是娃哈哈的第一大市场，在娃哈哈流行一句话：新产品推广看河南，河南看豫北。娃哈哈新产品在豫北能不能推广成功，直接影响着全国市场的成败。小陈陈在豫北的推广，最后没有达到市场预期的效果，娃哈哈也没有实现通过电商渠道开创网购时代营销新模式的初衷。

对于娃哈哈小陈陈的市场表现，我认为不应该从单方面去评论，更不应该去指责娃哈哈对电商渠道的探索，而应该从客观现实或者比较接地气的观点来看待。这件事情如果让你来做，不见得你就做得比娃哈哈好。那么到底该怎么看待小陈陈这款产品和娃哈哈对互联网营销的探索呢？现在我就以一线亲历的所见所闻，还原小陈陈当时的推广活动，希望能给你更加全面的参考和营销借鉴。

1. 个性形象

豫北市场在推广之前，就在郑州、洛阳、安阳、菏泽选择了校园、广场、社区、步行街、网吧等场所，对小陈陈的名字、口感、包装和价格进行了调研。调研回收了近千份问卷，据问卷结果显示，小陈陈名字和包装的美誉度都在 93% 以上。因此，站在消费者的角度，消费者告诉生产商，小陈陈这个名字很好，小陈陈的个性形象也不错。

2. 试探电商模式

在新产品小陈陈的推广过程中，豫北市场当时也是极力配合线上活动，迅速跟进新浪、腾讯、京东和各种网络论坛，利用员工群体对小陈陈活动进行快速传播，如建立微信豫北公众号、豫北业务微信群，每天通过豫北公众号和业务微信群推送小陈陈淡定卖萌卡通和动态活动，这也是娃哈哈豫北市场第一次尝试对新产品开创网络渠道进行高频率宣传。比如，豫北微信业务群初次推送影响了 1000 多人次，这 1000 多人再次转到自己的朋友圈，不包括经销商朋友，每天的影响人数至少也在 3000 人以上。

3. 广告诉求推广

小陈陈的广告语“理理气，顺顺心，找我小陈陈”告诉小白领们遇事千万不要冲动，要淡定，不要郁闷。这种乐观积极的文案风格，是非常精准地锁定了“80、90 后”年轻网民的广告语。在推广方式上，豫北市场也一改娃哈哈传统的电视广告轰炸模式，而是配合集团公司的线上新浪微博、腾讯微信展开“理理气，顺顺心”的互动营销轰炸。

娃哈哈还在微信等 H5 自媒体上推出了“比谁淡定”的新闻内容营销，后台编辑们也很拼，每天推送一条整合全球各种淡定哥的画面，仅豫北市场就有 1000 多名业务员和几百名经销商在利用 QQ、微博和微信进行活动信息推送接力，竭力宣导“生活要淡定”的品牌传播理念。线下则选择网吧、酒店、写字楼、步行街等年轻白领集散地，进行面对面宣传促销，如郑州的小熊网络会所，一天也能卖出 128 瓶小陈陈。

4. 不是策略不对，更不是逻辑不对

娃哈哈豫北市场是娃哈哈新品推广的晴雨表。

豫北市场在推广小陈陈时，一方面紧跟公司步伐，选择了 PET 包装小陈陈，在河南卫视、都市频道、电台，以及楼宇社区、路牌灯箱等地迅速投放广告，同时找新浪、腾讯进行业务续接，开通豫北公众微信进行网络互动，可以说空中轰炸加网络进攻是全方位立体式的。

另一方面，按照娃哈哈联销体协议，合作伙伴成员迅速报站发货，在终端便利店、社区门店、网吧、校园等地进行了快速铺货、买断陈列和促销拉动，小陈陈在线上的推广及当初的表现应该是值得肯定的。

比如，当时最难耕耘的郑州市场，一个礼拜就有近万件 PET 包装的小陈陈铺向了终端。你随便到终端走走，小陈陈的见货率不说是 90%，至少也是 80% 以上，在流动摊、烟酒店、便利店和大超市你都能看到它。小陈陈后来的表现不尽如人意也需要理解，至少没有像以前的格瓦斯、啤儿茶爽和 HELLO－C 那样，在市面上出现经销商低价抛货的情况，我想这个现象很多人都一定没有发现，也没有看到，除了像我这样的知情者。

娃哈哈豫北市场对小陈陈的操作，配合公司选择互联网与看家本领联销体的融合，大胆试探电商互联网渠道，狠抓“90 后”年轻消费群体，从营销的角度解决了产品、线上、线下、谁来卖、队伍跟进、谁来买和产品促销的问题。

如在校园市场，以郑州信息工学院为例，由地推人员进入校园做活动，告诉学生只要扫描微信公众号并关注，不仅可以免费领取小陈陈，还可以通过网上购买，不需要走出门，就可以在寝室里喝到小陈陈，同时还有机会到娃哈哈参加社会实践活动，一天活动下来就吸引了 478 人。

从试错营销的角度来说，产品策略和操作逻辑都不存在问题，因为娃哈哈不可能知道这款产品一定会成功。我想任何企业任何人都不可能知道，这也验证了试错营销的试错步骤和假设方法。如果非要把它和小茗同学、营养快线、六个核桃等案例进行对比，这无异于像昨天你能打胜仗，今天再给你同样的地盘和枪支弹药，你未必一定能打胜仗是一个道理，因为今天的市场环境和消费理念都已经变化了。所以，我们在事后对娃哈哈小陈陈的推广活动及策略进行妄断和推测，都是不负责任的，是在别人伤口上撒盐，我们必须客观、实际、公正。

5. 小陈陈表现欠佳的真实原因

关于娃哈哈小陈陈表现不佳的原因，从豫北市场对小陈陈推广的实际操作情况来看，我以一名亲身经历者的身份归结如下：

（1）售后无暇顾及

娃哈哈小陈陈退市的主要原因就是无力顾及。细心的朋友会注意到，小陈陈上市时，娃哈哈正在推广增量新包装的 AD 钙奶“找回你的童年，还是那个味”的活动，线下的活动基本都是把小陈陈和 AD 钙奶的活动放在一起做的，无论从产品增量和推广难度上，都会自然侧重于 AD 钙奶而轻小陈陈。更何况新包装 AD 钙奶都还没有真正拉起来，又推出来“新鲜的来一榨”，在这里用不能集中精力都说不上，只能说是无暇顾及。这也是娃哈哈联销体八大经典战略里面产品矩阵的利弊。小陈陈的退市，跟娃哈哈近几年推出的新产品如冰糖雪梨、思慕 C、启力、格瓦斯、咖啡可乐、啤儿茶爽、乳酸菌等的结局类似，由于新产品推出速度快，无论是业务人员、经销商还是管理层，根本就没有精力照顾到每一款产品，因此这些产品都是大起大落，刚推出时市场表现热闹，随后销声匿迹。

（2）线上线下错位

小陈陈上市推广时，在线上主要推广的是罐装产品，线下渠道商大部分都是推广 350ml 瓶装产品。表面上看这与产品推广成败没有多大关系，但是要知道，电商渠道销售最主要的环节就是怎么能快速把货送到消费者手上。京东还是想借助娃哈哈的联销体来解决，也就是只要通过京东商城下单，售后就能从娃哈哈分布在全国的联销体成员库里拿货快速配送。由于很多联销体成员库里都没有罐装的产品，不能做到迅速送达，这样一来就逐渐拉远了产品与消费者的距离。更何况小陈陈属于饮料，属于即喝即买型产品，消费者消费图的是方便快捷。你想喝了，或者口渴了，需要立即解决，你会愿意通过电商渠道购买吗？不会。你会迫于急需而选择其他产品满足即时需求，这种线上线下的产品错位，以及产品的本质特性，也是导致消费者疏远产品的原因之一。

（3）经费权回收不敢压库

小陈陈本来第一轮销货还可以，但是从业务员到客户再到管理者，人为的都不敢吃库存甚至于不吃库存。因为从 2013 年开始，整家公司把市场主管对市场活动经费的权力都收回了，市场主管要促销费用必须申请，就算市场销货产生的结余费用，市场主管也没有自主使用权。一旦压库出现滞销，市场管理者不仅没有活动经费来及时促销，还要承担经营责任。这几年娃哈哈推出的新产品，如思慕 C、咖啡可乐、啤儿茶爽、冰糖雪梨、启力和格瓦斯等，一开始市场表现都很好，于是业务员和客户都按照联销体要求迅速大量吃库。随后由于市场表现不佳，又迅速低价促销甩卖，各位主管自己手里都有大把的促销费用，能迅速解决产品滞销问题，但是现在没有了，所以都不压库了。

（4）产品价值不清楚

小陈陈上市之初，娃哈哈通过电商渠道和现代信息渠道，告诉大家小陈陈是针对现代人容易烦躁、着急上火的特点于 2014 年年初全新推出的一款陈皮青梅植物饮品。

在这里，娃哈哈小陈陈除了试探电商模式，更重要的是告诉大家小陈陈“采用非药物性食材陈皮与青梅作为原料，将两种传统功效食材美妙结合，帮你健胃促消化”。但是娃哈哈的广告诉求中，始终没有把“健脾开胃，促进消化”这个非常重要的消费价值清晰地传播给消费者，没有给消费者说清楚小陈陈到底是干什么的、消费者喝了有什么价值。这个价值没有融进消费者的心里，这也是导致小陈陈退市的致命弱点。

第3章

Chapter 3

营销升级：唯变不破

3.1 传统营销正在失效

在同质化竞争、需求升级、电商等因素的冲击下，传统的营销策略正在失效，于是我们看到当下的传统卖场、传统企业都在纷纷向互联网转型，虽然这种被动转型很痛苦也很迷茫，但这是大势所趋，必须迎头赶上。海尔、万达、苏宁、国美……还有无数不知名的中小企业都在触网。

可是我们也发现了一个有意思的现象，那就是在传统行业纷纷拥抱互联网的时候，一些互联网企业却在向线下延伸。如美国电商巨头亚马逊于 2014 年圣诞购物季在纽约曼哈顿最繁华的 34 街开设了旗下首家实体零售店；国内的电商企业也纷纷“下线”，像聚美优品北京前门大街店、红孩子门店、京东新加坡实体店，等等。阿里、百度这些互联网大佬也在通过并购的方式向线下布局。这说明，不是线下商业过时了，而是传统的运营理念和营销思维出问题了。

面对互联网和移动互联网，传统行业很迷茫，因为未来有太多的不可控因素和不确定性。应对不确定性的最好方法就是回归问题的基本面，也就是对“产品、渠道、终端、顾客”这些营销的基本元素进行重新审视。你会发现，问题的根源在于顾客变了，顾客的话语权提高了，需求多元化了，相应地，产品与渠道也必须跟上消费者变化的步伐。

3.2 联销体

一、联销体的发展

联销体至少经历了四个发展阶段：

第一阶段，娃哈哈成立之初与国营糖酒公司批发系统合作。

第二阶段，从 1990 年到 1996 年，娃哈哈开始向市场进军，与比国营糖酒公司灵活的个体经营户和农贸市场合作。

第三阶段，1998 年左右，娃哈哈开始淡出农贸市场，摒弃原有的粗放式营销路线，进而开始编织自己的“联销体”网络，在一级联销体下面设置特约二批商，也实行保证金制度。

第四阶段，2009 年左右，娃哈哈淡化特约二批商及二批商，把联销体向更深层次发展，开发二套网络甚至三套网络执行联销体保证金制度。比如，2009 年娃哈哈在洛阳创新开发的非常可乐网络，已经成为豫北市场的经典案例载入娃哈哈史册。

二、联销体的操作方法

每年年底，一级经销商必须将该年销售额度 10% 的 1.5 倍到 2.5 倍或者 3 倍作为保证金一次性预先打到娃哈哈账户上，娃哈哈再支付相当于或高于银行存款的利息给经销商。此后每月进货前经销商必须结清货款，娃哈哈才发货，这让很多企业羡慕不已。

很多东西不能光羡慕，你要敢于率先站出来解决问题。其实到目前为止，只要市场营销存在，厂商之间的矛盾就一直存在，而厂商矛盾的核心是利益的冲突与均衡。娃哈哈联销体创新营销模式的形成，解决了部分厂商间的矛盾，以利益机制建立了新型的厂商关系。

第一，娃哈哈公司的“联销体”模式。有人说是得益于跟随战略，把区域里先行推广产品的小品牌恶意挤掉了，让联销体成员看到了产品推广的希望。其实它是**“以利益为基础，以诚信为纽带”**，利诚完美结合，很好地建立了有共同利益基础的厂商关系。这种共同利益基础是以价差系统来均衡厂商利益，既控制了下游的资源优势，也突出了上游的资源优势，保证了分销商跟着娃哈哈能赚到更多的钱。

第二，“先打款后发货”的销售模式。不仅联销体成员要先打保证金，联销体成员下属的特约二批商也要适量向直接联销体成员预先打款。这是娃哈哈发展到今天的另一个核心，也就是利用了分销商的资金，利用了社会资金，保证了企业不会出现资金断流的问题，从很大程度上避免了企业的风险。

第三，“卖不掉的货我负责”。解决了经销商的后顾之忧，其实只要产品力强，分销、广告“推拉”配合默契，真正找厂家来退货的很少。而“年终返利”制度也在另一方面催生了经销商积极增量、减少退货的内在动力。

第四，娃哈哈分销体系的特点是不直接掌控终端（最早做过，人力成本太高，最后以不利于分销而告终）。采用“联销体”模式后，娃哈哈公司有一段时间整个核心销售队伍也就两三千人，“联销体”营销模式从根本上降低了自建分销体系和直接掌控终端所带来的管理成本。说到人员成本，并不是说娃哈哈的人员成本不高，而是销售队伍相对较少，个人收入相对高于同行业水平，所以人员相对稳定，这就为娃哈哈减少了不少成本。

三、联销体的精髓：价格体系

完成营销“最后一公里”的关键是什么？有的人说是服务，有的人说是质量，有的人说是品牌，而从娃哈哈的实战中我们却可以读出一个全新的答案：有钱赚。这是宗庆后经常强调的，让谁跟我们做就得让谁有钱赚。

宗庆后经常说：“商家逐利”是本性，如果不让经销商赚钱，那么他就要跟我们过不去，就失去了合作的基础。因此，作为区域产品稳定的基石，价格体系坚决不能动摇，否则，谁触动就处罚谁。尤其是当下经济形势低迷，产品动销乏力，那么老产品、新产品的老批号问题就会再次触动价格体系。老板一再强调，这个环节就是天花板，谁触碰就是碰到天了，就要受到处罚、就要下课！

价格体系其实对于各个行业的厂家都是一样的，每个层级就是每个层级产业链条参与的生存之本，动摇之则失去了根据地。如果动摇“最后一公里”的利益分配问题，就失去了根据，就无法持续纵深发展。我们公司是以农村包围城市著称的，也就是说公司的价值链条就是纵深价值。这些年，外界在质疑联销体是否还行，宗老板老矣，尚能打否？

关于联销体的精髓，可能大多数人羡慕的是，淡季工厂停工，做业务发不了薪水，而娃哈哈一到年终签协议，经销商上款就可以抵消淡季的三个月销售额。其实大家看到的是利好，没有看到我们公司联销体的精髓是给经销商兜底。公司任何利好，第一桶金肯定是给经销商的，因此，人家才会上款。

那么就有人会质疑，你说得那么好，为什么现在不管用了？还是老话说得好，时也势也！当时针对经销商是对的，为什么？因为整个市场处于经济的迸发期，饮料处于井喷期，产品供不应求。因此，只要产品到了经销商处，就意味着营销工作的完成。当下肯定就不行了，为什么？大家都知道今年特别流行的一个观念：新常态。当下的生产厂家和营销公司必须依据新常态进行新打发，因为当下已经是完全的买方市场，是消费者一票否决制，谁不尊重消费者，谁将彻底被时代的大潮所淘汰出局。

其实当下的娃哈哈，老板也在转变。公司专门成立了为经销商卸库和推广的 16 人小组，就是出于两个目的：一是把产品卸库到终端；二是帮助经销商做拓展活动，增加新产品与消费者的黏度。还是老话，江山不是一天打下来的，但是可以一朝毁掉。当下我们公司处于下风口，先改变确实需要更多的努力和毅力，外界的质疑仅仅是说说罢了，船大难掉头，但是我们真的看到了老板在改变。

3.3 渠道为王到终端为王

正如大家都熟知的宝洁公司的一句话：“你是世界上最好的产品，有最好的广告支持，如果消费者不能在销售点买到它们，就无法完成销售!”这句话道出了终端在整个营销链条中的重要性。

一、把货铺到消费者面前是营销的先决条件

营销从本质上来讲，有两个目的：一是将货铺到消费者的面前，二是将货铺到消费者的心里。在当下营销过度的时代，后者被抬高到了史

无前例的高度，企业主和商家都致力于通过广告和营销事件的轰炸来抢占消费者的心智，却忽视这样一个前提：营销的最终目的是完成顾客价值的传递，而顾客价值传递的最后一环就在终端。正如宝洁公司所说，就算你的产品再好，广告再好，如果在消费者需要的时候无法出现在他们面前，都是白搭。

在中国饮料界就有这样一个生动的例子，它就是娃哈哈曾经的老对手健力宝。

1984年，健力宝诞生，并随中国体育代表团出征洛杉矶奥运会，一鸣惊人，被誉为“中国魔水”。接下来，健力宝通过一系列的赛事合作和广告推广，成为中国家喻户晓的碳酸饮料品牌，但就是这样一个在“两乐水淹七军”中幸存下来、被寄予厚望的民族品牌，却最终倒在了历史的洪流中（虽然几年前，健力宝重出江湖，但江山早已易主，此健力宝非彼健力宝）。

其失败的原因，很重要的一点就是对终端建设的忽视，要么缺货，要么脱销，在终端市场的铺货率极低。尽管广告把健力宝的品牌铺到了消费者的心里，可在消费者需要的时候没有及时出现，广告做得再好又有什么用呢？

反观那些成功的品牌，无一不是在终端体系建设上下过大力气，王老吉、六个核桃、可口可乐、统一、康师傅……当然还有娃哈哈。

二、娃哈哈豫北市场如何打赢终端阵地战

要想打赢终端阵地战，有两个关键：一是终端的铺市率和掌控力；二是终端陈列的生动化。

1. 豫北市场铺市经验

为了增强终端控制力，娃哈哈豫北市场主要采取了三项举措：

（1）在经销商系统之外，还有一套分公司系统，经销商负责仓储、资金和物流配送，分公司负责管理、服务及广告促销，并协助经销商开发下级批发商和终端，而且实行单客户负责制，一名客户配一位客户经理。这种“贴身式服务”，既加强了经销商的运营能力，也弥补了终端

掌控力的不足。

（2）在原有的渠道体系之外新开辟了二套乃至三套网络（娃哈哈二套网络为豫北市场首创），由以前的五级管理体系转变成二级管理体系，即“厂家——二套客户——终端”，终端掌控力大大增强。

（3）通过严控价差体系，保证了利益的有序分配，为终端商留出了较大的利润和战术操作空间。

（4）给一线员工丰厚的奖励，大大激励了员工维护和拓展终端渠道的积极性，如表3－1所示。

表3－1　娃哈哈豫北市场铺货政策

①红水和富氧水政策：（突击队提成：红水0.3元/件，富氧水1元/件，小陈陈1元/件）		
产品名称/规格	开票价（元/件）	额外卸库奖励
596ml红水（1×24）	24	6箱红水＋3箱富氧水＋1件小陈陈合计10箱，额外送红水1箱
450ml富氧水（1×15）	32	
450ml富氧水（1×24）	45	
350ml小陈陈（1×15）	36	
②AD钙和含氧水政策：（突击队提成：两种单品各提成1元/件）		
产品名称/规格	开票价（元/件）	额外卸库奖励
AD钙奶	36	1箱小陈陈＋9箱（AD钙或含氧水）额外送格瓦斯1箱，合计20箱送AD钙2箱
600ml含氧水（1×24）	28	
350ml小陈陈（1×15）	36	
③爽系列及乳酸菌政策：（突击队提成：爽系列0.3元/件，乳酸菌1元/件）		
产品名称/规格	开票价（元/件）	额外卸库奖励
200ml爽歪歪（1×24）	38	8箱爽歪歪＋2箱乳酸菌　合计10箱，送红水10瓶
200ml锌爽歪歪（1×24）	44	
100ml乳酸菌（1×40）	40	

另外，豫北市场在铺货行动的管理和组织上也有非常明晰的思路。

（1）分权管理：为了确保活动稳步不乱，顺利执行，豫北市场让客户经理广泛参与，每位客户经理作为区域队长，负责2~3个小组，即铺货当天分为6个左右的中队，18个左右的小组。

（2）分队建立微信群，分割管理：动员培训当天，队长确认自己的队员及组长，建立微信群将组员加入，以后几天实时跟踪，解决问题，通报销量。

（3）队长负责制：不可能所有小组有实际问题都打电话给主管区域客户的客户经理，故铺货实行队长负责制，每个小组的组长向队长上报阶段销量，促销政策、配送等问题由分队长负责解决。例如二批商断货了，分队长客户经理直接给相应的一批商打电话要求发货。如果短时间急缺，一批商无法送货，分队长在自己管辖的组内可以协调调货。

（4）熟悉分组，管理便利：每名客户经理尽量将自己熟悉的业务员分在自己负责管辖的小组内或相邻的区域，方便自己管理走访。

（5）分组恒定，配合良好：为了避免由于人员之间的不熟悉导致的配合不到位问题，小组一旦在确定好以后，接下来这几天全部是这几个人一组。

2. 豫北市场终端陈列管理

再来看终端陈列。之所以将终端陈列看得这么重要，是因为终端的生动化程度对销售的拉动作用非常巨大。据统计，经过精心设计的特殊陈列可以增加1130%的销量（见表3－2）。

表3－2　终端陈列生动化程度与销量对比

陈列生动化程度	销售量（件）	增加百分比
正常无特殊陈列	100	+0%
特价无特殊陈列	200	+100%
广告无特殊陈列	260	+160%
一般性特殊陈列	650	+550%
好的位置陈列	900	+800%
大型特殊陈列	1230	+1130%

（1）终端陈列的作用

简单来说，终端陈列的作用主要体现在以下几个方面：

①展示产品形象（除了普通陈列展示，一些异形陈列、创意陈列都能对产品和企业进行有效传播）。

②给人留下第一印象。

③通过视觉打动消费者并且吸引顾客的眼球。

④使产品更具生命力（如增加 POP、KT 版、插牌、围裙等）。

⑤能迅速提升销量（通过陈列能够增加单店存货，如以前一次只能进 2 件，做陈列活动一次能进 10 件）。

在终端陈列方面，娃哈哈豫北市场始终走在整家公司的前列。豫北分公司制定的陈列规范可以说到了事无巨细的地步，无论是终端商还是业务员一看就懂，大大提高了终端作业的效率和效果。

（2）豫北终端陈列规范管理“六步走”

第一步：有效选择位置。

位置：公园、社区、校园、农贸市场、车站门口、商业街、上下乘客处。

条件：门店人流量大、出货快、店内存货量大的零售门店。

方便：就近集中选择便于监督管理的区域。

切忌：距离较远或者东一家西一家。

第二步：陈列点费用谈判。

a. 初步了解对方。

b. 开价一定要低于实价。

c. 永远不要接受对方的第一次还价。

d. 逐步让价假借领导名义落锤。

e. 反悔激将。

f. 压低底牌、多提条件、反悔装穷。

案例：业务员 A 去某门店做端架陈列，与老板谈判的陈列费用是 40 元一月，凑巧业务员 A 因工作能力问题第二天被辞退了，由业务员

B接管A的区域。业务员B到达该门店了解门店生意后，觉得40元一个月陈列费不值得，就反悔装穷说公司的标准是30元一个月，最后以40元费用陈列谈成，在该门店做了两个端架。

第三步：陈列门店规范建档。

具体如表3－3所示。

表3－3 规范建档示例

市场	终端名称	地址	电话	问题
××市场	鑫源超市	芳华路	——	——
	宇和烟酒	华山路	——	——
	幸福超市	开发区	——	——
××市场	小通批发部	开发区	——	——
	万基量贩	南京路	——	——
	阳光副食	新城西区	——	——

陈列门店建档必备以下要点：店名、地址、电话、陈列产品、陈列类型、起止时间、兑奖方式、责任人。

第四步：有效选择陈列类型。

a. 如果终端零点以报刊亭、冰糕摊等门店类型集中的，最好做零瓶陈列。

b. 如果终端零点以小超市、社区便利店等门店类型集中的，适宜做端架陈列。

c. 如果终端零点以批发门店、杂货批零门店等类型集中的，适宜做堆箱陈列。

d. 像汽车站门口、公园门口等人流进出特别多的门店，适宜做零瓶和端架。

e. 影院、KTV、网吧、高档商务休闲会所、健身房等特殊渠道，适宜买断陈列。

第五步：陈列类型具体规范。

公司对各种类型的陈列还分别做了可以量化的指标，比如，零瓶陈列，排面至少 8 瓶以上，冰厨里的冷冻数量可以是外面 6 瓶、里面至少拆一整箱；堆箱陈列，单品至少 10 ~ 15 箱（堆少了没有效果）；买断陈列，至少买断 4 层；地堆陈列，买断面积至少 1.5 平方米，地堆高度要求底层高 75cm ~ 80cm……

第六步：有效跟踪陈列维护。

a. 不定期隔 3 ~ 5 天必须回访 1 次，发现不足的地方要及时与老板沟通。

b. 区域内可以交换监督，互相检查，及时传达检查结果。

c. 发现哪里不符合要求的要及时告知老板，让他配合整改。

d. 与老板做好客情，及时查看库存和补货。

e. 陈列时间长、生意好的点，可以与拓展队沟通，对陈列的位置进行生动化包装，既出形象又让老板有面子，更有利于做好客情关系。

娃哈哈豫北市场终端陈列考核如表 3 – 4 所示。

表 3 – 4　娃哈哈豫北市场终端陈列考核表

店名	地址	电话	活动产品	陈列类型	时间	兑奖方式	责任人
××商店	中山路与黄河路西50 米路北	0371 – 88888888	220ml 爽歪歪	零瓶	11.1 ~ 11.30	500ml 红茶 15 瓶	张×
……							

说明：考核计分标准是该表中店名 1 分、地址 2 分、电话 1 分、产品 2 分、方式 1 分、时间 1 分、兑奖 2 分，共计 10 分。检查时少一项按照标准扣分，没有资料的视为没有做，不给报费用。

终端是直面产品、直面消费者的地方，是整个市场的前沿阵地，因此必须牢牢掌控。娃哈哈豫北市场之所以能在整个娃哈哈营销体系中脱颖而出，就是因为它的终端管理率先做到了规范化，甚至到了事无巨细的地步，而细节往往决定最终的成败。

3.4 终端为王到消费者为王

经常有做销售的朋友跟我抱怨现在的生意越来越难做了，因为消费者越来越难伺候。以前，只要终端陈列做得生动化一些，再配合一些促销措施，消费者立马“上钩”，而之前也有研究表明，只有 30% 的消费属于计划性的，剩余的 70% 都是冲动消费，而现在的消费者却不大容易“冲动”了。

宗庆后在娃哈哈 2015 年全国销售会议上曾经提到：市场环境发生了大变化，消费者更倾向于消费时尚、上档次的产品，未来娃哈哈应该注重提高产品的附加值。而要提高产品附加值，一方面要把产品健康价值做足，让消费者对产品买账；另一方面要把品牌价值和形象做足，让消费者对品牌买账，这两点都是娃哈哈需要尽快提升的。

在产品方面，可以说近年来娃哈哈创新动作不断，接连推出了小陈陈（药食同源，主打养生概念）、富氧水（给肠道补充氧气）、C 驱动（专为年轻人研发，补充每日所需维 C）、“莫小凡 & 白萌萌”（聚焦婚宴场景，开辟气泡奶新品类）等饮料新品。

如小陈陈，主要针对现代人容易烦躁、着急上火的特点，以养生保健为目的，采用非药物性食材陈皮与青梅作为原料制作而成，不添加任何色素、香精、防腐剂，而且包装清新时尚，是一款非常符合健康需求的产品。

尽管从实际效果来看，可能这些创新产品都没有达到当年营养快线的高度，但起码让消费者看到了娃哈哈的努力，相信今后娃哈哈仍会在产品创新和健康这条路上走下去。

在品牌营销推广上，娃哈哈近年来的改变也非常大，最重要的一点就是**越来越重视品牌与消费者的沟通，让消费者参与新品推广**，我们来看看豫北市场的做法。

一、传统领域稳扎稳打，增加品牌曝光声量

传统领域包括商超促销、主题路演、校园推广、特通渠道开发、社区活动、写字楼推广等。在这些领域娃哈哈豫北分公司依然保持着高于对手的频率和力度，最大限度地增加品牌的曝光率。

特通渠道一直是娃哈哈的弱项，豫北市场利用公司与网易合作开展“娃哈哈卡曼橘冰红茶《梦幻西游》2011 全民 PK 争霸赛”的契机，针对网吧渠道开展了一系列的促销推广活动，效果显著。例如，结合网吧赛事开展现场冰冻品尝促销 + 抽奖活动，与 30 个网吧建立了合作关系，实现了新品进货，要求一次性不低于 10 箱，且三个品项都要有。多数网吧积极配合活动，提供免费场地用于促销活动，利用现有广告宣传资源，以海报、围裙、X 架为主，一物多用，确保网吧的广宣覆盖面与量，持续对消费者进行刺激加深印象。

娃哈哈两个月共开展网吧新茶促销活动 59 场次，从活动产生的销量来看，单场销量基本在 50 ~ 80 瓶，配合广泛的生动化广宣，对新品推广起到了很好的宣传作用。同时，争霸赛河南总决赛还获得了河南电视台、荣视邦传媒、新农村频道等多家媒体的全程跟踪报道，提升了娃哈哈品牌的影响力。

豫北市场的社区活动也搞得有声有色，以 21 世纪社区的团购会为例，2010 年中秋节前夕，豫北分公司在 21 世纪社区开展了一场大中型团购会，实现销售量 130 箱，超过预期目标。其中智慧超人 57 箱，350ml 牵线 33 箱，500ml 牵线 12 箱，爽歪歪 18 箱，卡曼 4 箱，激活 2 箱，果汁 2 箱，另外还有激活 + 卡曼的零瓶销售不到 2 箱。

总结本次活动的成功经验，主要有以下几点：

一是该社区的整体消费能力较高，且社区规模较大，住户较多，各方面都比较成熟完善。活动场地位于社区主球场、篮球场旁边，紧邻小区中心湖畔，是 21 世纪社区的商业中心，是各大商家来小区做活动的首选之地。

二是前期宣传到位。宣传情况如下：

（1）《郑州晚报》提前一天软文、硬广宣传。活动当天有不少人打电话咨询活动内容，还有人专门从西郊跑到位于北环的 21 世纪社区购买饮料，由此看来活动前的广告宣传还是有效的。

（2）提前两天在社区内发放宣传单页和活动场地悬挂条幅，并且在社区内几个报亭和小超市也悬挂了条幅和摆放了 X 展架宣传。

（3）通过幼儿园将活动单页由小朋友带给家长，这样保证了单页的阅读率和活动的传达面。

二、主题活动花样翻新，拉近与消费者的距离

未来的营销一定是“推拉结合”的过程，所谓的“推”就是大众传播，包括电视、报纸、广播等媒体的广告，是由外向内的灌输；“拉”就是口碑传播，包括自媒体传播、朋友圈分享、社群营销等，是由内而外的口口相传。一个是打造品牌知名度，另一个是提高品牌亲民度，这两种传播方式互相补充，缺一不可。

尤其是随着移动互联网和社交媒体的崛起，口碑传播逐渐发挥威力，也越来越得到企业的重视，如豫北分公司举办的“C 驱动彩虹跑”和“AD 钙奶——张睿歌迷见面会”就很好地提升了目标消费者的参与感，达到了与品牌、与消费者沟通情感的目的。

案例一：C 驱动彩虹跑

这一活动旨在号召所有人告别电脑、放下手机、脱下西装和高跟鞋，一起来参与健康、时尚的跑步活动，提倡树立健康的生活理念，而这也正是 C 驱动的品牌诉求。2015 年，在郑州地区，豫北分公司分别在河南农业大学、新乡医学院举行了“C 驱动彩虹跑”户外推广主题活动。

例如，2015 年 5 月 13 日在河南农业大学举办的那次彩虹跑活动，吸引了 300 多人参加，现场销售 C 驱动 85 件。

活动方式：前期线上宣传 + 自媒体宣传 + 校内宣传 + 现场报名 + 产品展示售卖 + 彩虹跑。

活动亮点：

（1）农大新校区历史上最大的一场户外企业活动。

（2）河南农业大学属于211学校。新校区是禁止开展任何商业类活动的，此次活动由农大娃哈哈营销协会牵头，举办了2015年第一场声势浩大的商业类彩虹跑活动，在校内产生了轰动效应。

（3）前期宣传得当。

宣传方式多种多样：《东方今报》宣传、微信平台宣传、农大校内社联内网宣传、校内海报、条幅宣传等多种宣传手段，增加了活动的宣传效果。

（4）依靠学生会、娃哈哈营销联谊会组织人员。

活动策划前期，农业大学校学生会、娃哈哈营销联谊会成员便承诺当天会派出5名男同学到活动现场进行协助（不包括3名学生会干部），但是活动当天有20名学生前来义务帮忙。这让我们深切体会到学生会及娃哈哈营销协会的重要性。

（5）寻宝游戏，增添活动神秘色彩。

活动起跑前期，主持人宣布折返点在校内操场的两位戴墨镜及手里拿着C驱动女生手里，大家在固定的跑道上展开魅力寻宝，为活动注入神秘色彩。

案例二：“AD钙奶——张睿歌迷见面会”

2014年2月23日，“AD钙奶——张睿歌迷见面会”（郑州站）在为期半个月的媒体宣传造势和全体豫北拓展队员的合作下圆满结束，为2014年的拓展工作开了个好头，并且活动当天邀请了郑州市区所有客户和客户经理到达活动现场参与活动和协助活动执行，在渠道内部也形成了良好口碑，有效增强了客户对新品开发的信心。

本次活动得到了大批媒体的报道，如活力音乐FM944、河南电台娱乐FM976、私家车FM918、《东方今报》、《大河报》、《郑州晚报》和大豫网等多家媒体的报道。活动当天售卖相当火爆，AD钙奶销售428箱，奶茶销售100箱，合计528箱，其中CD套装售出230套。

在我看来，此次活动有以下几大亮点：

（1）活动主题与产品完美契合。

本次活动的主题为“AD钙奶带你找童年”，并在活动现场设置了很多怀旧游戏环节，例如抓石头、跳房子等。整个现场布置也以绿皮火车、课堂等颇具时代感的设计为主题，唤起了众多“70后”、“80后”消费者对童年的回忆，很好地激发了消费者与产品的情感连接，与AD钙奶这一产品的属性实现了完美契合。

（2）利用明星的影响力和号召力，激发粉丝的参与热情。

将CD编号，设置签名前1～50号的CD豪华礼包，提前告知歌迷当日下午2点准时开始抢购，在张睿到场前夕利用排队进行现场人员聚集和造势，引发关注。以怀旧小火车为主题的售卖布展，创造了单日售出528箱饮料、抢空230套CD的盛况。

（3）联合当地强势媒体开展为期半个月的宣传造势。

其中包括大量的节目冠名和产品软性宣传，并且提前开展15期“80后”、“90后”的怀旧话题与听众互动，送出AD钙奶，活动结束后邀约张睿到直播厅专访1小时。通过与张睿对答一些专辑和影视作品的问题，将AD钙奶和娃哈哈品牌软性植入专访中，同时利用媒体自有微信和微博进一步扩大宣传。

（4）活动前期让客户经理邀约客户带上家人当日全部到达现场一起参与互动活动。

向客户及其家人发送邀请和游戏卡，使得现场人气爆棚，产品大卖并得到了良好的宣传，而且大大提升了客户对AD钙奶的信心，兼顾了“买”与“卖”。

（5）开展异业合作，利用自有宣传资源推广产品和活动，如表3-5所示。

将舞台正前方区域进行隔离，一方面保证安全，另一方面可以将区域内的位置拿出来作为异业合作资源和媒体互动资源。

表 3－5　异业合作方式及名单

合作方	提供项目
万达大歌星	全年免唱权 1 名
	大厅 AD 钙奶地堆展示 15 天
	3 小时券、2 小时券、果盘食品券合计 500 张
万达广场	店内门厅 2 块大屏播放活动广告 15 天、会员微信宣传 2 次
苏菲亚婚纱摄影机构	3333 元婚纱摄影套餐
我爱运动国际健身俱乐部	热场舞蹈一支、价值 198 元健身周卡 200 张、店内水类买断合同和矿泉水一次性进货 200 箱
凯欧婚礼蛋糕	为张睿专门定制一个 3 层的塑形蛋糕、现场提供糕点礼品 30 份
郑州鼎级自助烤肉	价值 55 元免费消费券 30 张

在产品为王的时代，产品只要摆上货架就能被抢购一空；在渠道为王的时代，只要把产品交给经销商就万事大吉了；在终端为王的时代，只要做好终端陈列和促销就能拉动销量；而在消费者为王的时代，不仅要产品好、渠道通畅、终端生动，还要学会与消费者沟通，获取消费者的好感和情感共鸣。

3.5　挑战：互联网时代的营销之路

中国传统企业对互联网仍是一种纠结的态度，不转型等死，转型找死，尤其是在传统领域成功的大企业，面对新的商业游戏规则，过去的优势反而成了今天转型的绊脚石。

一、饮料行业最后的堡垒正在被攻陷

可能有人抱着侥幸心理，认为电商根本没法满足饮料这类即时性消费需求，因此，渠道商的利益短时间内不会受到影响，但阿里巴巴零售版 1688 的推出很快将这一幻想扑灭。

据了解，零售版的 1688 模式就是专门围绕终端零店的即时性消费品供应的 B2B 模式。这个模式的特点就是压缩商业流通的层级，商品通过线上订货，跨过经销商和二批商，直接做到 B 端零售店。简单来说，就是通过这一平台把线下分散的零售小店聚合起来一起进货，那样就能拿到原来大客户才能享受的进货价。

阿里已经开始在全国各座城市招募地推团队，进行终端门店开拓，让终端门店安装阿里进货版 App，终端零店通过 App 下单进货，阿里直接将商品从配送中心经过其菜鸟物流配送到零售门店。目前进驻这一平台的品牌已经有宝洁、海尔、联想、飞利浦、奔腾、奥马、新安怡等。

通过这一模式，产品到消费者手中只需要两级（1688 平台——终端——消费者），而传统的渠道模式中商品的搬运次数至少 5 次，多的高达 8 ~ 10 次，最少可以节省 30% 的成本。毫无疑问，这对于传统的渠道模式将是一次彻底的颠覆。

电商最喜欢高毛利的行业，比如，服装是高毛利的，被淘宝、凡客颠覆了；图书是高毛利的，被当当颠覆了；3C 是高毛利的，被京东颠覆了；手机是高毛利的，被小米颠覆了；生鲜是高毛利的，被本来生活网、厨易时代、顺丰优选、喵鲜生、苏鲜生等一大批生鲜电商颠覆了。如今，高毛利的食品饮料行业，正在被零售版 1688 颠覆。

高毛利就意味着有改造的空间，电商借助互联网的先进手段，可以轻而易举地缩短中间环节，甚至完全消灭中间环节，最终实现大幅降价，让产业链上的传统中间商无路可走。

电商的革命性意义就在于“去中间化”，让品牌直面终端甚至直接面对消费者，通过压缩中间环节的利润，给消费者更多的实惠。同时，由于缩短了中间环节，信息的传递也更加通畅和迅速，便于品牌商收集市场信息，对消费者的需求做出及时回应。

二、互联网时代的品牌营销策略

我前文讲到，互联网时代的品牌营销需要“推拉结合”。进入互联网时代，很多传统企业的营销乏力，根本原因就是没有意识到当今媒体环境和受众获取信息的习惯已经发生了变化。过去信息大多来自于大众媒体，而现在更多来自于网络、社交媒体，未来还可能有云媒体。所以，企业的品牌营销不能再停留在“推”的思维定式，还要在“拉”上发力。传统品牌要想做到让用户亲近并主动分享，我认为首先必须“毁三观”：颠覆传统的用户观、产品观、品牌观。

用户观：过去的用户对于商家来说只是一串串冷冰冰的销售数字，现在必须把用户当作有血有肉、能互动、会交流的活生生的人。

产品观：过去的产品重视的是功能和规模，现在站在用户的角度要重视体验，还要给产品灌注情怀和情感。

品牌观：过去的品牌是高高在上的、冷冰冰的，现在的品牌必须是有故事的、有情怀的、人格化的。

其次，互联网时代品牌营销的关键点，我认为有以下三条：

（1）要把握住你所在行业的规律，善于寻找热点和卖点。

（2）选用适合你的连接手段（产品连接，技术连接，营销连接，金融连接）去连接你的客户。

（3）持续跟客户（消费者）互动，了解客户的想法。只有这样，才能走进客户的价值链，参与客户的生产方式；走进客户的需求链，参与客户的生活方式。

营销没有一劳永逸的模式，从产品为王到渠道为王、渠道为王到终端为王、终端为王到消费者为王，唯一不变的就是变化本身。如何适应互联网时代的营销变化，不仅是摆在娃哈哈豫北分公司的一道难题，更是整个娃哈哈集团面临的一道难题。令人欣慰的是，在挑战面前，娃哈哈人再次做好了启程的准备。

三、用互联网思维做传统广告

什么是真正的互联网思维？署名“姑婆那些事儿”的作者说：“90% 的人都没有真正搞懂互联网思维是什么，现如今不少有关互联网要颠覆传统行业的说法，引来传统行业一片恐慌。互联网 + 外卖 = 饿了么，要把餐饮的命给革了；互联网 + 出租 = 滴滴，要入侵中国的交通系统;互联网+鸭子还成了估值几亿元的叫个鸭子……似乎所有的实体不加个互联网都不好意思说自己是创业公司了。”

我就属于那90%的人之一,不过我觉得互联网思维没有鼓吹家说得那么悬乎,也就是一个多面工具而已,然后把这个工具和其他工具进行融合,不断改进。就像娃哈哈跟随战略里的试错营销,总之,就是在不停地试错,而且要敢于试错。每次试错都有不确定性,只不过是下一次的错比上一次更有价值。

陈春花老师说:“当不确定性成为常态,一个最有效的方法就是回归基本面。”那么互联网思维的基本面到底是什么?我想一定还是产品,娃哈哈一直在用独特的方式传播着自己和每一款产品的名字。

2014年,产能过剩、产品严重同质化竞争的加剧导致知名饮料企业的利润增长纷纷放缓,这些企业甚至一度调整销售战略。

即使曾经如日中天的娃哈哈品牌,如果不能不断开发迎合消费者需求的有热度的产品,所谓品牌,可能也仅仅是一个LOGO而已。

在互联网思维下,所有企业的品牌架构都将遭受冲击。在此情况下,传统企业只有转变思维,寻求更多的现代传播媒体的帮助,满足消费群体的需求,才能把握和获得目标群体。

在这样一个时代,“互联网思维”已经影响了中国饮料业,行业巨头娃哈哈又将如何把传统思维放入互联网思维里进行营销谋变?它又将掀起怎样的行业风暴?

1. 精准定位,个性营销

2014年5月5日,一款以清新卡通人物形象作为产品卖点的小陈陈在电商平台京东商城与广大娃哈哈粉丝见面。在产品外包装上,小陈陈的自我介绍十分风趣可爱。其性别“女”,年龄“10”,家乡“杭州”,最爱的零食“青梅和陈皮”,兼职“拍娃哈哈饮料广告”,口头禅“开心就好!么么哒”……同时,一个戴着宽边眼镜、穿着校服的可爱女生形象,用一张微笑的脸感染着消费者。她以“淡定应对生活”为口号,主张为消费者“理理气、顺顺心”。新产品一问市,就受到了粉丝的热烈反馈。

“喝了这么多的饮料，我觉得这款就是我所要的，喝起来带着淡淡的忧伤，让我这暴躁的脾气瞬间进入一种空明的状态”。网友“小狼传人”在京东商城购买小陈陈后评论说。

平民化的人物造型，娱乐化的宣传语言，小陈陈的推出是互联网思维深入传统商品的重要体现。在小陈陈之前，类似案例还包括张君雅小妹妹、江小白。

张君雅小妹妹用爆笑的语录颠覆传统的广告内容，短时间内即让其产品大红大紫；而 Q 版代言人江小白则堪称萌物，短小精悍的文字，诙谑、激昂或无厘头的语言，让江津老白干这个白酒老品牌再度进入人们的视野，雾都之上掀起了一场名为萌酷的新风潮。平民造型的卡通小陈陈，告诉“80 后”、“90 后”和“00 后”的年轻人，无论发生什么事情，面对工作生活一定要淡定，再淡定。

将产品赋予人性化特征，选择时尚、网络化的宣传语，可以迅速引起特定消费者的关注。娃哈哈的这一变化，体现了传统企业对消费者心态变化、消费特征转变的适应。

现如今，在饮料行业中，主流消费群体为“80 后至 00 后”的年轻人，这部分消费群体多受移动网络和互联网络的影响，喜欢个性化消费，充满自信，追求时尚潮流，并正在对传统的消费心态予以颠覆。小陈陈首发当月就销售了 10000 多件，事实证明真正的互联网思维还是要求企业回归到消费者需求层面。

2. 抢占电商，优先布局

市场不断变化之际，以市场为导向的营销需要企业根据市场需求来设定自己的战略。“90 后”是市场需要集中关注的群体，这个群体在消费市场上占有绝对的比重，而且这个群体有超前消费的特征。面向“90 后”和“00 后”消费市场，互联网思维是市场突破的一种新思维。

在锁定消费群体后，娃哈哈根据目标消费群体日常的生活习惯，顺应这个消费群体和互联网的潮流，首次将饮料首发仪式由线下改为线上，对产品传播的方式进行了尝试性改变。其实也就是改变了广告传播的载体，充分利用互联网的“互联”，而不再是独立的媒体。此番新品推出首选电商，那么对营销渠道模式的试探调整又有何意义呢?

娃哈哈此番并非是利用电商作为销售的主流渠道，而是对电商购物模式的试探。当我告诉你这个秘密时，那些关于娃哈哈小陈陈的销售没有形成大单品的种种“失败说”，是不是该对之进行重新思考呢?

我注意到中国网财经记者曾说:“传统企业只在产品培育、创新上具有优势，而在大数据支撑上比较匮乏。相反，电商具有丰富的大数据资源，在提供传统企业潜在客户、用户体验及反馈、营销渠道上具有重要意义。”基于互补的考虑，传统企业向电商转型或合作将成为今后的趋势，我觉得这个观点对娃哈哈如何利用互联网思维传播产品有非常重要的意义。

3.6 豫北市场新品推广案例

新品推广最见营销功夫的深浅，本节以锌爽歪歪和冰糖雪梨两款产品当时（2012年）在豫北市场的推广实践，来全方位展示营销战的打法。

截至2012年6月，锌爽歪歪实际销售达到292万箱，4月开始推广的PET果汁系列达到237万箱，其中冰糖雪梨突破220万箱，为豫北市场2012年的整体销售做出了重要的贡献。2012年的新品推广，豫北市场秉承了一贯的新品推广节奏，即产品市场调研——渠道定价报站——地区统一行动——陈列广泛铺开——打造样板市场——拓展活动跟进——实时反馈动向。同时，豫北市场在新品调研的过程中，不断丰富调研内容，区分乡镇市场和城市市场样本，对消费者和渠道进行调研，向渠道销售商积极反馈有效信息，再加上拓展突出商超等部门主题的联合行动，有效且快速地提升了产品知名度和对终端、消费者的影响力。

案例一　娃哈哈锌爽歪歪

2012年3~6月，豫北拓展队紧密配合渠道展开了锌爽歪歪的推广工作，全省共组织大中小型活动3296场。这些活动都是接地气的撬嘴活动，累计现场销售锌爽歪歪近8万箱，影响人数在500万人以上。

整体推广规划做到全省统一规划、步调一致。整体促销活动在市场铺货陈列和广宣生动化氛围的基础上，以“健康锌童年，快乐爽歪歪”、“吃饭香大行动”两大主题贯穿始终，并联合媒体，结合公益体检的形式深入幼儿园、社区、商超，直接针对目标消费群体开展了一系列亲子健康互动和销售活动。同时借助河南电视台都市频道等强势媒体在重点地市开展了近10场大型广场公益体检活动，提升活动的公信度和产品的影响力。另外，各个市场在母亲节、端午节、五一、六一等节假日期间，也组织了特色的促销活动，取得了不错的效果。豫北锌爽歪歪成功推广的经验主要有以下几个方面：

（1）在整体推广过程中，全省统一规划、统一行动、统一节奏、统一主题，提升了整个活动的档次和影响力，也提升了各级渠道的销售信心。

在3月初全省锌爽歪歪的动员大会后，豫北各区域迅速组织报站发货，按照豫北统一制定的价格价差和铺货陈列政策展开拉网式铺货和陈列，重点做好幼儿园、社区周边的铺货陈列工作，力求在最短时间内使产品的见货率达到80%以上。同时在全省的商超重点投放锌爽歪歪的生动广告，提升产品的曝光率，营造市场销售氛围。

（2）调研产品后，明确针对消费群体，借助公益体检深入幼儿园、社区、广场开展亲子健康互动和销售活动。

直接面对儿童及家长，活动全程以“健康锌童年，快乐爽歪歪”、“吃饭香大行动”两大主题贯穿始终。活动形式主要包括爱锌健康体检、爱锌大赠饮、填图折纸比赛、营养屋健康食谱游戏、亲子趣味运动会等。在开展互动活动的同时展开产品的现场销售，让目标消费者在互动当中了解到产品的卖点，感受到产品的口感，并让消费者在第一时间产生购买欲望和购买行为，打破了以往单纯的说服式促销，更容易让家长和儿童在不知不觉中成为我们忠实的消费者。

(3)联合媒体开展公益活动。

在整个活动过程中，河南电视台都市频道全程跟踪参与，有效提升了产品的知名度和活动的公信力。在郑州、开封、洛阳、新乡开展的大型媒体公益活动“关爱孩子健康成长，锌爽歪歪爱锌大行动”，深入希望小学、偏远山区幼儿园、社区、大型广场，为贫困留守儿童、福利院孩子开展爱心体检和爱心捐助，也引起了众多媒体、家长和孩子的关注。

(4)抓住节假日消费。

清明节、母亲节、五一、儿童节等节假日是最好的产品宣传窗口，各类特色活动层出不穷，包括幼儿园亲子运动会、风筝绘画比赛、野外踏青活动等。特别是在六一期间，豫北市场各区域联合当地幼儿园、幼儿培训机构等开展的大型六一儿童节汇报演出，把整个锌爽歪歪的推广进程推向高潮。

具体操作思路和方法如下：

(1)市场铺货、陈列及生动化氛围的营造

按照公司的产品推广要求，豫北市场要求各区域在产品到货后迅速铺货到终端，并展开终端的整箱陈列，同时在全省的商超系统重点开展锌爽歪歪的生动化建设和广告投放。拓展队深入区域内幼儿园开展有针对性的生动化布置和宣传活动，以进一步持续提升活动的影响力和产品的宣传面。

如在幼儿园，投放形式以幼儿园门头、身高标尺、视力表、食谱表、公告栏、评优栏、文明标语牌等为主（如图3－1所示）。活动期间，80%的幼儿园均安装了锌爽歪歪各类型的生动化形象，确保产品形象长时间保留在家长、孩子易看到的地方，持续刺激并强化消费者记忆。

还有商超，以大卖场、KA为主，抢占主通道最佳地堆位置，对地堆形象进行生动化包装，吸引消费者关注；同时，对卖场内外的收银台、电梯扶手、存包柜、吊牌、超市入口拱门、户外巨幅广告牌等进行产品生动化建设，全方位彰显产品形象与品质，营造出浓厚的氛围。具体如图 3－2、图 3－3 所示。

图 3－1　幼儿园生动化

图 3－2　终端生动化

图 3－3　商超生动化

(2)幼儿园活动的组织开展经验

豫北市场在2012年3~6月，共走进600余家幼儿园开展了形式多样、内容丰富的锌爽歪歪园内活动，取得了较好的推广效果，为锌爽歪歪的推广奠定了坚实的基础。

活动具体操作方法如下:

①活动开展前一周在幼儿园周边检查铺货情况，使周边见货率达到100%，使产品全面渗透到消费者身边。活动开展前3天在幼儿园周边张贴产品海报，并且发放产品宣传页，同时向消费者讲解锌爽歪歪的卖点。

②活动开展当天提前布置现场，让锌爽产品遍布在小朋友身边，提升产品的形象。

③幼儿园活动以健康体检为主，同时在幼儿园开展营养屋健康食谱游戏、填图折纸比赛、趣味运动会、亲子互动等活动，工作人员还现场讲解锌爽歪歪的产品卖点，互动环节使产品全面渗透。

④借助小朋友放学的契机，在幼儿园门口开展售卖活动。在经过幼儿园内一系列的互动活动及工作人员讲解锌爽产品之后，锌爽歪歪产品形象已经渗透到小朋友脑海里，加上售卖采用赠送文具盒、小画书、卡通贴纸等小朋友喜爱的礼品的方式，使得我们的锌爽歪歪促销活动开展得较为顺利。平均每场幼儿园活动现场销售产品在20箱以上，在30~40分钟的放学时间里，我们的锌爽歪歪经常被抢购一空。遇到人数多、购买力强的幼儿园，销量则能达到50箱以上。

⑤在与幼儿园的活动结合方面，我们根据幼儿园自身特点开展不同形式的活动，但拓展活动的主线始终是以“吃饭香大行动”为主旨的健康体检活动。同时，豫北自创的营养屋健康食谱游戏在全省幼儿园广泛开展，得到了来自幼儿园、老师及家长的一致认可。

⑥广泛在园内开展爱锌(心)体检活动。幼儿园小朋友的健康体检项目主要包括:视力测试、体重测试、身高测试、色盲色弱测试、口腔检查、心肺功能检查等六项内容，聘请专业的儿科儿保医生，确保体检的正规性和专业化。

具体如图3－4所示。

此次活动得到了部分医院及医生的大力支持，我们仅以少数饮料作为回报，争取到了很多免费的体检支持，为公司节约了费用。最重要的是获得了幼儿园及家长的一致好评，尤其是对于一些办学条件差的乡镇幼儿园。此次娃哈哈的健康体检活动无异于雪中送炭，我们将孩子们体检后查出的一些问题及时告知家长，得到家长的感谢和称赞。参加体检的孩子人手一张体检表，正面为体检表，背面为锌爽产品宣传单，确保了体检表能有效到达家长手里，在了解孩子体检状况的时候也充分了解到锌爽产品。

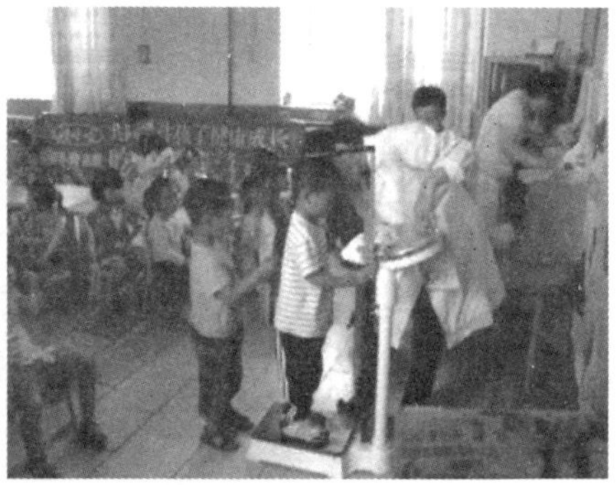

图3－4　幼儿园活动现场

（3）大型媒体公益活动

在整个活动过程中，河南电视台都市频道全程跟踪参与，有效提升了产品的知名度和活动的公信力。都市频道进行活动空中宣传并制作专题跟踪报道，2012年4～6月已播出活动宣传片180次，播出专题跟踪报道12期。在郑州、开封、洛阳、新乡开展的大型媒体公益活动“关爱孩子健康成长，锌爽歪歪爱锌大行动”深入希望小学、偏远山区幼儿园、社区、大型广场，为贫困留守儿童、福利院孩子开展爱心体检和爱心捐助，也引起了众多媒体、家长、孩子的关注。

①洛阳地区锌爽歪歪大型媒体活动

2012年5月14日~5月26日，洛阳地区拓展小分队以“关爱孩子健康成长，娃哈哈锌爽歪歪爱锌大行动”为主题在洛阳开展了一轮大型推广活动，充分利用各种媒体及多种异业合作资源对活动进行宣传造势，并于5月26日在洛阳最繁华的商业广场新都汇购物公园开展了一场声势浩大的公益活动。具体如图3－5所示。

图3－5　活动现场及报道

本次活动特别设置了爱“锌”义卖区，凡参与现场购买的顾客都可获赠娃哈哈公司提供的精美礼品。另外现场售卖产品的利润在活动结束后将全部拿出来用于爱心捐助，活动期间爱心义卖区的爱心义卖得到了许多家长和小朋友的支持，他们纷纷参与购买。活动期间累计销售娃哈哈锌爽歪歪、冰糖雪梨 232 件，现场提取利润 2000 多元，我们将之折算成产品和文具现场捐助给福利院的儿童，累计影响人数在 10 万人以上。

②新乡娃哈哈希望小学爱“锌”大行动

2012 年 4 月 20 日，新乡小分队与河南电视台都市频道一同走入原阳县官厂乡柳园村娃哈哈希望小学，开展公益体检捐赠活动。如图 3－6 所示。活动主旨在于结合医院烘托娃哈哈公司献爱心这一特点，从侧面推广新品锌爽歪歪，利用媒体为锌爽歪歪宣传造势。

整场活动亮点在于：

a. 娃哈哈集团向柳园村娃哈哈希望小学捐赠全校免费体检项目。

b. 娃哈哈集团向柳园娃哈哈希望小学捐赠锌爽歪歪。

c. 娃哈哈集团为柳园娃哈哈希望小学带来含锌类游戏。

d. 现场邀请河南电视台都市频道记者对现场活动进行报道，为锌爽歪歪宣传造势。

图 3－6　活动现场图

(4) 地市节日特色活动

①新乡新航幼儿园大型庆六一活动

本次活动新乡拓展队与新航幼儿园完美结合，整场节目达13个之多，新航幼儿园经过一个月的精心排练，相对于以往牵头艺术学校进行的演出，演出内容更精致，演出档次及阵容更高。在活动现场由我们提供的卷膜围成的隔离带，将家长与学生隔离开，家长第一眼看到的就是由帐篷、卷膜组成的800米“城墙”。整个舞台背景都是以锌爽歪歪的黄色基调为主，突出锌爽歪歪小熊猫形象，以及吃饭香主题。我们还特别添加了现场颁奖环节，让现场的家长朋友了解到娃哈哈集团对于此次活动的大力支持，小朋友们现场喝的也是由我们提供的锌爽歪歪等相应赠饮，突出娃哈哈锌爽歪歪的公益性特点。

另外，焦作、濮阳、安阳、郑州郊县、鹤壁的文艺会演在体现六一儿童节欢乐气氛的基础上，增加了儿童的可参与度，为活动的整体开展积累了人气，同时活动中还增加了充气人偶互动、充气城堡互动等环节。合作方幼儿园提供的健身操教学、大型儿童互动游戏的开展，也很好地调节了现场气氛，得到了儿童的喜爱。现场不仅节日氛围浓厚，人潮如织，售卖环节和演出的结合也较好，现场一度出现了抢购风潮，如图3-7所示。

图3-7 庆六一活动现场图

②济源锌爽歪歪风筝绘画比赛

活动一共开展 4 天，消费者只要来大商超市必经过一楼中厅，我们的位置恰好是第一眼就能看到的好位置。拓展队员积极推介产品，宣传绘画比赛活动。4 天时间活动影响近 2 万人，同时区域支持了大量锌小爽免品。前 3 天是活动宣传期，我们组织售卖，大商负责组织小朋友参加比赛，第 4 日活动当天共计到场小朋友 130 名，参与比赛 60 名，长期围观家长和消费者高峰超过 1000 人，整场比赛期间人流量在 3000 人以上，如图 3－8 所示。

图 3－8　风筝绘画比赛现场图

案例二　娃哈哈冰糖雪梨

2012 年第二季度，豫北市场把冰糖雪梨作为市场重推的一支新品，在渠道、商超和拓展的紧密配合下，产品的推广工作取得了显著成效。3～6 月份，豫北市场冰糖雪梨实发 220 万箱，产品的市场平均见货率达到 80%，已经与进入市场较早的康师傅、统一形成了三足鼎立的局面，甚至个别区域的整体市场份额已经开始压制住对手。在此我重点分享以下几方面经验：

（1）先进行样板市场重点推广，之后豫北市场整体跟进。

2012 年 3 月，豫北市场首先确定新乡、焦作、洛阳作为冰糖雪梨推广的样板市场进行推广。这 3 个市场在 3 月率先集中人力物力开始针对冰糖雪梨展开重点的铺市和推广，根据这 3 个市场先期的市场反馈，娃哈哈的冰糖雪梨在包装、口感等多方面较有优势，且市场铺市比较顺利，产品的消化周转期较快。因此，4 月，豫北市场开始组织全省进行全面推广，并对各区域下达了目标任务，每个区域也召开了全体经销商、业务员的动员大会，全省开始了声势浩大、步调一致的推广工作。

(2)渠道扎实考核铺货，迅速提升产品见货率。

产品集中报站到货后，各区域组织经销商、业务员开始了拉网式的铺货，在两周内使产品见货率达到50%以上，一个月后使产品见货率达到70%以上，迅速提升了产品的见货率。

(3)大面积展开专项产品的市场陈列，重点做好冰冻陈列和倒冰柜大行动，并同步做好商超、终端广宣及生动化布置，营造市场销售氛围。

在市场铺货的基础上，豫北市场从4月开始，每月分配专项的陈列费用针对冰糖雪梨开展市场陈列，陈列形式包括零瓶、专架、堆箱割箱及冰冻陈列等。特别是5~6月，豫北市场重点组织的冰冻陈列和倒冰柜大行动效果显著，有力地加速了产品的终端消化。通过坚持不懈地陈列和广宣生动化布置，很好地营造了产品的市场销售氛围，提升了经销商、终端商的销售信心和积极性。

(4)点多面广、形式多样的消费者促销活动的拉动，提升了产品的知名度和消费者的认知度，迅速扩大了消费群体，带动了产品的终端销售。

2012年3~6月，豫北拓展队重点针对冰糖雪梨深入商超广场、社区、乡镇、步行街旺点组织开展消费者促销活动近1600场，现场销售冰糖雪梨近4.2万箱，活动参与人数达20万人以上，影响消费者近100万人。

活动形式包括大篷车乡镇广场巡演、旺点中小型产品展示品尝买赠、超市换购、异业合作等形式多样的促销宣传拉动。

以下是豫北市场冰糖雪梨推广思路及方法:

(1)终端陈列及倒冰柜大行动。

2012年3~6月，豫北市场每月平均有近7500家终端开展冰糖雪梨专项陈列活动，全省做到标准统一、步调一致地开展。每月由拓展队组织专人检查1~2次，保证各区域陈列合格率在80%以上，使陈列的质量得到保证，做到陈列的效果最大化。

5~6月全省组织业务员、拓展队员开展大冰柜行动，要求每天傍晚6~7点以回收箱皮的形式进行开箱倒冰柜，每回收一个箱皮并倒入冰柜，就奖励终端店纯净水1瓶。期间全省业务员共进行的倒冰柜近15万箱。

（2）商超终端生动化氛围营造。

豫北拓展队配合商超以大卖场、KA为主，抢占主通道最佳地堆位置，开展形式多样的生动化布置工作，包括地堆形象的生动化包装，卖场收银台、电梯扶手、存包柜、吊牌、橱窗、户外广告牌等的生动化建设，同时在终端开展了形式多样的生动化包装，全方位彰显产品形象与品质，营造出浓厚的氛围。

（3）大篷车路演活动。

2012年4～6月，豫北市场充分利用两辆舞台车广泛深入超市广场、乡镇集会庙会开展冰糖雪梨的一系列巡演活动68场，促销销量突破5000箱。现场结合K歌大赛、掰手腕大赛、畅饮大赛、互动演出、纳凉晚会等形式进行产品的宣传，如图3－9所示，短期内有效拉动了产品销售。

图3－9 大篷车路演活动现场图

（4）冰糖雪梨中小型促销。

2012年4～6月正是冰糖雪梨推广的有利时机，也是我们抢占市场份额的好时候。我们将渠道和拓展紧密结合，加强终端铺货、广宣氛围营造、商超生动化、冰冻陈列等工作，在全区域营造了浓厚的冰糖雪梨销售氛围。各驻区拓展小分队充分利用周末时机，于商超、步行街、旺点、社区、公园、游乐场等目标消费群集中的场所广泛开展了点多面广、高质量的中小型促销活动，以简单实惠的品尝买赠为突破口，辅以趣味游戏、趣味抽奖等促销手段，现场通过大面积的冰糖雪梨广宣吸引消费者的眼球，短时间内即掀起了娃哈哈冰糖雪梨的消费高潮，大大刺激了终端进货，为渠道销售鼓舞了信心。4～6月，全省冰糖雪梨中小型促销活动突破1000场，销售量突破5000箱，有力拉动了终端销售。

（5）开展异业合作。

在开展常规促销活动的同时，部分区域拓展小分队深入台球室、蛋糕房、夜市等场所开展了形式多样的异业合作，不仅有效地针对目标消费者进行了深入的宣传，还开拓了产品在特通渠道的销售市场。

（6）结合营销大赛推广。

根据公司要求，豫北拓展队从6月开始，已在紧锣密鼓地积极联系关于营销大赛的各项事宜。在这一阶段的营销大赛组织开展中，拓展产品仍以冰糖雪梨为主，延续4～6月冰糖雪梨的推广，在已初步打开冰糖雪梨销售局面的基础上，继续加强地面促销活动的跟进。在全省13个地区，发动400余名学生利用暑期开展实战营销的机会，为冰糖雪梨等产品的推广助力。通过实战前的培训，告知学生产品卖点、功效等信息，传授促销技巧及话术，为接下来的实战促销打下基础。考虑6月末7月初正是学生考试放假的时期，因此，我们把握好时机，在6月进入各大院校抓紧组织开展校内营销实战活动，7月则集中召集学生参加我们日常的周末旺点促销、社区、商超中小型促销活动，如图3－10所示。从6月中旬组织开展营销比赛至活动结束，通过校内校外实战促销共促成销量6000余箱，不仅广泛宣传了产品，也大大提升了此次营销大赛的社会关注度和参与度。

图3－10　娃哈哈豫北市场举办的营销大赛现场活动图

案例三：娃哈哈富氧水

行业研究表明，我国中高端水增幅80%，市场容量巨大。尤其是近些年，我国中高端水市场每年以80%的速度扩容。未来5年，我国将进入高端水时代，其容量不下100亿元。当下的市场，全球各地富氧水畅销，但是国内仍无领军品牌。当下的国内竞品主打水源地，富氧水品类竞争小，容易突围。

如昆仑山雪山矿泉水，诉求是来自青藏高原海拔6000米的昆仑山，常年冰雪覆盖，无污染，雪山上的积雪慢慢融化，渗入地下岩层，经过50年以上的过滤和矿化，成为珍贵的雪山矿泉水。如5100西藏冰川矿泉水，诉求是源头之水，来自西藏唐古拉山脉海拔5100米处的自涌泉，是不可多得的高品质矿泉水。可见市场的突破点或者消费者的心智已经被竞品提前细分占据。

经过分析研究，娃哈哈找到了新的心智空白点，就是富氧弱碱水，PH大于7.0，弱碱性，可以调节身体酸碱平衡，使用超微氧分散技术，溶解氧含量为普通饮用水的6~10倍。使用尖端的锁氧技术，实验表明，把富氧水打开盖子一整天后再对其进行检测，其氧含量仍达普通饮用水的5倍以上。货架期内氧含量保持在普通饮用水的5~8倍以上。诉求点是摇一摇，氧气看得见。

同时，通过市场调研样本量：共132份样本。其中男性所占比例为55.0%，23~30岁所占比例为58.7%，其中大专及以上学历所占比例为63.1%，月收入超过4500元所占比例为47.8%，企事业职员所占比例为51.6%。

调研结果分析：

（1）在对富氧水的独特性评价上，82.3%被访者认为特别。

（2）对广告语及卖点认可比例为71.9%。

（3）包装认可度高达93.3%。

（4）认为产品上市后可能会购买的比率为94.9%。

最后，我们定义广告语为：“富氧一瓶，等同漫步森林2小时！”

（当下河南境内，雾霾已经成为谈霾色变的境地。）

产品价格体系制定如表3－6和表3－7所示：

表3－6　产品价格体系表

产　品	箱规格	零售规格（ml）	出厂价格（元）	经销商进价（元）	经销商价差（元）	给批发商价格（元）	批发商价差（元）	给终端价（元）	零售利差	
									零售价（元/瓶）	终端利差（元/瓶）
450富氧弱碱性水	1×15	15	22	24	6	30	2	32	3	0.86
	1×24	24	35	37	3	40	2	42	3	1.25

表3－7　初次报站表

单位：箱

区域	3月实发	富氧水		
		4月	5月	6月
A	6200	6000	8000	8000
B	2600	3000	5000	3000
C	3200	2000	3800	2800
D	2600	3000	3000	4000
E	0	5000	5000	5000
F	2600	10000	10000	10000
G	800	5000	5000	6000
H	1500	5000	10000	5000
I	0	2000	4000	2000
J	0	5000	5000	8000
K	0	2500	3000	4000
L	3700	1500	2000	3000
合计	23200	50000	63800	63800

促销推广策略：

产品切入市场在2012年2～3月：重点突破，以点带面！率先选择商超、学校、便利店、终端旺点进行铺市，对加油站、网吧、酒店等特通渠道进行跟进开发；有针对性地选择位置好、销量大的点位开展零瓶陈列；首轮铺市可视情况开展“箱皮回收”等有奖销售活动，具体以销售公司下达的渠道政策为准。

终端生动化在4~5月：首轮铺货后，迅速启动第二轮推广，加大陈列力度，增加陈列点数，提升单点接货数量，同步进行终端生动化布置；针对商超系统开展一轮“高端生动化”形象建设大比拼，有效营造产品销售氛围；有广告资源的市场重点投放户外广告。

促销活动启动在4~9月：①产品见货率达80%以上，分析各类型终端动销情况，选择性地进行大规模终端割箱、堆箱活动，营造热销氛围；②同步启动点多面广的拓展活动，以王力宏大型城市演唱会、“富氧健康，寻找城市绿肺”两大活动为主线贯穿全年推广！③发动渠道，召开渠道订货会，逐步上量。

消费者促销活动：有氧出行，骑乐无穷。

活动时间：3月1日~3月31日。

活动地点：特通、旺店、自行车行、学校等。

活动宣传方式：各地区联合自行车行、骑行协会、骑友俱乐部等开展报名宣传活动。其中，郑州市区联合河南交通广播、洛阳地区联合洛阳经济广播进行活动深度宣传与造势。前期深入步行街旺店、特通渠道及自行车车行、校园开展广泛的预热宣传报名活动。在美利达、捷安特、阿米尼连锁自行车车行设置报名点，骑友凭富氧水瓶标可参与骑行活动，还可参加现场幸运抽奖。同时通过微信群、QQ群、BBS等进行宣传。

第4章

Chapter 4

渠道升级：搭建二套网络

娃哈哈作为中国最成功的民营企业之一，经历了这么多市场风波仍然屹立不倒，有什么成功的秘诀?

我们认为娃哈哈的成功很大部分得益于营销的成功，得益于其掌门人宗庆后对“营销”的独到领悟和灵活运用，得益于其总能率先捕捉到市场变革的信息，先人一步完成营销的升级。娃哈哈如此，娃哈哈豫北市场更是如此。

2013 年，娃哈哈豫北市场实现年销售额超过 30 亿元，成为全国第一大市场；销售额增长 6 亿多元，成为全国增量第一高的市场；任务完成率 100%，位居全国第一；人均消费超过 45 元，名列全国前列，仅从 2009 年至今销售额就翻了一番。

有人肯定要问：为什么你们增速如此之快？从不同的角度看有不同的原因，如人的因素，动力解决到位，绩效考核合理；产品节奏掌控到位，节奏控制得好；网络开发给力，及早布局。但是，在此章节，我跟大家分享的是渠道力——渠道升级，细分管控。接下来我将结合我在豫北市场一路走来的风雨，与大家分享作为区域市场该如何实施？实施的过程中如何把控？遇到关键问题该如何处理?

豫北市场从 2006 年开始探索二套销售网络的构建，同时也走在娃哈哈全国销售分公司的前列，这对于渠道下沉、从渠道为王到终端为王的转变、拓展新品品相都发挥了至关重要的奠基和推进作用。

二套网络作为公司战略始发于 2012 年，而豫北分公司此时已经实践了 6 年之久，当然收获颇丰。截至 2012 年的统计数据显示，当年全国二套网络客户共计 1124 家，二套网络开发率为 42%；豫北市场二套网络客户则达到 109 家，二套网络开发率 78%，相当于豫北分公司的二套网络开发率超出公司平均数 36%。

下面我将以豫北市场的郑州、滑县、安阳、新密、登封、嵩县、荥阳等市场为例，让大家了解二套网络，学习二套网络的构建要点及构建过程中出现的比较集中的问题，当然还有搞二套网络的原因。此内容绝对来自于一线实战经验，供广大业界同人学习参考，不当之处，敬请赐教。

4.1 二套网络现状解读

以2013年为例进行分析，我们豫北市场下辖邯郸、安阳、菏泽、鹤壁、焦作、开封、洛阳北、洛阳南、濮阳、三门峡、新乡、郑州市区、郑州郊县等13个区域市场。全部销售额均超过亿元大关，除了三门峡为1亿元吨量级，其余市场远超亿元级别，尤其是新乡、焦作、开封、濮阳等市场均超过2亿元，甚至突破3亿元大关。

这么高的销售额，分别由327家经销商完成。其中渠道上，全品项销售经销商74家，2013年实现销售额7.36亿元；分品项第一套网络经销商78家，实现销售额10.35亿元；分品项第二套网络经销商82家，实现销售额8.72亿元，分品项第三套网络经销商27家，实现销售额3.57亿元。

分品项第三套网络是豫北市场网络中的独创，在二套网络经营不了的地方，再开发经销商，当然，这在概念上来说属于二套网络。可以说，在豫北市场，二套网络已经发挥了举足轻重的作用。豫北市场二套网络建设从2006年开始探索实践，当时在登封、水冶等个别县、镇市场开展试点工作。运行几年后，在2009年全面铺开，每个区域先在一两个县试行并迅速推广到全省。到目前，13个区域全部实现二套网络经营，县级市场做到100%二套网络经营，95%以上的乡镇市场也实现了二套网络经营。

从以上的讲述过程中，我们可以发现，河南市场一半的地盘做到了30亿元的销售额。我们大家可以去查找，在中国乃至全球范围内，别说河南市场的一半做到了30亿元销售额，就是整个河南，甚至全国销售额超过30亿元的饮料企业也不多。可能大家会认为，二套网络，听你一说，也没有啥神奇的，无非就是分产品、分客户、分区域、分网络而已。当然说出来大家都会，具体到做的时候就心有余而力不足了，或者说不是那回事了，接下来我从 4 点来解析二套网络的实操路径。

4.2 为何构建二套网络

自从 2009 年全面构建二套网络以来，豫北市场的销量、销售额、同比增长、人均消费等指标均名列公司首位，可谓效果显著，大家有目共睹。从市场指标来看，两支队伍——经销商队伍和业务员队伍都得到了成长和发展，不仅能力提升了，而且腰包也鼓起来了，产品品相增多了，可销品类增加了，市场一路高歌猛进，保持连续十年的高速增长，二套网络功不可没。

一、转变经销商心态，升级渠道网络

作为网络的主力，老经销商可以说是娃哈哈联销体的基石，但是伴随着企业的迅猛发展，尤其是豫北这样的增速市场，渠道网络的升级越来越迫切。娃哈哈和其他公司一样，老的经销商认为自己过去很厉害，跟很多领导认识，关系好，好似皇亲国戚一般，对于新上来的客户经理爱理不理，导致公司政策执行乏力。但是老经销商在当地的威望、实力不是新客户所能媲美的，因此更新老客户观念与心态迫在眉睫。

以滑县经销商 × ×副食的郭老板为例，2008 年左右，娃哈哈公司 500ml 营养快线、幸福牵线都在其手中，生意做得顺风顺水。但是公司考虑乡镇市场送礼的金额在 40 元左右还是主流空间时，推出了 350ml 营养快线。由于心态问题，郭老板放弃了经营权限，最后 350ml 快线成为当地市场最大的一款大单品，而郭老板只有望梅止渴了。

除了这件事情，还有其他市场发生的事情，对于老经销商来讲就是实际的案例。以前大家都说他是“老顽固”，但是现在有了二套网络，他不做，别人直接就拿去做了，他就没有了机会。在当地市场新产品是需要投标的，经销商也需要竞标去拿新产品。

二、储备业务梯队，培养优秀人才

在娃哈哈公司，人是市场的主旋律，是做成生意与否的关键因素。当然放在其他销售公司同样如此，但是人员的储备与培养是大难题，尤其是要让储备人员培训完之后能走上新的岗位，能够提升自己对企业的认同感，这都不是容易的事。

当下豫北市场拥有16名区域经理、3名培训师、5名督察队员、60多名拓展队员和近300名客户经理，所有的销售将士都是通过一线的实践一步步走上属于自己的岗位的。

对于所有入职的新进销售人员来讲，升职加薪找平台是其找工作的根本动机；从消费者心理学来讲，企业就是员工的雇主，员工就是客户，谁能满足客户的根本需求谁就赢得了最佳雇主的称号，当然关键是赢得了市场，赢得了品牌力，赢得了根植于品类市场的竞争力。豫北市场二套网络的快速成长给予了新进人员以锻炼、修行、晋升的平台。大家想想就会明白了，业务员是管理终端门店的，渠道业务员是管理批发商的，那么客户经理呢？当然是管理客户的，如果市场不发展，怎么有客户增加？没有客户增加，哪里来的客户经理的职位？其实二套网络就是腾空了战场让新进人员及储备人才进行练兵、爆发、成长的根据地。

三、夯实产品基础，拓展品相发展

娃哈哈的重要产品战略为一字长蛇阵，产品线特别长，不要说不成熟的产品，就算是成熟的产品，经销商也没有精力、实力搞得完。但是没有一位经销商甘愿把自己的产品划拨出去，这样就造成市场增长乏力，产品开发不足，市场精耕迟缓，销售氛围缺失。

其实经销商心里想的是，我的产品就像养的娃娃一样，养不大，大不了就给粮食，万一他成才了呢？这种心思是改革开放始发时的生意圣经，为什么？因为当时产品供不应求，只要有胆识，拿到产品，这款产品市场上没有，那么就有销量，就会赚钱。

现在可不行，以前是渠道为王的时代，只要做好联销体，产品到批发商处，就解决了问题；后来批发商不给力，就接着往下延伸，搞陈列，解决的是终端问题，陈列的背后其实是资本；现在大家都学会了，都搞陈列。2014 年整个食品行业的主题词是“动销”，摆上去也不动，那就进入了下一个环节。撬开消费者的嘴，搞体验，必须走向下一步终端，即消费者。谁不尊重消费者，谁就将走向这个时代的坟墓。作为经销商来讲，还拿那么多产品，怎么可能精耕细作？如何做消费者体验？不可能做的。

因此，二套网络让人员、产品、渠道聚焦。聚焦才会产生力量，聚焦才会产生氛围，聚焦才会打造出大单品，而只有大单品在经销商那里才有地位，在厂家老板那里才有位置。投入多少精力，收获多少果实，大道至简，如是而已。

四、一、二套网络合理共赢，攻破市场壁垒

产品多了，市场容量不知不觉在扩大。“没想到市场能有这么大的量”是许多经销商共同的感叹。市场空间从哪里来？最明显的感觉是竞品少了，一些前几年卖得不错的产品，在娃哈哈各类产品、各种规格、各个价位的集中挤压下，慢慢淡出了市场。另一个明显的变化是消费者的习惯也在慢慢改变，整箱购买、走亲戚送娃哈哈成为豫北市场街头常见的一景。2013 年春节前后，滑县市场针对营养快线、纯净水、茶饮料、幸福牵线等产品分别召开了数轮订货会，终端小店的资金已经在两套网络间转了好几轮。在两套网络的共同作用下，滑县一年的销售额达到 8000 万元，成为豫北市场销售额最高的一个县。

创造销售奇迹的不仅是滑县，安阳县实现年销售额 7000 多万元，人均日消费额达到 80 多元，是豫北市场人均消费额最高的县；水冶附近 11 个乡镇中，四家经销商分品项将 50 万人口的小区域做成了年销售额 3000 多万元的大市场；就连人口仅 50 万的国家级贫困县嵩县，年销售额也达到 3200 万元，创造的业绩令人侧目。市场越做越大，是二套

网络建设中大家共同的感受。正是这一个个销售业绩的取得，推动了豫北市场销售额的连年快速增长。

4.3 何时搭建二套网络

我们都知道产品的发展如同市场一样，有投入期、成长期、成熟期和衰退期，那么作为市场操盘手的我们该何时搭建二套网络呢？有没有一些参考指标？豫北市场从2006年以来探索至今，已经9个年头了，根据这么多年的实践经验，我们总结了以下几点供大家参考：

（1）市场发展较为成熟时。例如，豫北市场最早探索二套网络经营的是登封、水冶等个别经济发达、娃哈哈产品销售好的地方。此后的实践也证明，在人口少、销售额小的地方开发二套网络，市场难以承受，不容易存活。

（2）在强势产品较多时。一般经销商手中有两三款量比较大的产品时，无论是完成任务还是维持利润，日子都比较好过。他们的精力也顾不上更多的产品，此时拓展新品的动力就会不足。因此在有数款畅销产品时进行分品项销售势在必行。

（3）经销商销售额较大时。如经销商规模小，自身都难存活，开发新客户更是雪上加霜。如经销商规模过大，送货距离、经营品项、运转资金、仓储运输能力等各环节多少都会超出其负荷。从目前的实际情况看，在豫北市场的销售节奏下，经销商年销售额都在1000万元至2000万元，是利润率、市场掌控力和积极性都较高的阶段。因此，在经销商销售额达到1500万元以上时分品项经营比较合适。

4.4 如何搭建二套网络

一、开发新客户三标准

开发客户需要资金、仓储、人员、车辆及当地客情与口碑。那么，到底什么是开发二套网络客户的首要选择标准呢？我认为有三点：

一是态度，就是客户做生意的经营理念。很多厂家寻求经销商首先想到的是资金实力够不够大，其实大家应该明白厂商共赢的核心是什么。厂家无非就是借助经销商的当地势力和网络渠道，而经销商无非是看中厂家的品牌效应和广告拉力。但是现实生活中很多人不明白，小产品总想找位大客户，人家一年几亿元的销量，怎么能用心去做这款小产品；另外很多小厂家也是寄希望于走大厂家的渠道，其实都是不行的。合作首先是心态的合作、大家公平的合作、统一起跑线的合作。一起成长共赢，方为招商之首要策略。

二是发展路径。到底有什么样成长路径的经销商是首要选择？作为娃哈哈公司的二套网络客户，其实很简单，我们只需要看到客户是否曾经做过当地的批发商渠道。很多批发商不甘于为别人做嫁衣，也想自己养孩子试试，但是又没有很强的资金实力、品牌实力，而我们的二套网络正是他们需要的。这个时候大家就要问了，难道二套网络就是划分一些一套客户不做的产品让二套客户去做吗？如果这样理解就过于偏差了，二套同样也是渠道产品和利润产品的组合梯队。我们的二套网络客户主要来自于三个方面：一是原来经营我们公司产品的批发商；二是经营我们公司产品的乡镇客户，欲进军城市市场；三是竞争对手的客户，当然这样的客户需要的是文化的融合。

三是学习力。什么样年纪的人适合做二套网络客户？其实大家应该都认同，老客户之所以不敢或者说没有激情开发新产品，是因为老客户沉浸在过去的辉煌当中不可自拔。当然他们也有消极的资本，已经可以小富即安了。而年轻的客户尤其是“80 后”、“90 后”的客户，他们没有经历过改革开放，他们没有成功和辉煌的过去，只有憧憬未来，只有跟着娃哈哈一起走向辉煌。因此，他们敢于投入、敢于拼搏、敢于直击市场、敢于血战到底，当然更重要的是勇于接受新事物和具有超强的学习能力。

二、分配产品三原则

在分配产品的时候，大家可能首先想到的就是量和利的结合，当然这是最佳的选择，也是初级营销人员都知道的组合方式。作为经销商来讲，他怎能不明白量的产品背后就是资金的投入，就是有实力承受厂家的压库？这是现状，利来自于新小品。有没有其他的原则呢？这里给大家分享另外三个原则：

第一：量利结合。如 500ml 营养快线和幸福牵线都是走量的大单品，爽歪歪和锌爽歪歪都是走量的，那么必须分开，然后再附之以小产品、新小品。

第二：大小规格。可能很多人会认为：规格有啥好说的？我只做 500ml 的就可以了。但是现在的产品要规格齐全才能覆盖所有的消费者。举例来说，当下市场的新宠儿“乳酸菌”，以及娃哈哈、养乐多、均瑶乳酸菌刚开始的规格都是 108ml 的小瓶，精准定位为儿童消化必备产品。但是随着市场的验证，330ml 的乳酸菌走上了大单品的道路，因为老年人、年轻女性也存在同样的需求，但是 108ml 对他们来讲太小了。

第三：口味区隔。营销对于消费者来讲经历了三个阶段，第一个阶段为供不应求阶段，什么产品到了终端、到了消费者这里都是全部买单；第二个阶段必须占领终端，做出陈列，买断资源，才可以赢得消费者，如以六个核桃为代表的产品的兴起；第三个阶段为体验消费阶段，现在拿点钱买了终端就想收服消费者，那是不可能的，必须试吃、体验，在玩乐中体验产品的美味。那么口感、口味的丰富化必然是产品丰富化的必备要素，分口味进行精耕细作也走到了市场的前沿阵地。

三、管理客户三步骤

我们一直说，厂商是一家，厂商共赢，鱼水情深，军民团结，但是真的是这样吗？顺风顺水时可以，逆境出现时立马各自纷飞，那么对于客户就得管控，只有这样才能实现厂家利益最大化。当然是在保证厂家利益的同时保证客户的利益，这才是合格的客户经理。那么怎么才能达到这种效果呢?

第一步：基础历练方能胜任，培训考核方能上岗。所有的客户经理必须经过分销员跑单、渠道分销管控、二级客户经理储备三个环节，否则不能胜任；同时，客户经理在每个环节必须经过培训和考核方能提升。培训环节理论加实战，由豫北培训部与相关实操部门协调进行封闭培训，考核合格后方能上岗。

第二步：传帮带，实战行。培训完的客户经理只能是储备人才，必须再进入市场由师傅进行三个月的传帮带，方能入手管控客户。

第三步：单客户负责制。为什么很多小厂家做不出来销量，抱怨没有人负责?我亲耳聆听过很多客户的诉苦，每位经销商的仓库边角处堆放的都是小产品、过期货，当时都是打款不多，但是打了之后就再也见不到负责的业务人员了。在市场我们一位客户对应一名客户经理，负责经销商管控、市场开发、销量完成、终端氛围营造。一切市场都是以人为中心的，没有了管控经销商的客户经理，市场不会有本质的变革。

四、发展客户三提升

对于很多厂家来讲，开发客户不成问题，关键是存活的问题，那么如何做?

一提升：提升生存能力。生存能力是什么，对于客户来讲就是终端占有能力、开发终端的能力、终端客情能力，那么第一步就是让客户经理带队分销人员迅速拓展该新客户的终端网店，帮其分销。

二提升：分销到了终端之后，还需要维护。如何占位尤为重要，因为相较于差的位置而言，好位置的产品销量会提升5倍以上。很多客户都说，我也铺货到了终端，但是就是不动销。因此位置对与否很关键。对于饮品厂家而言，尤其是夏季，即使分销到了终端，但若占领不了冰柜、冰箱，就意味着万里长征没有走完最后一步，是起不到任何作用的。

三提升：促销拉动。很多客户最怕的就是产生疑难问题无法解决，我们对客户完全负责，对3个月不动销的产品以终端点位为单位进行调剂；临近有效期的产品回调至仓库，进行集中促销处理，解除客户的后顾之忧。这样二套网络客户才敢于开发市场，才敢于步入市场盲点，才敢于投入特通终端，才敢于冲刺市场任务。最后的结果是客户活了下来，成长了，发展了，达到了公司开发二套网络 1 + 1 > 2 的效果。

4.5 搭建遇阻如何解决

开发二套网络难以一蹴而就，建设过程中往往会遇到来自市场、经销商和内部的种种压力，怎么解决这些问题？我们豫北市场又遇到了哪些问题呢？四大常见问题帮你支招解疑：

一、老经销商霸道，冥顽不灵——算好账

对于大部分市场来说，老经销商的不接受是开发二套网络首先面临的问题。从感情上来说，原本一直由自己经营的地盘现在多了个人；从利益上来说，本来是自己一家赚的钱现在要分成几家，都让人难以接受。宗庆后一直强调，娃哈哈与经销商的关系是“利为基础，义为保障”。因此，怎么有理有利有节地与老客户沟通好，是开发二套网络中绕不开的一环。

我们总结出的一个经验是：给老客户算好账，解决好后续问题，让他们既有“面子”又有“里子”地接受二套网络。开拓二套网络的地方，多多少少存在着经营上的问题，有的因为地盘大了送货跟不上，有的因为资金不足阻碍了市场发展，有的因为精力不足而开拓不了新品。总之，在各个环节算好账。弄清楚如果要解决目前存在的这些问题，需要投入多少，产出能达到多少，客户做不到的才开出新经销商。另外在操作中留出缓冲期，在新网络接手的同时妥善解决前期老客户手中的产品，政策上给老客户留出空间等，顾全老经销商的面子和里子。老客户

一段时间后算算账，发现能达到甚至超出原来的赢利水平，自然慢慢接受了。

二、新经销商融入市场缓慢——稳定业务员队伍

市场对新经销商的接受程度是二套网络能否成功发展的一个关键因素，因此，选择客户的时候要尽量考虑客情因素。例如将原来在这块区域上的二批商开拓为经销商，对于终端小店来说，人头熟悉了，打款就放心了。另一部分不接受新经销商的是原来的老二批商，从两家平起平坐到需要到新经销商那拿货，心理上接受不了。这时候，前面说的至少分配一款强势产品给二套网络就非常关键。有了强势产品当市场敲门砖，货就容易带进去得多。

在豫北市场二套客户的开发中，我们甚至还遇到过老经销商完全不做市场的极端情况，只好重新从乡镇市场将原来的二批商“迁”到县城，或者是外地人到一个陌生地方经营娃哈哈。这时候，稳定的业务员队伍就非常关键。例如，嵩县市场的三位经销商分品项经营产品，此前终端完全不认识他们，但业务员队伍都有三五年的工作经验，生意掌控在业务员手中，经销商只是承担物流、仓储等相对单纯的工作，市场的动荡就比较小。

三、管理人员数量跟不上市场发展 ——稳定队伍，加强培训

业务员队伍承担着执行公司销售政策、全面掌控市场、与经销商紧密配合等职责。二套网络建设中，业务员对两套网络之间的规划、协调作用也非常关键。豫北市场目前有 300 多家经销商，销售人员仅 300 人，平均一个人管理一家客户都不够。怎么解决管理人员不足的问题?

一是建设分销员队伍。娃哈哈从 2007 年开始在市场上建立分销员队伍，对分销员的定位不仅是终端跑单，而且要求他们参与到经销商队伍、市场管理中。所以 2009 年豫北市场开始建设二套网络时，这批分

销员都成为与客户直接联系的单兵。目前豫北市场分销员已达到800人左右，这支真正掌握在自己手中的队伍发挥了重要作用。

二是稳定人员队伍，用业务员的经验去驾驭市场。豫北市场落实“家”文化，营造齐心合力创事业的氛围，业务员队伍稳定。不管是区域经理还是客户经理，基本上都是进公司十年左右的老员工，不少地方连基层业务员都有数年娃哈哈工龄，有着丰富的市场操作经验，因此在市场变化中能将指令执行到位。

三是加强人员培训。豫北市场有一支由3名培训师组成的培训团队，针对新进人员、各级别业务员和经销商开展多种形式的针对性培训，各级管理干部也充分利用例会等各种时机加强公司理念和操作培训，使队伍迅速成长。

这三项措施，使豫北市场的销售队伍兵强马壮，干劲十足，成为成功建设二套网络的决定性因素。

四、新经销商资金缺乏——勤进快销

大部分新发展起来的经销商由于缺乏原始积累，资金跟不上公司快速发展的需要。另外，豫北市场地处中原，交通便利，物流发达，因此市场价格透明，单箱利差并不高。怎么解决新经销商资金的缺口和利润的需求问题？娃哈哈主要是通过勤进快销的方式，使手中的产品和现金迅速转起来。经销商通过送货到终端，跑得勤，打款勤，使小钱发挥大作用。

以2013年2月××市场的统计为例，数十个经销商仓库中，大部分都是2月批号的新货，极少见到隔年批号的货，足见其销售周期之短。在洛阳区域，一位经销商一个月甚至打款22次，每次都是卖了钱就迅速打回到公司账上，通过勤进快销弥补资金不足的短板。据统计，豫北市场经销商的钱基本上能做到每月转两轮，个别大的经销商做到一月转一轮。正是通过勤进快销，经销商资金的压力得以减小，利润需求得以满足，又实现了原始积累，一举多得。

4.6 二套网络实战案例分享

案例一：滑县市场

滑县是个县级市场，县辖12个镇、10个乡。娃哈哈在此拥有一套网络四家客户，四家客户都是分区域经营的，都有专车送货直达终端门店。娃哈哈产品在滑县市场相对比较强势，这也是豫北市场产品最能容量的地方。

通过几年的飞速发展，以截至2013年的数据计算，娃哈哈系列产品在滑县的销售额将近8千万元，一套网络客户每家平均年销售额在2000万元，产品在渠道上已经处于饱和状态。对于一个人口数量120万人次的县城来说，产品销售额要想继续高速增长谈何容易？要么增加产品，要么增加客户，但无论增加产品还是增加客户，都不能损害老客户的利益，更不能让老客户产生对立情绪，否则产生的市场问题将不堪设想。那么我们是怎么突破这个瓶颈继续保持高速增量的呢？对，就是开发二套网络。

相对来说，滑县乡镇多，地域跨度大，要让开发出来的二套网络迅速存活下来，既要吃得饱，又要让二套网络客户经营的产品全覆盖滑县的每个角落，显然难度不小。是按照划分区域开发二套网络还是按照划分产品开发二套网络？开发多少家二套网络比较合适？豫北市场区域主管都做了充分周密的调研评估，最后决定按照划分产品进行全区域经营，先开发出一家二套网络作为试点，经营产品有350ml营养快线和大小乳娃娃。

我们派专人跟车下沉直做终端，经过两个多月的市场精耕培养后，发现产品销量在逐渐递增，而且利差相对也较好，客户积极性也较高，实际操作证实这种方法能稳健做大销售额。于是陆续又开发出来第二家、第三家二套网络，一家经营花生奶、280ml营养快线和AD钙奶，另一家经营500ml非常可乐、450ml营养果粒和350ml升级版快线。三家二套网络的开发不仅没有影响一套网络的销售和市场运作，而且还使得娃哈哈新小产品逐渐增量，培养出来几款可销新产品，销售额也逐渐增加，既保证了市场经营的稳定，还做到了继续稳健增速增量。

我们对滑县二套网络是如何进行管理和业务人员分配的呢？

滑县是县级市场，滑县的做法没有照搬大城市的做法，和省会郑州市场相比，除了封闭区域销售的管理是一样的，其他的方式方法都不一样。

第一，经营范围要求不一样。一套网络必须专营娃哈哈产品，即便有一套网络客户经营其他产品，但其产品也不能和娃哈哈的产品销售相冲突。娃哈哈对二套网络客户的要求就不一样，没有对产品经营范围做硬性规定，只要客户认同娃哈哈的经营理念，愿意跟娃哈哈合作，就可以在娃哈哈允许的条件范围内成为娃哈哈二套网络客户。

第二，出车铺货要求不一样。娃哈哈一套网络客户出车铺货时，运货车辆只能装载娃哈哈产品，不允许装载其他产品。对二套网络客户就不一样，只要达到基本要求，你愿意装什么货都可以，但是所经营的娃哈哈品种必须保证一定的量（二套网络一般认为放一只羊也是放，放两只羊也是放，出一趟车还能增加不少收入，所以二套网络客户的积极性也较高，一般会主动多装一些娃哈哈产品。）。

第三，不共享二批商系统。在滑县，二套网络绝对不允许共享二批商系统，而是要求二套网络客户必须直控终端，所有门店都是统一的价格，没有特殊政策照顾，这样保证了二套网络的高额回报。

第四，共用一套网络业务员队伍。二套网络由一套网络中优秀的客户经理代管，指定业务员跟车，每套网络每隔两到三天必须把所辖区域内的终端门店拜访一遍，相对来说拜访频率较高，客情基础扎实。

一套网络和二套网络同时运营，不但扭转了奶制品在滑县疲软困乏的销售局面，还巩固了老品销量，而且也让两支队伍分别有了足够的精力去推广新小品，为整个市场的产品销售注入了活力。得益于这种因地制宜的特殊管理模式，滑县市场销售额的最高峰值达到了近1亿元。

魔方:

二套网络的目的:解决经销商不重视新小产品和稳健突破销量的问题。

二套网络的特点:试点开发成功后一步复制到位。

二套网络的状态:多家分布,分新小品全区域经营,直达终端,高频率拜访。

业务员的状态:两套网络由同一套业务员队伍共同管理。

二套网络的绩效:三家二套网络一年完成娃哈哈新小品的销售额将近2000万元。

案例二:嵩县市场

嵩县位于河南省洛阳市西南部,辖16个乡(镇),318个行政村,人口60万,娃哈哈产品年销售额4000万元左右。娃哈哈作为饮料界的大佬,不但在销量上有着绝对的压倒优势,而且在渠道网络上也有自己独有的优势,但这并没有带给嵩县市场更多的销售优势。

有时候掌握绝对的优势,不一定就能取得绝对的胜利。面对大厂家强势的促销,小厂家往往运用低成本的透底促销来反击。在跌宕起伏的环境中,娃哈哈产品在嵩县市场处于竞品的前后夹击中,价格体系一再被冲破。娃哈哈对产品价格连续几次调整提价,增加各级利差都以失败告终。各级利差严重不足,终端门店没利可图,不愿意售卖。客户信心遭遇严重打击,又没有新客户愿意加入进来,要增加客户谈何容易,销售任务增长的路走得非常艰难。如何守住网络上的优势,固守阵地,稳住销量,已经成为刻不容缓的事情。

但娃哈哈从来没有停止前进的脚步,省级经理、区域经理、拓展队长亲自走访终端,拜访门店,与终端老板直接进行沟通,调研数据,统筹终端信息,最终达成了几点共识:①强行提价的路已经走不通。②利用品牌优势,直接巩固终端门店,建立信用档案,长期互动,远比重视二批商更为重要。③搬兵救援,稳定消费群体,不断与消费者互动,重振士气，树立老客户信心。④现有网络渠道的管理已经成熟，要保证任务的完成，维稳是关键。

那么到底采取什么措施或者方案来稳住市场和扭转局势呢？综合几点共识，省级经理和区域经理最终决定，还是采取比较奏效的方法——开发二套网络。娃哈哈产品在嵩县虽然有销量优势，但是各款产品的利差一直都很低，寻找了好多新客户都不愿意合作。于是如何开发二套网络成了摆在区域经理和省级经理面前的难题。

经过深思熟虑后，娃哈哈省级经理和区域经理决定采取两套网络并行的方法。通过无数次做边远乡镇二批商客户的思想工作，从乡镇迁了两家意愿较高的二批商客户进入县城，晋升为娃哈哈的二套网络客户，同时从洛阳市区迁来一家有资金没经验的新客户作为二套网络客户，相当于形成了三套网络，即新增加了两家二套网络和一家三套网络。

这三家客户在嵩县全区域经营不同的新小品，如280ml营养快线、500ml升级版营养快线、350ml营养快线、奶茶等产品，三家二套网络共享一套二批商系统。娃哈哈办事处率先统一出资承租了仓库，还购买了几辆电动三轮车，同时配给专职业务人员。三家客户共同使用仓库，共同使用三轮车，市场由娃哈哈业务统一管理和统一开发，为经销商节省了很多费用。

两套网络共用一套业务队伍，通过对一套网络和二套网络的并行管理，娃哈哈力挺两个月后，二套网络经营的所有新小品动销稳定，新产品利润相对也比较丰厚，新客户每天笑着数钱，笑得合不拢嘴，业务士气也逐渐高涨。嵩县市场老客户重新看到了经营娃哈哈产品的希望，不到三个月就扭转了客户不愿经营娃哈哈产品的尴尬局面，特别是新产品推广和新小品推广疲软困乏的销售局面，在提高老产品利差的同时也巩固了老产品销货量。

魔方：

二套网络的目的：重树娃哈哈产品形象，提高老产品利差，重振老客户士气，吸纳更多优质新客户。

二套网络的特点：搬救兵组成二套甚至于三套网络，完全并行成长。

二套网络的状态：不从本埠开发，而是从外埠晋升资源资质和配合优势资源下沉，分产品全区经营，共享二批商系统，统一管理，二套网络共享仓库运输等资源。

业务员的状态：两套网络共享一套业务员队伍。

二套网络的绩效：重新拾回了娃哈哈老客户的信心，也培养了娃哈哈新小品。

案例三：新安市场

新安县位于河南省洛阳市西部，人口47万。

先看外部因素。进入2013年，中国饮料行业鱼龙混杂，品牌品类层出不穷、五花八门，饮料行业产品、营销手段、营销渠道等都日趋多样化和差异化，饮料品类的生命周期越来越短，由之前的3~4年变成现在的2年左右。饮品的消费人群年龄结构集中在13~30岁，行业竞争加剧，厂商每年推陈出新，营销成本占比越来越高。随着厂家越来越多，品种越来越多，品牌和品类的分配越来越平均，各大品牌通路精耕业务下沉，导致娃哈哈农村包围城市的传统渠道营销逐渐失去了原有的优势。娃哈哈产品线较长，老经销商观念跟不上，加上公司新老品接棒不给力，给新安市场的销售造成不良影响。

再看内部因素。新安市场在进行网络完善管理的过程中，基本形成了四套网络并存的状态，把350ml系列和500ml系列产品做得很细化，导致区域内四家经销商常年内耗，打价格战。加上冲货管理有难度，各位经销商都偷偷摸摸想方设法跨区域销售，这些因素直接重击并破坏了新安市场350ml系列和500ml系列的价格体系。

加上国内经济形势不好，新安又是靠着厂矿吃饭的地方，长时间的厂矿停滞，也直接影响了当地的经济，继而影响到消费。如当时的端午节和中秋节期间，经销商为了快速卸掉高压库存，一而再再而三地搞活动促销，刚开始几个月娃哈哈奶制品还能迅速在终端流转，从而单品报货超量享受公司政策，而终端长时间接有政策的产品，导致经销商产生错觉又抢占了一部分市场。因为一味地赶量，当时350ml牵线从42元每件卖到39元每件，再到37元每件，甚至商超有卖到35元每件，一分钱不挣就出手。

这种严重低于厂价往外甩卖的行为，使得短期内产品销售量突飞猛进，但是给终端店造成了不好的影响，使店家认为娃哈哈天天有活动，想啥时候接货都有政策。这直接影响经销商及大多数终端店的利润问题，关系到经销商的稳定性及350ml牵线在终端长久的地位，因为不挣钱的事是不会有人干的。

2014年7月，痛定思痛后，娃哈哈新安客户经理在省级经理和区域经理的指导下，对新安市场的网络和产品进行了大刀阔斧的调整。把产品分开经营，两套网络互不冲突，四家经销商分区域做市场，各做各的生意，互不影响；所有产品价格统一上调，给经销商和终端重新营造一个稳定的销售环境，维护正常的价差。一套网络经销商忍痛丢掉了一部分二批商及三级批发商，避免他们之间的冲货及低价倾销影响客户利益。娃哈哈同时要求二套网络必须严格执行公司给予的指导价格，所有产品自然消化，绝不压库，谁破坏规矩立马取消经销资格。

此次新安市场网络改革，一套网络客户在娃哈哈制定的规则内优先选择产品，于是原来经营的品种就发生了很大变化，因为终端需要一定的时间段来适应新价格体系和新的网络模式，这也直接影响卸库速度及产品在终端消化的速度。为减少业务人员销售任务压力，娃哈哈省级办事处特别给予新安市场一个月的缓冲期。

为了避免这段时期因调整网络及产品价格上调导致竞品乘虚而入，新安市场又制定了奶制品、雪梨、水系的全区域生动化陈列促销计划，不给竞品留任何机会。学习养元及加多宝在终端店的陈列模式，几款重要产品绑定在一起做堆头，这样经销商们的陈列费用可以集中起来打敌人，产品氛围突出，而且业务员日常工作也好维护。娃哈哈总共在区域内签下了200家终端店奶制品陈列（绑定90件），200家雪梨陈列及300家水系的陈列，也给经销商缓解了很大一部分产品库存。利用抢占终端门店来施行产品涨价，娃哈哈具体做了三个动作：

第一，不间断地陈列，而且是定点、定位、定责任业务员和责任经销商，环环相扣，彻底把终端店与娃哈哈绑定在一起。这就要求我们的业务人员有一定的销售技巧及沟通能力，而且经销商配送人员也要有良好的工作作风，一定要达到走哪哪叫好的程度。我们的目标是没有买断地堆也一样能达到伊利、蒙牛的陈列效果。接着我们要制定终端销售价格管理制度，对于长时间低价销售我们公司产品进而影响周边终端店正常销售的终端，我们将采取一定措施限制他，甚至暂时断其货源。当然，前提条件是我们的终端陈列做得很牛气，让终端店离了我们生意没法做，冲货管理控制得很到位，让他随便倒，就是倒不来货。这样我们就处于主动地位，便于维护好产品的销售价格，逐渐提高利差保证客户利益，保证大多数终端店的利润。

第二，500ml的冰糖雪梨及500ml果汁系列，2013年中式传统养生果汁备受青睐，统一、康师傅、娃哈哈、今麦郎等均推出了大热的冰糖雪梨。2013年竞争的范围延伸得更广，除了冰糖山楂、冰糖柠檬，康师傅在其传养果荟系列新添了竹蔗马蹄。这说明果汁饮品逐渐浮出水面，随时有可能成为软饮料里的主流产品。我们虽抓住了这个契机，却没有合理把握住产品的销售节奏。上市后短短一年时间，我们的销售量十几倍地上涨，换来的是我们的雪梨在终端的极好氛围，同样也导致雪梨在终端店价格体系的崩盘。从32元/件的终端接货价卖到了29元/件，甚至有进货几十件能拿到27元/件的价格，经销商利润近乎被掏空，终端店的整箱价格也被拉下来了，可以说给接下来的市场运作带来了很不好的影响。

产品都有上市期、成长期、衰退期，而我们过于心急地做新品，很容易缩短产品的生长期，反而加快了衰退期。所以必须将价格提起来，不间断地割箱、堆箱及零瓶陈列，3个月重做市场氛围，春节后收一把订货款，来年旺季指导价格死扛，没有政策，只有陈列。另外我们要求经销商的雪梨和果汁出库必须每件都要绑上红丝带，便于整箱销售管理。

第三，把纯净水系列列为重点产品，这也是2015年工作的重中之重，关系2015年任务的整体增长幅度。娃哈哈通过这一举措，仅水系的陈列就签订了300家的终端买断协议，计划突破500家。而之前也搞过一次水系订货活动，而且还是在五月，总共签订了不到100件的陈列点位，而且价格很低。

由于此次网络调整和产品调整比较成功，没多久业务员就开发出一家专供特通渠道的客户，全品项经营，主要负责全县网吧、台球厅、KTV、餐饮、宾馆、游乐场、泳池、水吧及企事业单位的团购业务。这个渠道的销货量其实不小，但一直是娃哈哈的弱项，也一直由于传统渠道的经销商没有精力或是没有信心去做而耽搁着。这是娃哈哈在新安县开发新的领域实现产品销售增量的一个试行途径，娃哈哈配备专人负责和管理。

这次网络调整过程做得比较艰难，娃哈哈的客户经理说："自从2012年进入娃哈哈，我经历了各种岗位的变迁。从一个普通的终端业务员到如今负责管理经销商的二级客户经理，我亲历了这两年新安市场翻天覆地的变革。从之前两套网络管理方式和四家经销商合并为一套管理方式，如今又分为两套网络两套管理模式，市场真是瞬息万变。首先，你要坚韧不拔，遇事不惊，面对客户以真诚的微笑为先导，用精准的预测能力展现实力；其次，在符合公司利益优先、客户利益至上的原则下进行市场操作；再次，跟上公司节奏，当机立断，突袭市场空白；最后，激情自信永远是销售的灵魂，充满激情，充满自信，突破市场，提升销量，事半功倍，定能成功！市场在变，若我们一成不变，墨守成规，必将被市场变革浪潮所淹没。"

魔方：

二套网络的目的：重新规范游戏规则，重树娃哈哈产品形象，重振老客户士气。

二套网络的特点：优化一套网络和二套网络，试行三套网络。

二套网络的状态：分产品全区经营，共享二批商系统，侧重终端形象建设。

业务员的状态：两套网络共享一套业务员队伍。

二套网络的绩效：抢断了终端，理顺了价差，稳住了销售增长速度，开始探索三套网络模式。

案例四：武陟市场

拥有70万人口、2012年销售额任务抵近4000万元的武陟市场，从2012年年初起，就开始严格执行公司二套网络和坚持扩种扩面的指令。

在充分分析了产品的淡旺季特性、新老品搭配、全渠道覆盖等方面因素后，两套网络具体划分如下：

第一套网络经营快线系列、爽歪歪系列、老茶系列、冰糖雪梨、含氧水、八宝粥等，全县由4家客户分片区运作。

第二套网络经营牵线系列、锌歪歪系列、新茶系列、激活、纯净水等，全县由3家客户分片区运作。

以上所有客户2012年的销售规模在500万~900万元之间，每家平均600万元，是增长潜力较大的客户规模。同时每套网络均确定了冲量产品、利润产品、主推新品（梯队产品）和新小品，确保定位明确，经营区域明确。

与其他区域二套网络的经营模式不同，武陟市场并没有把新品全部归为二套网络，而是在一套网络和二套网络之间进行了合理搭配。主推产品线上，一套网络确定主推新品雪梨，次推新品含氧水；二套网络主推新品锌歪歪，次推新品激活。这些新小品都是往年没有销售过的，或者是销售过但因营销方法不对而死掉的。在两套网络调整前，经销商普遍持害怕、厌恶、抵触的态度，不愿意且不敢推广。

二套网络调整后新小产品销售（2012年1~7月）产生的效果如表4-1所示：（字体加粗部分是新小品）

表 4－1　两套网络产品增长对比表

产品名称	销售额（万）	增长情况
500ml 牵线	651	大幅增长
350ml 牵线	342	增长
500ml 快线	398	略负
280ml 快线	174	略负
500ml 老茶	726	增长
爽歪歪	215	净增
锌爽歪歪	162	净增
450ml 雪梨	170	净增
600ml 激活	43	净增
500ml 含氧水	39	净增
250ml 牵线	52	净增

注：牵线指幸福牵线，快线指营养快线，老茶指老冰红茶。

从表 4－1 一眼就能看出：500ml、350ml 牵线的大幅增长基本弥补了 500ml、280ml 快线的略负增长，茶饮料也有增长，保证了老品销售额不出现负增长。最抢眼的就是加粗部分，刚刚调整布局好的二套网络，短短 7 个月时间就净增长 600 多万元销售额，相当于某些品牌一个省的销售额。第二套网络的力量仅是初露端倪，力量还未完全显现，相信经过 2012 年后半年的继续磨合运作之后，在确保老品销售额稳中有增的同时，新小品会呈现大幅度增长。每个单品均是从零到万元甚至上百万元的突破，新小品合计销售额远远超过了一个 500ml 快线主销品项的销售额。

试想一下，如果不进行网络调整，那么老品销量如何得以巩固？新小品 600 多万元的销售额何以掘取？现在看来正是这些曾经让经销商担心害怕的产品反倒带来了武陟市场销售额整体的大幅度增长，同时经销商也从这些新小品的销售上取得了可观利润。那么，后期娃哈哈公司会有更多的新小品相继推出，相信在娃哈哈公司两套乃至三套网络销售模式的指引下，会有更多可销新小品不断推开上量成为大品项，集腋成裘，积沙成塔，销售总额突飞猛进也就水到渠成了。

二套网络的调整对推广新小品起到了很好的示范作用，也为整个市场的产品销售注入了活力。武陵市场二套网络调整非常成功，究其原因，有如下四点：

1. 经销商信心更足

通过二套网络的调整，经销商从中看到了公司把控市场的决心和信心。产品体系从原来的要么是销量大、利润低的大品项，要么是基本不卖或者根本不卖的超微利品项，到逐渐形成完整的产品体系，即向冲量产品、利润产品、主推新品（梯队产品）、新小品结构过渡，确保了良好的产品构架和产品经营活力，改变了客户认为娃哈哈是“鸡肋品牌”的看法。他们现在更愿意与娃哈哈合作，娃哈哈品牌对投资商更具吸引力了。

2. 运作精力更足

二套网络调整后，每套网络的产品数量相对变少，但是产品利差相对增加了，单品销售量也增加了，客户相对有了充足的财力、物力、人力等资源去运作新小品。

3. 价差更好，成本更低

新小品的价差远远好于现有老品，利润率普遍在 15% 以上，而老品利润率仅在 5% ~8% 之间。经过与经销商分析，娃哈哈改变了客户陈旧的思想观念，由厌恶推广新小品转变为现在主动喜欢推广新小品。如激活到达终端每件价差 8.5 元，利润率 25%，含氧水到达终端每件价差 4 元，利润率 20%。

4. 疑难库存的风险降低

由于有了足够的精力，以前产品太多，新小品发了货无暇铺货或者铺了货无暇照顾，进而出现大批量回调现象，形成疑难产品，损失惨重的现象得到了有效避免，客户也心无余悸地去推广。

综上所述，公司指引二套网络的调整，提高了经销商的运营信心和运营质量，增加了经销商的销售利润，更重要的是有效拓宽了娃哈哈的全产品链，夯实了娃哈哈的网络结构，进一步精耕强化了细分市场，增加了娃哈哈产品的销售额。

魔方：

二套网络的目的：合理布局产品，改变老客户陈旧思想。

二套网络的特点：优化一套网络产品和开发二套网络，重点扶持主推产品。

二套网络的状态：全区经营，共享二批商系统。

业务员的状态：两套网络共享一套业务员队伍。

二套网络的绩效：重振了经销商的运营信心和提升了运营质量，夯实了娃哈哈的网络结构，有效拓宽了娃哈哈全产品链。

第5章

Chapter 5

节奏把控：生意圣经

娃哈哈集团创业二十多年来，在宗庆后的带领和指导下，坚守实业，创新驱动，发展迅速，在销售界不断创造传奇，而这些神话是由娃哈哈驻各大片区的省级经理一个个创造的。

如娃哈哈豫北市场，从2005年年底起，整个市场的销售节奏和管理由19岁就进入娃哈哈打拼的骆芸女士来指挥，那时豫北的销售营收额还不到4亿元。但是骆芸女士凭着她专业的业务技能和丰富的市场经验，跟随市场的变化，逐步完善和组建了内勤部、销售部、督察部、人力培训部、商超部、奶粉酒水部等部门，每个部门都由不同的人员组成。

比如，拓展部由拓展队长、副队长、区域拓展主管、小队员、突击队长和行动队员组成，销售队伍由区域经理、客户主管经理和跑单员组成，各部门之间通力合作，不断创造出一个又一个销售纪录。

比如，非常可乐、营养快线、纯净水、红绿茶、爽歪歪等产品，都创造过年销售量2000万件以上、单月销售量200万件以上的纪录。我就亲自创造过娃哈哈激活和娃哈哈纯牛奶在豫北单家超市单品单月销售量超过10000件的纪录，还创造过单月销售娃哈哈发家产品儿童营养液3000盒的纪录。

发展到2014年年底，豫北市场销售营收额的最高峰值达到了将近31亿元（河南市场是60多亿元），如图5－1所示，销售队伍最高时达

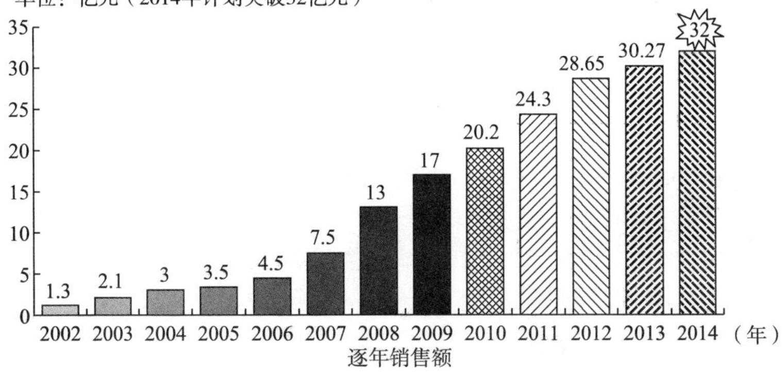

图5－1　娃哈哈豫北市场2014年目标规划图

到了1200人（河南市场是2000多人），连续几年成为娃哈哈集团的销售第一大省，娃哈哈的业务员和经销商合作伙伴都感到非常骄傲和自豪。那么豫北市场是如何做的呢？有什么销售秘籍和生意圣经呢？

在这些奇迹数字的背后，最主要的就是跟上市场环境的变化，把控好销售过程中各个环节的节奏。如果把豫北市场的成绩比作一颗结满果实的大树，人员、产品、网络等是组成这棵大树的躯干，资金和费用就是供给这棵大树的阳光和养分。我经过研究和梳理，现就娃哈哈豫北市场的成长经历从“根、杆、枝、果、源、肥”六个节奏进行分享，希望你能从中找到娃哈哈除联销体之外的更多圣经秘籍。

5.1 人员节奏：根

当我们看到一棵树能结满丰硕的果实时，一般很少会在第一时间感叹这棵树的根，而是感叹这棵树的果实，还会来一句“哇！这棵树的果结得真多啊!”就像你在上面看到的娃哈哈集团公司和豫北市场的销售额，你会在第一时间感慨地说娃哈哈真牛，半个省级市场能做这么多的销售额。

常言道，事在人为！娃哈哈豫北市场的销售额，都是靠人员一点一滴地做出来的。所以，要做出成绩和做出一点事情，人才是关键。就像一棵树，能挂满沉甸甸的果实，与这棵树的根系是否发达有非常重要的关系。

2000年，娃哈哈豫北市场还不到10人，销售额才几千万元，到2014年，豫北市场销售额的最高峰值达到了30多亿元，这是由近1200名业务人员做出来的，还不包括经销商合作伙伴。这么大的根系队伍是如何发展起来的？这些根系都各自担当着什么样的角色？都做出了什么样的贡献？主管对根系的管理都有哪些方法节奏值得我们学习借鉴？在这里我讲述我的一些阶段性成长经历，以及在此过程中人员随着豫北市场销量增加而增加的故事。

第一阶段：大一统业务

我被招进娃哈哈公司时，主管跟我说的是做超市业务，实际上那会儿娃哈哈与超市的直接业务往来基本上是空白，都是经销商朋友自己在做。再加上娃哈哈对超市没有任何费用支持，所以做起业务来比较难，相对来说业务量就少，半年里大多数的时间都是和渠道业务一起到终端铺货，而且还是主管亲自跟车带队，我称之为大一统业务阶段。

后来我才明白，娃哈哈的销售业务主要以流通渠道为主，促销政策也是针对渠道的，没有专门的部门对超市进行预算。娃哈哈公司找我来做超市的业务，是因为在国企改革中，郑州传统的国营店“身兼两职”的模式受到了专业新型量贩如丹尼斯量贩、家家乐量贩的冲击，在1998～1999年，郑州的友谊百货、八方超市、亚细亚、紫百大楼、郑州百货大楼、刘胡兰、碧沙岗等，纷纷在改革中面临倒闭。来势凶猛的量贩超市需要有专人来管理，正好我在台资企业旺旺集团干过，既做过批发业务，也做过终端小店业务，还做过超市业务，对郑州的超市系统比较熟悉，于是就成了娃哈哈挖人的对象。

第二阶段：商超队伍组建

从2001年下半年开始，我的商超业务才独立，而且也仅局限于省会郑州，因此，郑州就成了商超组建的发源地和根据地。刚开始就我一人，一边协助原有国营经销商做市场，一边开发专业人士做超市的客户。与客户的沟通和超市的谈判，以及策划促销活动跟进等工作，都是我一人完成。后来随着现代终端逐渐增多，超市业务人员也开始增加，到2004年年底时，郑州的商超业务人员发展到了7人，每个人基本上都能独立操作商超系统，豫北商超部门正式成立，整套商超业务谈判和商超业务规范已经形成。公司还设置了商超省级经理、地级商超主管，到2014年整个豫北市场的商超销售队伍达到了近30人。

第三阶段：拓展到督察

当商超部门的工作已经理顺队伍并且组建成型时，2005 年年初我被调到了娃哈哈豫北拓展部（豫北拓展部在 2004 年成立，当时也就 4 个人，到 2014 年时已经发展到 40 多人，娃哈哈产品拓展部相当于市场推广部，主要负责新产品推广及活动策划执行）。到拓展部工作不到一年，即 2005 年下半年，我被委任组建豫北督察部，刚开始时也是一人，专门负责核查各种活动的实际执行落实情况等工作，比如，超市陈列活动、终端门店有奖活动、终端陈列活动、业务员终端客情、经销商服务工作、人员工资发放、业务出勤、区域内区域间省与省窜货核查等，其核查结果由督察队长直接向省级经理汇报。豫北督察部到 2008 年时已经增加到 6 人，整个督察规范和核查流程也形成，其规范工作走在了集团公司的前面，在娃哈哈公司已经成为销售管理工作推广的典范。

第四阶段：人力内训

这个阶段和第三阶段类似，就在督察部门组建完成、队伍齐备、工作做得顺风顺水时，2008 年年底我又被委任组建新的豫北人力培训部门，督察部工作交由我的兄弟接管。这个阶段的工作比较繁重，除了协助总经理完成营销策划、任务分解和落实外，还要打造豫北人力内训。到 2014 年，豫北人力培训部门发展到 3 人，主要负责新人招聘、新人培训、人才储备、经销商培训和年终销售大会培训等，结合市场销售工作和业务人员不同层次需求及各级别客户需求，独立开发培训课件，为公司培养输送综合优质技能人才。

以上是我经历的四个阶段。每个阶段的变化和人员的增加，都是因为市场发展变化后，新的问题产生了，需要有新的部门来做事，随着新业务的增加所需人才也随之增加。

每一次有新的任务产生和新的部门成立时，主管人才都是从原有部门主管委任到新的部门担任主管，而原有部门的新任主管是从该部门直接晋升的。从这个用人现象你看到了什么？其实这是娃哈哈文化的一种体现。

在娃哈哈公司，无论你是哪一个部门主管，无论你的工作是多么顺利，都必须发扬“带、帮、传”的一家亲文化。你随时都有可能被新的工作委任走，如果你的上级领导发现你带的兵接管不了你的工作，那么你将会被问责。同时你也应该看到，新的问题在不断产生，需要提前储备好人才。

我经历的几个阶段，都是公司的特殊部门，其实人员增加还不算快，每次成立新的部门所需人员都不多，而且也没有什么标准来确定要用多少人，纯粹是根据新工作的需要来确定所需人才及业务员数量。

其实在娃哈哈，真正需要人员最多的部门是流通渠道部门，如安阳的滑县，在2000年时只有一家客户，年销售量还不到100万件，公司就不需要派一人专门守在滑县服务。那么娃哈哈公司到底是按照什么标准、什么节奏来增加或者减少业务人员的呢？按照娃哈哈的要求，至少是年销售量达到500万件才设置一名主管业务员，主管业务员必须有3～5年的岗位经验，必须是经过专业培训考核合格才能胜任。娃哈哈公司每年的10月左右都会进行人事调整，先是调整省级经理，再调整区域经理，随后才调整客户经理。另外，娃哈哈公司一般会在每年的11月召开全国年终销售大会，按照每年30%以上或者更多的增长速度，定出每个市场的销售任务，每个市场增加多少人、减少多少人也非常清楚。随着市场的飞速发展，如果到2009年滑县做到了3000万元，那么滑县的业务主管编制就是6名；发展到2014年时，如果滑县做到了8000万元，那么滑县的业务主管编制就是16名。事实上在滑县娃哈哈业务人员最多时远不止16名，至少在20人以上。

综上所述，豫北市场在用人上的节奏主要体现在：①以岗设人。②人岗匹配。③根据任务增长补充人才，每500万元增加1人。④“带、帮、传”储备人才。⑤人员需要具备足够基础业务经验，培训合格才能上岗。

整个人员结构就像一棵树的根系，有主根系、侧根系和不定根系，都深深地扎在土壤（市场）里，把树的躯体牢牢地固定住，并从土壤里吸收水分和无机盐，然后源源不断地供给树干，支撑着树冠长大。树根在地下的多少和伸延远近，决定着树冠在天空中的大小。

5.2 渠道节奏：杆

在销售过程中，市场就像一棵树，这棵树能长多高，树冠能长多大，结多少果实，能承受多少重量，除了强大的根系，完全取决于这棵树的躯干。躯干主要给树叶输送水分和养分，支撑树冠一天天长大。如果把豫北市场的销售额比作是树冠或者果实，那么能够承载树冠长大或者果实增多的载体，就是这棵树的躯干。

这棵树的躯干结构就是娃哈哈豫北市场渠道上的网络结构，一级联销体是心材部，是躯干的核心；特约二批商是边材部，负责把水分输送到树身的各处；批发商是形成部，是树干的生长部分，边材部和心材部都由此而来；零售终端是树皮和韧皮，一方面保护着树干不受伤害，防止病害入侵，另一方面不间断地向形成部、边材部和心材部传递一线最新信息。以郑州为例，从刚开始的 1 家一级批发商逐渐发展到 2 家、3 家，到 2014 年最多时一级批发商发展到 9 家，特约二批商 20 多家，批发商就更多了。那么郑州市场的渠道是如何发展壮大的呢？

最早的时候，一款产品在一个省内的销售，基本都是以省会为中心，从省会城市的批发市场再流向周边地级市场，所以在省会中心的第一家批发代理商基本上都是省级总代理。郑州市场和很多省会城市一样也不例外，刚开始的时候第一家代理商，就出在全国有名的产品集散地——华中批发市场。那时候一级批发商的货，根本不需要自己出去铺，都是客户主动上门来拿货，所以客户只需要在门市上坐等收益。就算是国有企业做的百货超市之类的要货，也都是自己上门来采购，批发商也不会给你送，一批商手里的货根本就不愁卖不出去。也就是说刚开始的代理批发商都比较牛，而且货源可以随意满天飞。

随着市场的发展变化及娃哈哈品牌的影响逐渐扩大渗透，到 2001

年，娃哈哈开始对渠道进行细分，细分为传统流通渠道和现代超市渠道，郑州市场的一级代理商又增加了1家。原有1家既做批发渠道，也兼做超市渠道，新开发出来1家就专做超市渠道。这个时段的批发市场比较活跃，其实做超市的客户在批发市场也设有门面，所以代理的产品也是到处流窜。那时候娃哈哈公司对于窜货打击还没有严格要求，就算是有窜货，也因为公司对于产品流通中基本信息的管理粗放很难查证。

随着娃哈哈新产品的增加，销售量越来越大，渠道细分也越来越细化，做流通渠道的客户只能做流通渠道，做超市的客户就只能做现代超市系统。2004年该区域发展到流通渠道一级经销商3家，专供现代超市的客户1家，二批商60多家，到2005年二批商规模发展到了80多家。这个时候开始对一级批发商、二批商和超市渠道进行了严格区分，但是由于公司没有特别明确的奖惩制度，一级批发商的利润薄，二批商太多、太乱、利润不明确、积极性不高，特别是批发市场的乱价，严重影响了市场的操作，再不对渠道进行严格管理就非常危险了。

到2006年，娃哈哈再次对4家一级客户的渠道进行调整，对产品也进行了调整，明确划分封闭销售区域，做渠道就是做渠道，做超市就做超市，一家一片区域。华中批发市场决不允许放货，专门设置了1.5%的奖励激励二批商，即只能允许拿该区域一批商的货在划定的市场内销售，不得跨区域，给什么价卖什么价，在年底给予销售额1.5%的奖励。严格划定界线，不得跨区域销售，并且签订四方责任书，共同遵守，违者重罚。

同时，公司对80多家批发商也进行了调整，分为特约二批商、签约二批商和1.5%奖励二批商，批发商从80多家一下锐减到40多家，这个时候真正的特约二批商和二批商才开始成为娃哈哈“供应链”的重要组成部分。娃哈哈代理商在郑州从一级批发商到特约批发商，再到二批商、三批商、零售终端这个完整的“供应链”也真正形成。

随着消费渠道的发展变化，娃哈哈产品品类增多，消费者对产品的审美疲劳和消费行为更加趋于理性。这导致原有渠道客户的发展速度远远落后于娃哈哈的发展速度，一方面体现在资金不足，资金积累的速度跟不上娃哈哈产品销售量所需资金的速度上；另一方面体现在常规思想，好卖的产品就卖，不好卖的产品就不愿多投入精力卖，但是又舍不得丢掉，我们习惯于叫作“占着茅坑不拉屎”。

此外，随着现代化的建设，郑州城区面积越来越大，物流速度逐渐慢下来，在送货速度上已满足不了流通需求。在此情况下，从2009～2013年郑州市场除了增加一套网络新客户，又开始把新产品和一些能销售但没人买和不愿意卖的小品项单独拿出来进行产品组合，重新开发新客户专门经营，也就是娃哈哈公司的二套网络建设。娃哈哈明确制定出每款产品在一级批发商、特约二批商、二批商、三批商和卖场超市的出货价和零售价，并且要求一批商的单件利润要小于二批商的，二批商的单件利润要小于三批商的，量大的靠走量增加利润，量小的主要是掌控终端靠稍高些的差价增加利润，同时各个卖场零售价必须统一，因此客户都非常珍惜这个机会并为利润“卖命”。娃哈哈渠道结构如图5－2所示。

总部→省区公司→特约一级批发商
- 特约二级批发商→三级批发商→零售终端
- 二级批发商→三级批发商→零售终端

图5－2　娃哈哈渠道结构图

到2014年，郑州市场还开发出了1家专门做特通的客户，最多时一套网络和二套网络加起来达到了11家，特约二批商20多家，批发商就更多了。那么娃哈哈为什么要设立那么多二级批发商呢？

归根结底，原因是一批商的销售情况远远达不到娃哈哈的要求，也就是说，要想在每家商店都看到和买到娃哈哈的产品，批零兼营的一级批发商成了阻碍，因此娃哈哈增加了销售网点。

首先，一批商的能力和精力有限。就以2005年郑州市区为例，根据当时的交通状况，如果以每家一级批发商平均供货300家终端计算，郑州市区少说也有5000家终端门店吧。按照当时的3家一级批发商计算，也就是一级批零兼营客户仅能控制20%左右的终端，还有80%的终端门店没人管，就处在自然销售的无序状态，销售的机会随之流失。

当一批商的销量提升遇到瓶颈，扩大二批商销售网络或者开发新的网络就成了必然。另外，如果一级批发商给部分终端供货，就会阻止二批商继续开发自己的网络。如果一批商直接给中原区的部分零售店供货，那么二批商在开发中原区这个区域时就没有积极性，结果就造成有人做不透、有人不愿做的情况。

其次，一级批发商批零兼营容易使二批商的利润降低。在2006年的时候，价差管理非常到位，渠道每个环节都有相当丰厚的利润空间，赚钱是让众多经销商争先恐后做娃哈哈的重要原因。

某著名杂志是这么说的："在过去几年，娃哈哈一批商批零兼营对娃哈哈的销售做出了重大的贡献，但在现在这个阶段却露出了短板。一批商大多仅选择那些大终端或者是具备一定批零能力的小三批商（如城乡结合部的批发部），而且往往采取"优惠价"，二批商在所辖地无法按照企业制定的标准价差体系赚取利润，从而丧失积极性。同时，一批商和二批商争夺终端资源，造成的直接结果就是市场批发价格混乱，进而出现一大堆的管理问题。娃哈哈这样的畅销产品最难避免的就是被当作冲渠道的产品，当一批商、二批商不再当它是赚钱的产品，而是冲渠道的产品，那么它必然将面临被经销商漠视的命运，迟早会被经销商甩掉，不少成熟品牌证明了这个道理。"

综合郑州市场上述的发展变化，我们总结了其变化节奏的基本规律：①2000年前是产品为王，独家代理坐销；②2001~2006年是渠道为王，不再是独家代理，偶尔也得出去服务；③2007~2009年，渠道不太重要，终端更牛；④2010~2014年，与时俱进，变革渠道，二套网络已成为娃哈哈的又一把市场利器。

娃哈哈对于渠道管理的节奏，如果再简化一点，就是从创新到优化，到固化，再到复制的这么一个过程，这就是娃哈哈郑州市场的树干。这棵树干是豫北市场的缩影，也是娃哈哈网络管理的缩影。正是凭着这样坚实的躯干，郑州市场的销售额最高峰值达到了将近2亿元。凭借着这样坚实的树干，娃哈哈轻轻松松地攻城略地，你才看到了大树冠上沉甸甸的800多亿元的果实。

5.3 终端节奏：枝

一个市场的健康成长，除了组建团队建设和网络渠道开发建设，另一方面就是终端开发建设。驾驭“中国式”终端销售管理的12字真经：“纵向渗透、精耕细作、决胜终端”，至今仍然回荡在我们的脑海里。特别是供过于求的这几年，千变万化的销售终端早就成为企业的必争之地，各种招式的促销活动泛滥成灾，这“最后一米”临门一脚的战场异常热闹，甚至是刀光剑影，短兵相接。

终端开发建设这个环节很重要，它是产品形成销售的末端，是产品到达消费者的端口，如超市、便利店、网吧、饭店、烟酒店、京东等，因为消费者通过这个端口买到了自己心爱如意的产品。终端是竞争非常激烈且极具决定性的重要环节，各种品牌的产品都会在这里短兵相接，如何把握终端节奏吸引消费者的眼光和影响消费者的购买心理是终端工作的关键所在，就像一棵树，只有树枝发达了，才能枝繁叶茂。

如何重新认识终端，如何管理与匹配终端资源，如何从终端突围，是令各个厂家头疼的问题，也依然是企业的心头病。老实说，娃哈哈以前在这个环节上的做法并不是很好，但是跟随市场的发展变化，经过很多次的摸索后，娃哈哈形成了自己的独特管理办法，和其他厂家的做法都不太一样，但是效果很好。

一、终端发展衍生管理

销售终端也是一个动态发展的过程，以前是供不应求。在产品为王的时代，能按时把客户需要的货供应上就不错了，根本谈不上什么终端管理。那时候对于娃哈哈来说，一级代理商就是终端，只需要管理好这个环节就好了。比如，1998年年底春节之前，我就职的旺旺集团郑州分公司当时货源就非常紧张，客户根本拿不到货，天天急得哇哇叫，我就自己背着包拿着钱开着车到公司仓库门口等，最夸张的是产品批发价本来是64元一件，嗖嗖地窜到了78元一件还没货可拿。

随着市场需求的发展，公司产能逐渐增加，渠道网络数量也随之增加，这时候公司除了规范渠道销售区域，还开始对大批发部（也算是终端）进行管理，偶尔给予进货奖励。那也是业务员通知一批商，一批商打个电话就完成了，也没有如今的陈列展示活动之类的，最多就是到批发市场去张贴一下海报。

到了2000年左右，新型量贩终端开始发展；2004～2005年，品牌越来越多，产品也琳琅满目，五花八门，开始出现供需平衡甚至于供过于求。再加上城镇化促进了路政的发展，交通也越来越便利，产品价格战随处可见。

2008～2009年，电商掀起了新的消费革命，发达的通讯让大家的信息更加透明，对各种信息的交流也更加快捷。也就是在这个时候娃哈哈才真正开始重视二批商管理、终端门店管理，在终端门店上做产品陈列展示活动，终端门店进两件货给予一件小礼品的促销奖励，并给予价格指导；也开始对电商渠道终端进行摸索管理。

二、渠道与终端管理互补

娃哈哈发展二批商渠道，以及要求一级批发商发展管理二批商渠道，不是一般意义上的渠道组建，而是另有目的。比如，2005年郑州市场组建了近80家二批商网络，组建这么多二批商网络不是瓜分一批商的地盘，而是要给予二批商权力和利益，同时也需要二批商承担相应的责任和义务。

那么二批商的责任和义务是什么呢？一是只能在自己的封闭区域内销售；二是严格执行娃哈哈产品的加价规定，如营养快线在一批商供价基础上顺价2元出货，不能低价也不能高价出售；三是必须按照娃哈哈的要求做好本区域售后服务；四是销售娃哈哈规定的产品，不能只卖畅销的，不好卖的就不卖。

娃哈哈对二批商的管理，其实就是要充分运用二批商的仓储、运力和人员，去服务一批商和娃哈哈服务不到的终端，根本目的在于减轻一批商和娃哈哈公司的人力压力，还在于提高区域产出，将区域内的消费潜力进一步激发。这样一来，娃哈哈可以牢牢控制住市场的主动权，并且娃哈哈可以保证自己出台的每一个政策都能最大程度上贯彻到终端。

三、终端价差管理

娃哈哈对终端价差的管理，以互惠互利、信任共赢为基础，执行的是指导价。为了保证价格体系稳定，娃哈哈实行各级价差体系管理制度，明确制定出每款产品在一级批发商、特约二批商、二批商、三批商和卖场超市的出货价和零售价，各级必须严格执行价格顺差，一批商的单件利润要小于二批商的，二批商的单件利润要小于三批商的。

比如，2009 年洛阳创新开发二套网络时，对于批发商能整车要货的，娃哈哈公司规定一级批发商每件顺加 0.5 元直接把货送达批发商库里，批发商按照娃哈哈规定每件顺加 2 元送达终端零售门店，零售门店统一按照零售指导价 2.5 元每瓶卖给消费者。也就是一级批发商靠的是走量和公司给予的销售奖励获取利润，与末梢最近的批发商才是终端管理的关键，但是走货量小，因此他们的价差相对就要高，这样量大的靠走量增加利润，量小的主要是靠稍高些的差价增加利润，同时各个卖场零售价必须统一，保证了终端零售门店的积极性和终端销售价格的稳定。

四、严厉打击跨区域销售

娃哈哈为了保证经销商的利益和维护区域价格体系的稳定，要求各个环节都必须严格执行公司的规定，最有效的办法就是严厉打击跨区域销售行为。为了能快速查处冲窜货，娃哈哈公司做了以下严密工作：

1. 设置反窜货督察部

集团公司设置有督察部，专门核查冲窜货及相关不利于市场销售工作的行为；各省内也设置有内部督察人员，能快速核实查处跨区域销售行为，如豫北市场督察组就成立得比较早。

2. 产品身份信息管理

娃哈哈公司生产的每一件产品，在生产时就打上了生产日期、时间段、班组次和编号。按照计划订单，在发往各区域各客户时，每件产品包装上都打上了对应客户的编号，在出厂时就由工作人员把产品身份信息录入到了娃哈哈销售管理系统，就像每个人的身份证一样，输入系统就知道你是谁。另外，一级批发商在给自己所辖区域的二批商或批发商送货时，也要按照公司要求在产品相关位置打印上暗码和记号，一是为了保护自己，二是为了防止二批商跨区域销售。

3. 受理举报快速核查

无论是业务人员、一级批发商，还是二批商，如果在自己的区域内发现可疑货源，只需要按产品包装上的编号或者生产日期填写举报表，及时报给总公司督察或者省内主管督察，督察人员会根据产品系统信息锁定货源，并快速前往可疑货源地取证核实，同时通知相关货源主管业务前来确认。最基本的流程就是发现——举报——核查汇报——处理。如表5－1所示。

表5－1　窜货事实确认表

双方人员走访地点、店名	走访地点、店名属性（一批或二批商门店、仓库/商超/倒爷门店、仓库/传统小店）	产品（规格、口味）	生产批号	外箱客户打码标识（如果没有注明“无”）	出售的价格	可见冲货产品数量（箱）

合计可见冲货数量（大写）：________

（1）判定冲货的证据：

根据产品销售管理系统冲货产品的生产批号对应的发货客户来判定，即发货客户视为冲货客户，具体冲货事实由双方业务员或娃哈哈监管员负责判定。生产批号判定客户的标准：

若发现1个批号查实结果对应的是一家发货客户，这位客户视为冲货客户；若发现1个批号对应两家发货客户，则对地理位置较近的客户视为冲货客户（除非货源都在仓库）。

若发现有2个批号的，则对2个批号都发过货的同一家客户视为冲货客户；若有2家客户都发过这两个批号，则对地理位置较近的客户视为冲货客户（除非货源都在仓库）。

若发现有3个批号或3个以上批号，则对同时发过2个以上批号的客户视为冲货客户；若有2家客户都发过这两个批号，则对地理位置较近的客户视为冲货客户（除非货源都在仓库）。

如果从产品身份信息查不到或者无法锁定冲货客户的，将处罚产品生产分厂相关责任人。

如果核查发现所冲货源是一级批发商的货源，且核实结果为该一级批发商下属二批商跨区冲货的，直接处罚该二批商。如果是二批商窜货，但是无法判定是哪位二批商窜货的，公司直接处罚一级批发商。

（2）为了核查的透明公正，防止恶意举报，特别强调核查过程的注意事项：

第一，要求举报方与被举报方的客户、分管客户经理都必须在冲货现场核查，通过实地清点查看，记录下看到的冲货产品发现地点、数量、产品批号、客户代码、倒爷对外售价等基本事实，并将结果填写在《冲货调查报告单》上，如实向公司汇报；对于冲货方没有及时到场、没有签字反馈的，均视为默认冲货事实，公司对冲货方予以处罚。

第二，未经公司同意，禁止被冲货方经销商、业务员大批收购冲货产品（或用自己的产品向倒爷换回冲货产品），并要求冲货方拖回冲货产品的行为。

第三，禁止举报方要求冲货方给予资金补贴或缴纳所谓的“冲货保证金”，或要求对方拖走自己部分产品作为补偿的做法，若有违反，则反过来处罚举报方。

第四，禁止反向举报或恶意举报的行为，若经公司查实，反过来处罚举报方。

4. 按标准处罚并通报

为了公平公正严明，娃哈哈对处罚依据的标准也做了明确规定，如

“第一次发现，可见冲货数量在20箱以上、100箱以下的，处罚冲货经销商4000元，100箱以上的，处罚冲货经销商8000元，处罚分管客户经理600元，区域经理、省经理各400元；第二次发现，可见冲货产品数量在100箱以下的，处罚冲货经销商8000元，100箱以上的，处罚冲货经销商12000元以上，处罚分管客户经理1000元，区域经理、省经理各600元；第三次发现，无论多少，均处罚冲货经销商15000元以上，处罚分管客户经理1500元，区域经理、省经理各1000元”。

另外还规定了追加处罚：

（1）若冲货数量较大或属于恶性冲货的，视情况按照以上处罚标准的2~3倍处罚冲货客户及业务员，冲货产品必须高开（娃哈哈增加出厂价或者取消订货搭配促销政策）出厂价格，或扣罚大致冲货量的促销费用；若情节严重的直接取消冲货经销商冲货产品的经销权。

（2）对于二次冲货的，除了重罚之外，还要高开冲货客户冲货产品的出厂价格1~2元每箱。

（3）对于三次冲货，一是继续重罚，二是直接取消冲货客户的冲货产品经营权，或缩小其经营区域。

对于刮批号等恶意冲货的，不论第几次冲货，不论可见冲货数量多少，直接处罚冲货经销商30000元。若情节严重的，不但取消冲货客户的冲货产品经销权，而且依国家相关法规按假冒处理。比如，2007年豫北督察组在郑州万客来走访时，将恶意从安徽市场冲窜过来的4500件营养快线抓了个现行。总公司根据督察组当天的反应及提供的现场录像资料，当天就取消了该冲货经销商的经销权，并对处罚结果在娃哈哈销售管理系统里进行了全国通报。

五、陈列变革黔驴技不穷

对终端的争夺是产品到达消费者的必经之门，陈列活动管理是各路神仙的必用秘籍。但是，终端生动化陈列管理，绝不只是为了好看，也不是只为了卖货，更不是为了陈列而陈列。有句话说：知道80%的广告费都被浪费了，但是不知道浪费在哪里了。

所有商家都信奉“终端的气势来自于客流的有效吸引或拦截”，于是衍生了很多常规的做法。比如，陈列、堆头、特价、买赠、抽奖、积分、免费品尝、样品派发、捆绑销售、POP 广告、DM 广告、堆头帷幔、产品手册、导购员推介、限量抢购、小丑表演、联合促销……已经到了黔驴技穷的地步。“终端促销难以促销”的问题日益突出，在热闹与忙碌的背后，总是隐藏着“过度”“浪费”的嫌疑。很多促销场面红红火火，实际效果往往不容乐观，常常“投得多、产得少”，甚至“只有投入没有产出”。那么，“终端促销”还能怎么搞，如何从终端陷阱中突围？

1. 时间效应创新

娃哈哈豫北市场从 2005 年开始，就按照应用落地试错的方式专门研究终端陈列活动。一是要求陈列必须规范，每次都要进行改进前和改进后的对比；二是讲究投入产出比，如花一样多的费用，用不同的落地方式，然后对比数据变化，做到投入产出效益最大化。

这里以陈列延续时间的使用为例，豫北市场在研究时定为“错时效应”，也许你都没听说过。那么请看看与你的做法有何区别，娃哈哈这样做能增加多少效益。请看下面一个例子：

活动节日：2012 年中秋节（9 月 30 日）

活动产品：500ml 幸福牵线，保持集中堆箱 50 箱陈列

活动时间：30 天，不定期检查 3 次

检查要求：保持日常集中陈列至少 30 箱，陈列产品数量不足要立马补货

奖品政策：符合要求的奖励 500ml 冰糖雪梨 3 箱

活动注意事项：请应用错时效应，争取陈列活动时间段的最大效益，确定你的活动起止时间和对活动的检查时间。以下是娃哈哈客户经理制定的活动时间和检查时间。

小张：9 月 15 日开始，10 月 14 日结束，检查时间为 9 月 23 日、9 月 28 日、9 月 30 日。

小王：9月5日开始，10月4日结束，检查时间为9月15日、9月25日、10月2日。

小马：8月28日开始，9月27日结束，检查时间为9月15日、9月21日、9月25日。

你选择的是谁的方案？

最佳方案是小王的。他抓住了陈列活动延续时间的几个关键：①中秋节与国庆节。②日常保持最低30箱，不足了要立马把数量补足，因为活动要求是50箱集中陈列。③起止时间正好把国庆节也带上了，而且最后的检查时间离结束时间相差两天。如果在活动结束前两天还能保持30箱产品集中展示在门面上，会是什么概念？④抓住了生意人的心理。做生意的谁不想利用节气多卖点货多赚点钱，就是你没有陈列费用，店主也会把货摆到大马路上，至少有10天到15天店主是在为小王免费陈列。

小张的方案就没有利用好生意人在节庆时的习惯，逢年过节你就是不给陈列费用，终端老板都会主动把货摆出来。同时小张对效果的监督时间最后相隔了半个月，回访时间间隔太长。小马的方案问题在于开始时间稍微有些早，最主要的还是监督回访时间前面间隔太长，后面回访的结束时间又太早。

陈列活动中对时间的不合理应用会造成销售损失和资源浪费，研究组经过数据对比，发现小王的这个方案能为娃哈哈增收16%的效益。

经过豫北督察组和培训组5年的数据追踪研究，我们发现：一场不规范和不合理使用时间段的陈列活动会造成巨大的损失。陈列活动政策制定时，你必须考虑终端门店的销售盈利情况和竞品的活动政策，否则你的活动就是白白地浪费资源。如图5－3所示，在制定陈列活动政策时，如果不考虑竞品在门店中的销售情况及利润，盲目闭门造车制定活动政策，活动还没有开始，你至少就输给对手50%了。

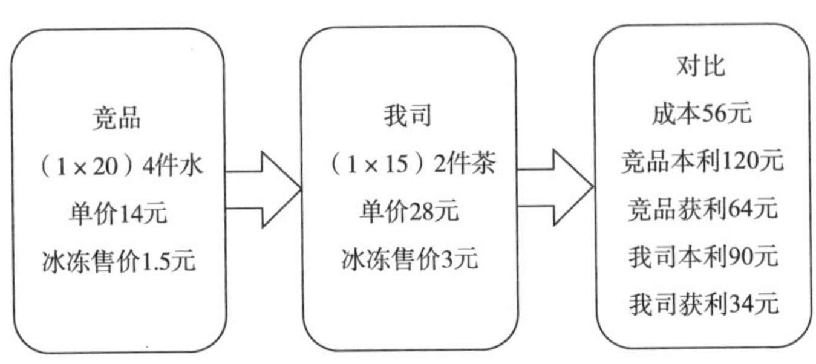

图 5－3　陈列活动效果对比图

据我们统计，由于不规范的陈列，每一场活动下来会有 15.58% 的销售机会白白流失，资源浪费达到了 11.84%。如果你的企业一年投入产品陈列活动费是 1000 万元，其他忽略不计，那么根据研究结果，把你的企业销售额的损失打五折，相当于一个年任务 700 万元的县城没有了。

2. 革新传统陈列

消费者为何不出手？答案是因为产品同质化。陈列活动为什么不出效益？答案是因为黔驴技穷，模式僵化。要从传统中突围，你就要为此付出代价，不断创新，不断试错，对传统方式和方法进行革命，找到一种能创造效益最大化的方法。豫北市场培训组经过多年的研究，总结出了一套能产生效益最大化的陈列方法，并在 2012 年 6 月集结所有经销商朋友和业务员在郑州嵩山饭店进行了一场深度鼓舞销售士气的《陈列革命》讲座。

由于终端结构的多样化和复杂化，任何一项终端管理活动都必须先做市场调研和现状分析，然后针对实际结构做相应的调整，灵活执行，不能一刀切。比如，对饮品陈列类型的选择，常规的选择类型有零瓶、端架、货架、堆箱、堆箱加零瓶、买断……那么哪些终端适合做零瓶陈列，哪些终端适合做端架陈列，哪些终端适合做堆箱陈列，哪些终端适合做买断陈列呢？怎样做陈列才能做到投入产出效益最大化呢？

豫北市场是这样选择的：如果终端零点以报刊亭、冰糕摊等门店类型集中的，最好做零瓶陈列；如果终端零点以小超市、社区便利店等门店类型集中的，适宜做端架陈列；如果终端零点以批发门店、杂货批零门店等类型集中的，适宜做堆箱陈列；像汽车站门口、公园门口等人流进出特别多的门店，适宜做零瓶和端架；影院、KTV、网吧、高档商务休闲会所、健身房等特殊渠道适宜做买断陈列。

有一次娃哈哈豫北培训组在焦作市场给基层业务做培训，在老师提到某区域的端架陈列活动效果不错时，一名业务员站起来说，他上个月也做了端架陈列活动，但是效果不好。在老师提到销售工作必须按照公司规定去做时，又一名业务员站起来说，他的主管说某个区域零瓶陈列活动效果很好，也在上个月安排他们做零瓶陈列活动，他也按照要求做了，但是效果不好，主管还把他骂了一顿，挺委屈的样子。

培训活动结束后，我们决定去市场走访，看看到底是什么原因。经过对这两个区域现场的走访，我们发现，原来第一位业务员的问题在于他负责的区域里，终端结构大部分都是批发部，根本就不适合做端架陈列。第二位业务员的问题也是他负责的区域里终端结构出了问题，另外，我们还发现这位业务员严格按照公司对零瓶陈列的要求执行（娃哈哈活动产品零瓶陈列规格是 8 个排面，而竞品的零瓶陈列是 10 个排面），从活动气势上就输给竞品了。

这两个现实案例，一方面反映出在做活动时，业务员对自己的终端结构没有分析，对是不是适合制定的政策没有进一步考虑。另一方面业务人员灵活性不够，如我们的零瓶陈列规定 8 个排面，而当竞品达到 10 个排面时，是否也需要具体问题具体分析呢？

3. 你冰冻我就送

每年夏天，大量的流动冰摊都出来经营，有的在公园，有的在广场，有的在大街边，有的在车站旁边，有的早上不出摊晚上出摊，流动性都很大。冰摊的陈列很难管理，对这样的特殊终端，你会怎么做呢？

娃哈哈在管理这样的终端时，采取的是我们称之为“天上掉馅饼”的突击造访政策。以娃哈哈红茶的有奖陈列为例，执行时间 1 天，随机拜访现场兑现，只要冰柜里冰冻陈列有多少瓶娃哈哈红茶，就奖励相等数量的绿茶。

准备工作做好后，娃哈哈派业务员兵分几路跟着客户的车辆，在这一天拉着绿茶突访终端流动冰摊。只要现场打开冰柜见到冰柜里有多少瓶冰冻的娃哈哈红茶，业务人员就会立马奖励多少瓶娃哈哈绿茶。很多流动冰摊突然收到娃哈哈这样的免费大礼，感觉像是天上掉下来的馅饼，高兴得合不拢嘴。冰柜里放得少的老板或者没有收到大礼的老板，听说娃哈哈的活动后都会主动把娃哈哈产品往冰柜里塞，因为他们不知道娃哈哈下一次是什么政策，什么时候会突然来访。但是娃哈哈人心里非常清楚自己这样做的目的是什么，根据竞品氛围和自身市场需要，他们的活动政策不会很小气，可能会是三五天，也可能是七八天，一般会是连续突访两到三次，覆盖整个夏天。

面对终端同质化这个复杂的难题，企业只要参照案例举一反三，再结合企业自身实际情况，因地制宜地进行管理创新，革掉旧的思想，就一定能够从终端盲区中成功突围！

5.4 产品节奏：果

一个市场就像一棵果树，当根系发达了，树干坚实了，枝繁叶茂了，最期待的就是丰硕的果实。什么时候让什么树挂果？挂果多少比较合适？如何让挂上的果子不坏掉？这些都是对产品节奏的把控，把握得不好，就有可能错过挂果最佳时期，甚至于挂上的果子长不熟就坏掉，你还要花很多经费来处理。

娃哈哈对于市场产品节奏的把控，有自己的独特方法——弹钢琴，就是用弹钢琴的规律和节奏来把控产品节奏。你要熟悉钢琴的特点，既要熟练钢琴连奏的技巧，还要懂得断奏而不是一味地连奏。

钢琴之所以被赋予“乐器之王”的称号，是因为其结构存在一定的特殊性，在演奏过程中，歌唱性特点的表现难度比较大，而钢琴演奏的连奏弹法具有重要作用。把产品把控比喻成弹钢琴，预示着产品推广的过程和钢琴的具体演奏过程一样，演奏者不但需要充分展现出丰富多彩的情感变化、对钢琴敏锐的感觉、良好的控制能力、良好的音乐素质等，同时更加需要具备在钢琴演奏过程中对连奏弹法及规律的熟练掌握。对产品节奏的把控也一样，要讲究整体感觉，只有掌握什么情况下要连奏，什么情况下需要断奏，它究竟遵循什么原则，按照什么标准，才能让整首曲子深深地吸引住观众。

节前订货会——最强音。娃哈哈从来不会轻易放弃抢占资源的机会，更不会忘记中国人逢年过节都想多赚点的想法，它已经历练出了自己的独门绝技，节前订货就成了娃哈哈的开门大战。以每年春节前的订货会为例，娃哈哈每年都会根据上一年的销售情况，以及目前的销售现状，结合过春节的具体时间和流行趋势，选择出几款适合在春节前后消费的产品，制定直达批发商和终端的套餐。一般都会是1~3个，不仅优惠政策多，设置的奖项也多，如大米、食用油、棉被等，都是一些家常用品，有促销力度大的，也有促销力度小的，供批发商和终端门店根据自己的实力和销售范围自由选择。政策制定好后，娃哈哈一般会指定在某一个时间召开订货会并聚餐，业务员会针对潜在订货对象发出通知，或者亲自拜访终端客户，参会人员凭订货交款凭证入场，娃哈哈以此抢占批发商和终端资源。

撒单补货——次强音。最强音订货会参与订货的都是批发商或者大一点的终端客户，那么那些小终端、小门店或者没有赶上机会的终端门店怎么办呢？那就是全体业务人员亲自拜访，再次补单，不放过任何修成正果的机会。先看看豫北市场的订货会案例：

案例一：滑县乡镇订货会

时间：2008年11月17日上午

地点：滑县慈周寨鸿运酒店

客户性质：主要针对二批商以下的乡村中小客户

会议政策：产品价格、数量及奖励政策如表5-2、表5-3、表5-4所示。

表 5－2　滑县乡镇订货会议政策表

产品名称	价格（元）	数量（箱）	奖励政策
100mlAD 钙奶	31	10	满 30 箱奖励 500ml 非常可乐一箱，送 2. 5L 食用油一桶
120ml 爽歪歪	33	10	
350ml 营养快线	39	10	

表 5－3　活动套餐 1

产品名称	价格（元）	数量（箱）	奖励政策
500ml 龙井绿茶	28	10	满 30 箱奖励 500ml 非常可乐一箱，送大米一袋
500ml 冰红茶	28	10	
500ml 非常可乐	19	10	

表 5－4　活动套餐 2

产品名称	价格（元）	数量（箱）	奖励政策
1. 25L 非常可乐	33	10	满 30 箱奖励 500ml 非常可乐一箱，送 2. 5L 食用油一桶
1. 5L 营养快线	48	10	
200ml 爽歪歪	38	10	

活动套餐 2

（1）奖励方案：

①订货数量前 10 名的客户送果汁 1 箱。

②凡接货 3 组并一次性提货完毕者奖励电热器 1 台。

③凡接货 5 组并且一次性提货完毕者奖励电热扇一台。

④凡接货 10 组并且一次性提货完毕者奖励太空被 1 条。

（2）现场抽奖：（订 1 组送 1 张奖券）

①一等奖 2 名：奖励大快线 5 箱。

②二等奖 5 名：奖励可乐 3 箱。

③三等奖 10 名：奖励茉莉绿茶 1 箱。

就是这样一个小小的乡镇，据说当天还有健力宝也在开订货会，娃哈哈本次订货一次性就卖出去近 7000 箱产品，折合人民币约 20 万元。

从本案例可以看出娃哈哈对终端把控的几个特点：一是时间点选择在所谓的饮品淡季末和旺销季春节前；二是产品组合搭配比较合理，既有当地畅销的非常可乐，也有反季节的茶，从小到大覆盖9个单品，打出了产品组合拳；三是现在拿货便宜，还有很多奖品，而且可以免费吃一顿美餐；四是从长远看，娃哈哈花费不多，还增强了娃哈哈与终端的客情。

案例二：2011年菏泽地区新春订货会

订货会时间：2011年2月13~20日

终端性质：批发商和大终端

订货会地点：共计16场

产品政策：订货会产品价格及奖励方案如表5-5所示。

表5-5 2011年菏泽地区新春订货会产品政策表

<table>
<tr><th>产品名称及价格</th><th>订购数量</th><th>备注说明</th><th>奖励</th></tr>
<tr><td>500ml 营养快线47元/件</td><td rowspan="4">任选15件</td><td rowspan="8">30件为一组，凡是订货10组以上且在5日前提货完毕，且5日能够把货全部送到终端的，经检查没有库存的每组再奖励送货费用10元</td><td rowspan="8">（1）凡是在活动时间内现金订货1组奖励500ml茶饮料2件
（2）凡是在活动时间内现金订货2组奖励125ml爽歪歪4件
（3）凡是在活动时间内现金订货5组奖励500ml营养快线10件
（4）凡是在活动时间内现金订货10组奖励125ml爽歪歪24件</td></tr>
<tr><td>280ml 营养快线39元/件</td></tr>
<tr><td>125ml 爽歪歪34元/件</td></tr>
<tr><td>200ml 爽歪歪38元/件</td></tr>
<tr><td>500ml 茶饮28元/件</td><td rowspan="2">任选10件</td></tr>
<tr><td>500ml 非常可乐20元/件</td></tr>
<tr><td>啤儿茶爽28元/件</td><td rowspan="2">任选5件</td></tr>
<tr><td>Heloo-c 42元/件</td></tr>
</table>

从2月13日第一场订货会成功召开，一直到2月20日菏泽城区市场的订货会圆满结束，共计召开订货会16场。各区域订货数量及产品折合货款如表5-6所示：

表 5 - 6　各区域订货数量及产品折合货款示意表

区域	订出（件）	折合约（元）	区 域	订出（件）	折合约（元）
菏泽城区	139130	480 万	郓城片区	120000	414 万
巨野片区	105797	365 万	东明片区	81159	280 万
沙土片区	60869	210 万	大黄集片	40869	141 万
定陶片区	75652	261 万	鄄城片区	63768	220 万

注：随后补订收款忽略不计

我专门翻看了一下日历，2 月 13 日是大年初四，也就是说菏泽娃哈哈业务人员在春节基本没有休息，一直备战在一线，通过订货会，用了短短的 8 天，总计卖出娃哈哈产品将近 70 万件，产品折合约 2370 万元。

从本案例可以看出娃哈哈对终端把控的特点是：①春节后抢在对手的前面，争取最佳时间，率先拿走了终端资源。②全区域思想统一、步调统一、行动统一。③抓住了节后终端老板们有大把时间的特点，娱乐赚钱两不误。④利用三级套餐加多项奖励全品项覆盖终端。⑤特别强调在规定的时间内把货全部拿走并送达终端门店，再额外追加奖励，刺激缩短了产品到达零售终端的时间。

案例三：中牟和辉县“红五月”活动

1. 中牟

活动时间：2009 年 5 月 22 日

活动地点：中牟牟山宾馆餐厅

开票及政策 1：本次促销活动的配送产品，算账时不折抵价，只按配送执行，具体如表 5 - 7 所示。

表5－7　开票及政策1示意表

名称	规格	开票价	第一重奖（配送政策）
爽歪歪	200ml×24	38	40件送2.5L非常可乐2件零2瓶 100件送2.5L非常可乐7件零2瓶 300件送2.5L非常可乐25件 600件送2.5L非常可乐56件
爽歪歪	125ml×32	34	
啤儿茶爽	500ml×15	30	1件送本品1瓶；15件送本品1件
非常可乐	500ml×12	20	20件送本品1件
非常可乐	2.5mL×6	33	10件送1件

额外奖励：一次性现金订货满1400元，额外奖2.5L可乐1瓶，以此类推；不足1400元整倍数不奖励。

现场抽大奖：现金缴款订满1400元送抽奖券1张，以此类推。

一等奖：2名，奖450ml“HELLO－C”5件。

二等奖：10名，奖500ml香草冰淇淋快线1件。

三等奖：20名，奖500ml茶爽1件。

特别说明：一张订单送就餐券1张，仅供1人就餐；订货当天收全额货款，不收定金；订货会当天交款前15名，且订货金额1400元以上者，送精美礼品1份；所定产品必须一次性提完，订货会结束后恢复原价。

开票及政策2：本次促销活动的配送产品，算账时不折抵价，只按配送执行，具体如表5－8所示。

表5－8　开票及政策2示意表

名称	规格	价格（元）	第一重奖（配送政策）	第二重奖（不重复）
大AD钙奶	220ml×24	27	20件送茉莉绿茶1件 50件送茉莉绿茶3件 100件送茉莉绿茶7件	
小AD钙奶	100ml×48	31		
HELLO-C	450ml×15	45	1件送1瓶茉莉绿茶	

续表

名称	规格	价格（元）	第一重奖（配送政策）	第二重奖（不重复）
营养快线	280ml×20	38	30 件送茉莉绿茶 1 件 50 件送茉莉绿茶 2 件 300 件送茉莉绿茶 17 件 1000 件送茉莉绿茶 66 件	
营养快线	500ml×15	46		
幸福牵线	500ml×15	48		
596ml 红水	596ml×24	18	10 件送本品 1 件	
锐舞派对	330ml×24	18	20 件送本品 1 件	
八宝粥	1×12 罐	32	40 件送 596ml 红标水 1 件 100 件送 596ml 红标水 3 件	
	1×8 罐礼盒	25		
茉莉绿茶	500ml×15	28	15 件送茉莉绿茶 1 件 30 件送茉莉绿茶 2 件、纯净水 1 件 100 件送茉莉绿茶 8 件、纯净水 5 件	每 10 件再额外送大 AD 钙奶 1 排
冰红茶	500ml×15	28		

额外奖励：一次性现金订货满 3000 元，额外奖纯净水 1 件，以此类推；不足 3000 元整倍数不奖励。

现场抽大奖：现金缴款订满 3000 元送抽奖券 1 张，以此类推。

特别说明：一张订单送就餐券 1 张，仅供 1 人就餐；订货当天收全额货款，不收定金。

订货会当天交款前 15 名，且订货金额 3000 元以上者，送精美礼品 1 份。所定产品必须一次性提完，订货会结束后恢复原价。

2. 辉县

活动地点：辉县药城宾馆

活动人数：到会 850 人

收款主体：二批商直对终端

会场内容：用餐及文艺演出

活动时间：2009 年 5 月 12 号

产品政策：如表 5－9 所示。

表 5－9　辉县产品政策示意表

<table>
<tr><th>产品</th><th>价位（元）</th><th>件数</th></tr>
<tr><td>500ml 营养快线</td><td>46.5</td><td rowspan="4">任选 20 件</td></tr>
<tr><td>350ml 营养快线</td><td>38</td></tr>
<tr><td>200ml 爽歪歪</td><td>37</td></tr>
<tr><td>125ml 爽歪歪</td><td>33</td></tr>
<tr><td>HELLO－C</td><td>42</td><td rowspan="2">任选 2 件</td></tr>
<tr><td>啤儿茶爽</td><td>28</td></tr>
</table>

产品政策：以上产品 22 件为一组，奖 100ml AD 钙奶 1 件，订满 3000 元另送餐券及奖券各 1 张，以此累计。

一等奖：1 名（冰柜 1 台）。

二等奖：3 名（四角蓬或 2.5L 非常可乐 10 件）。

三等奖：10 名（精美床上四件套）。

鼓励奖：30 名（2.5L 非常可乐 2 瓶）。

注：所订产品 18 号前必须提完。

从本次豫北市场中牟和辉县的“红五月”活动中，我们可以看出娃哈哈对产品节奏的把控特点：一是活动时间上，此次活动应该是在端午节前 10 天左右，也就是抢在节前；二是从产品政策上看，中牟是两位客户做的产品，放在同一天做活动，说明本次活动是全省统一指挥的步调一致的动作；三是活动节点和时间段上，只要在这个活动时间内订货就非常优惠，活动结束立马恢复原价，不留观望的机会；四是现金订货不欠账，根据套餐自由选择，自由订购，订购后必须在规定时间内提完，不准留在一级批发商处。

综合娃哈哈豫北市场节前节后的订货会活动，不难发现，娃哈哈对产品到达终端门店的把握主要是抓住春节、端午节、产品适销季等各节庆假日。

独特之处：一是活动时间把握得比较好，节前不早不晚，节后紧跟节前活动，像弹钢琴一样做到连奏，连续抢夺终端资源和占领大小终端各种门店。二是产品结构从拳头产品、培养产品和新产品全系组团，做到不抛弃不放弃。三是活动时产品政策比较优惠，高中低档都有，活动时间结束价格立即恢复，不给观望者留一点机会，培养客户参与娃哈哈活动的习惯。四是订货后必须按时把货提走，不能留在一级批发商处，为经销商节省库存空间。五是活动直达乡镇，直达终端零售门店，有效阻击了竞品。

每次活动结束后，业务人员是不是就没事干了呢？销售活动是不是结束了呢？大活动结束了，但小活动还没有结束，市场真正的终端末梢还有很多工作需要业务人员来做，而且是果子成熟非常关键的一环，即产品陈列（挂更多果子）和促销拉动（有人吃果子）。把产品真正让消费者消费掉，不能让果子藏在“树叶”里看不见而坏在树上，必须让消费者看到和吃到，这样的果子才是好果子。

下面我以郑州市场2014年8月中秋节期间针对终端零售门店的突击铺货行动为例，详细给你呈现出活动时每一个环节的具体工作，看看娃哈哈豫北市场业务员在活动结束后具体都干了什么。

郑州突击铺货行动

一、突击活动时间及小组路线

2014年7月25日下午2点在办事处召开动员大会，培训组负责分享学习《终端铺市实战》流程。北区、东区、南区、西区共17个小组，每天8点之前到达指定批发商处，由组长带领，8点之前装车完毕，组长每天晚上9点前将战绩汇总上报。

二、突击铺货政策

具体如表5－10所示。

表 5 –10　铺货政策示意表

一套网络出货政策				
产品名称	规格	终端接货价（元/件）	额外接货政策	指导价（元/件）
500ml 幸福牵线	1×15	49	1 套奶制品 10 件送红水 7 瓶，费用由二批商价差开支	55
350ml 幸福牵线	1×15	38		45
200ml 爽歪歪	1×24	38		45
220ml 锌爽歪歪	1×24	43		48
596ml 红标水	1×24	24	1 件送 1 瓶红水	40
富氧水	1×15	32	1 件送 4 瓶红水	40
富氧水	1×24	45	1 件送 4 瓶红水	65
二套网络出货政策				
产品名称	规格	终端接货价（元/件）	额外接货政策	指导价（元/件）
500ml 营养快线	1×15	47	5 箱送小瓶洗洁精一瓶，10 箱送洗洁精一瓶	52
200mlAD 钙奶	1×24	36		45
八宝粥	1×12	39	5 箱送小瓶洗洁精一瓶，10 箱送洗洁精一瓶	45
八宝粥	1×15	48		55
含氧水	1×24	28	1 件送 3 瓶含氧水	40
三套网络出货政策				
产品名称	规格	终端接货价（元/件）	额外接货政策	指导价（元/件）
125ml 乳酸菌（礼盒）	1×20	35	合计接货 6 提送 100ml 乳酸菌 1 排	40
100ml 乳酸菌	1×32	40		45
200ml 利乐锌爽	1×15	41	合计接货 5 提，陈列一个月送 596ml（1×24）红水 1 件	50
250ml 利乐牵线	1×12	37		45

三、突击时间和明细

具体如表5－11所示。

表5－11　突击时间和小组明细表

	26号西南区铺货规划表7点外部人员到第一个点									
序号	二批商	本业务	电话	外部	电话	外部	电话	外部	电话	下车站点
1组	朱×	张××		宗××		张××		冯××		西大街北下街
2组	朱×	丁××		张×		卫××		牛×		
3组	蔡×	曲××		霍××		刘××		孙××		
4组	南×	李×		许××		丁×				
5组	顶×	张××		屈××		胡××				
6组	吉×	丁×		张××		程×				航海路嵩山路交叉口
7组	久××	乔××		金×		王××				
8组	梁×	胡××		牛××		王××				嵩山路陇海路交叉口
9组	海×	郝××		孙××		张××				
10组	春×	辛××		许××		肖×				
11组	新×	刘××		索××		李×				
12组	橡×	王××		张××		赵××				航海路嵩山路交叉口
13组	李××	李××		许×		王××				
	27号北区铺货规划表7点外部人员到第一个点									
序号	二批商	本业务	电话	外部	电话	外部	电话	红水	配送	下车站点
1组	月××	黄××		宗××		张××				文化路农业路交叉口
2组	朝×	齐××		张×		卫××				
3组	豫×	李×		霍××		刘××				
4组	佳×	姚××		许××		丁×				
5组	九×	侯××		屈××		胡××				
6组	旺×	王××		张××		程×				
7组	骄×	张××		金×		王××				
8组	李××	张×		孙××		张××				
9组	琪×	刘×		许×		王××				
10组	铭×	高×		索××		李×				
11组	朱××	张××		张××		赵××				

续表

	27 号北区铺货规划表 7 点外部人员到第一个点									
序号	二批商	本业务	电话	外部	电话	外部	电话	红水	配送	下车站点
12 组	小×	王××		冯××		1本1外				嵩山路中原路交叉口
13 组	德×	孙××		牛×		1本1外				
14 组	春×	辛××		许××		肖×				
15 组	梁×	胡××		牛××		王××				
	28 号东区铺货规划表 7 点外部人员到底一个点									
序号	二批商	本业务	电话	外部	电话	外部	电话	外部	电话	下车站点
1 组	丰×	李××		张×		卫××		赵××		经三路红专路交叉口
2 组	华×	张××		霍××		刘××		冯××		
3 组	新×	王×		屈××		胡××		孙××		
4 组	友×	陈××		张××		程×		许××		
5 组	杨×	赵××		许××		丁×		牛×		郑汴路中州大道口
6 组	亿××	高××		金×		王××		肖×		
7 组	亿××	孙××		孙××		张××		牛××		
8 组	腾×	李××		许×		王××		王××		
9 组	凤×	王××		索××		李×		2 人组		
10 组	金×	程××		宗××		张××		张××		
特别说明：外部 2 人，本地 1 人，早晨郑州业务员必须到下车点接自己的组员，然后骑电动车带走 1 人，另一人到指定公交站点乘坐，务必做好接送工作，晚上外部人也是到下车点坐大巴返回集训地										

四、铺货要求

本次突击铺货重点考核网点开发及网点数量，销量是辅助，更重要的是强调终端实际效果。要求如下：

铺货率、成交率：每组的铺货点位要达到 35 家以上，成交率要求达到 80% 以上，不允许砸大单，有大单需求的另行统计。本次终端订单效果直接反映了当地业务员的日常终端客情关系情况，平时拜访是否勤快、沟通是否到位、方法是否有效、还有多少盲点没有开发、单店产品项是否齐全等，这些都将作为以后转正和工资评定的依据。

理货、进冰柜、上货架、贴广宣：3个人一组分工要明确，要有人和老板沟通，有人去仓库提货拆零瓶、上货架、进冰柜、贴广宣，并上传至群内。每组理货家数不低于35家，上传优秀照片不低于10张。

乳酸菌和利乐包作为本次活动的重点产品，每组铺货单每天力求达到150提。

五、突击铺货结果当天现金奖励

根据突击铺货各小组组长的汇总资料，由核查组核实后，公司综合盲点开发和销货数量，对绩效突出的1～3名队员当天给予现金奖励，如表5－12所示。

表5－12　奖励汇总表

26号西南区铺货汇总奖励									
序号	二批商	本业务	外部	外部	外部	销量奖	盲点	盲点奖	合计
1组	朱×	张××	宗××	张××	冯××	78	32	600	
2组	朱×	丁××	张×	卫××	牛×	52	21		
3组	蔡×	曲××	霍××	刘××	孙××	109	26		
4组	南×	李×	许××	丁×		107	30	200	
5组	顶×	张××	屈××	胡××		20	10		
6组	吉×	丁×	张××	程×		76	29		
7组	久××	乔××	金×	王××		82	29		
8组	梁×	胡××	牛××	王××		41	13		
9组	海×	郝××	孙××	张××		60	16		
10组	春×	辛××	许××	肖×		56	20		
11组	新×	刘××	索××	李×		73	18		
12组	橡×	王××	张××	赵××		66	10		
13组	李××	李××	许×	王××		40	6		
合计						860		800	1660

续表

27 号北区铺货汇总奖励									
序号	二批商	本业务	外部	外部	外部	销量奖	盲点	盲点奖	合计
1 组	月 × ×	黄 × ×	宗 × ×	张 × ×		10	11		
2 组	朝 ×	齐 × ×	张 ×	卫 × ×		168	24		
3 组	豫 ×	李 ×	霍 × ×	刘 × ×		40	15		
4 组	佳 ×	姚 × ×	许 × ×	丁 ×		63	20		
5 组	九 ×	侯 × ×	屈 × ×	胡 × ×		76	28		
6 组	旺 ×	王 × ×	张 × ×	程 ×		39	15		
7 组	骄 ×	张 × ×	金 ×	王 × ×		38	13		
8 组	李 × ×	张 ×	孙 × ×	张 × ×		108	21		
9 组	琪 ×	刘 ×	许 ×	王 × ×		70	12		
10 组	铭 ×	高 ×	索 × ×	李 ×		52	23		
11 组	朱 × ×	张 × ×	张 × ×	赵 × ×		59	18		
12 组	小 ×	王 × ×	冯 × ×			217	42	200	
13 组	德 ×	孙 × ×	牛 ×			126	32	100	
14 组	春 ×	辛 × ×	许 × ×	肖 ×		50	25		
15 组	梁 ×	胡 × ×	牛 × ×	王 × ×		64	26		
合计						1180		300	1480
28 号东区铺货汇总奖励									
序号	二批商	本业务	外部	外部	外部	销量奖	盲点	盲点奖	合计
1 组	丰 ×	李 × ×	张 ×	卫 × ×	赵 × ×	50	19		
2 组	华 ×	张 × ×	霍 × ×	刘 × ×	冯 × ×	54	17		
3 组	新 ×	王 ×	屈 × ×	胡 × ×	孙 × ×	72	17		
4 组	友 ×	陈 × ×	张 × ×	程 ×	许 × ×	109	30	400	
5 组	杨 ×	赵 × ×	许 × ×	丁 ×	牛 ×	104	24	300	
6 组	亿 ×	高 × ×	金 ×	王 × ×	肖 ×	50	13		
7 组	亿 ×	孙 × ×	孙 × ×	张 × ×	牛 × ×	67	12		
8 组	腾 ×	李 × ×	许 ×	王 × ×	王 × ×	28	9		
9 组	凤 ×	王 × ×	索 × ×	李 ×	2 人 1 组	62	19		

续表

28 号东区铺货汇总奖励									
序号	二批商	本业务	外部	外部	外部	销量奖	盲点	盲点奖	合计
10 组	金 ×	程 × ×	宗 × ×	张 × ×	张 × ×	108	23	200	
合计						704		900	1604
总合计						2744		2000	4744

除了当场给予现金奖励，另外，对订单量排名前 1～3 名的队员每人再奖励 1 张奥帕拉拉水公园门票；对订单量排名前 4～6 名的队员每人再奖励 1 张汉丽轩自助烤肉门票；对 2 组理货广宣优秀小组奖励奥帕拉拉水公园门票 1 张（按照上传照片的美观度、整齐度、规模性、创意性评选）。

在娃哈哈的经典战略产品长蛇阵中，娃哈哈对产品节奏的把控和对终端的把控，主要抓住了春节前后、端午节前后、中秋节前后、国庆节前后、圣诞节前后和元旦节前后的时间，结合主销季节，根据不同时段产品结构制定不同的促销套餐，而且还是直达终端的促销，批发商、烟酒店、冰糕摊、游乐园等全网覆盖，然后集中人力突击铺货补货，让娃哈哈产品在每一根树枝上都能使消费者看到摘到。

娃哈哈通过消费有奖如换瓶标、割瓶陈列展示、空箱回收等活动，不仅告诉了您售卖娃哈哈有很多好处，而且告诉了您只要购买娃哈哈产品还有附加的好处，既抓住了销量，也抓住了市场，为经销商和批发商解决了库存之忧。通过不定期为大小终端提供优惠活动，牢牢地抓住了终端，也抓住了消费者，真正奏出了一首动听的“钢琴曲”。

5.5 费用节奏：肥

销售就像打仗，“兵马未动，粮草先行”，这句话用在做市场上也是一样的。活动无论大小，都得先有费用投入，什么时候投入，投入费用多少，都直接影响着活动的结果，多了浪费资源，少了达不到活动效果。

在这里我重点就市场演变与促销费用变化，根据2000年至今本人的亲身体会，继续给大家讲述豫北市场使用费用的节奏。读懂了豫北市场的费用节奏，你就读懂了娃哈哈公司的费用节奏。

2002年以前是市场经济时代，是产品为王的时代。厂家少，品牌少，产品也少，厂家只要能把产品生产出来，有广告投放，就不愁产品卖不掉。在这个时段，豫北市场偶尔只做一些常规的活动，如特卖，平时基本上也没有什么费用投入。即便是新产品，品尝活动都很少做，一方面是人员少，另一方面是新产品到达市场后一般也不愁卖不掉。

再加上在这个时间段，娃哈哈业务员更多的是在开发批发商和协助一级批发商，最多也就是总公司给个促销政策鼓励一下一级经销商多拿点新产品。另外真正的现代终端也很少，娃哈哈在这方面也没有计划费用投入。

比如，郑州这样的省会城市，在1999年最早进入的丹尼斯量贩里，娃哈哈产品只有569ml纯净水和AD钙奶，逢年过节也没有什么投入。即便是做点力度很小的活动，也是经销商在投入（这背后的资源肯定还是来源于娃哈哈或者是产品利润），所以更别说在终端门店做产品陈列展示和大型促销活动。市场费用投入整体上就是公司的空中广告，加上玩具之类的少量促销品、POP海报，各地分公司不需要投入费用，产品就卖出去了，这都是属于自然消化。

2002～2005年，豫北市场除了发展一级批发商，也开始发展特约二批商，业务工作的重点是协助一级批发商、辅助二批商做市场销售工作。随着市场的发展和品牌的增加，产品越来越多，很多关于产品的问题开始凸显。

在这个阶段，市场投入方面，只要联销体伙伴遇到产品滞销或者产品批号变老的问题，豫北区域内或者娃哈哈公司都会给予优先解决。如一级批发商的库存产品出现滞销了。如果量少，区域内首先会自己拿出费用来解决；如果数量庞大，豫北分公司就会打报告向公司申请费用支持，然后以产品变相降价的促销方式，把老批号产品或者滞销产品迅速转移到二批商和批发商库里。二批商和批发商一般都会帮助把产品卖掉，因为公司很少做活动，所以偶尔做一次活动大家都会觉得便宜，敢于要货努力卖掉，并且这样能赚到更多的利润。这个时候的费用，很大程度上都是投到一批商了，一批商没有任何风险，还可以趁机赚点促销费。

这个时段的费用投入，从产品为王转向了渠道为王。娃哈哈公司除了央视广告，也开始向省级卫视如河南卫视或者都市频道投放广告，最具代表性的产品就是非常冰红茶绿茶和娃哈哈营养快线，这两款产品是最先走入省级卫视的。除了空中广告，豫北市场非常重视一级联销体和发展特约二批商，特别是一级联销体有疑难问题时，豫北市场都会优先给予解决，但是也开始监督费用使用情况。另外，广告方面也开始投放公交车、楼宇等广告，费用上也开始在终端门店投入。如豫北市场的产品陈列，特别是推广营养快线时，到达每一处终端门店你都能看到营养快线的展示活动。

2007～2011 年，豫北市场的庞大网络已经形成。一级联销体成员达到 200 多家，特约二批商也有 400 多家，大批发商 1000 家左右。在这个时段，娃哈哈的渠道成员除了一级批发商和特约二批商，还出现了三批商和批发商的网络结构。也就是在这个时段，产品同质化产能过剩的问题开始凸显，商家都在进行着特卖、买赠、惊爆价等各种促销活动，大把的费用投向终端门店，抢夺真正意义上的终端即产品的最后出口处，同时各大厂家还加强了对费用的监督。

娃哈哈豫北市场也一样，这个时候给予一级批发商和特约二批商的促销费用，要求是必须用到终端门店上去。比如，2010 年 8 月下旬，豫北市场全面升级陈列促销活动，以此抢断终端门店资源，仅营养快线系列终端门店计划陈列数量就是 5 万家，陈列促销费达到 300 万元。公司除了派人监督一批促销费用的使用情况外，还监督特约二批商的使用情况，如果发现没有真正用下去，公司就不给予费用补贴。至于疑难产品到达终端门店后卖得怎么样，是否能卖掉，业务就不再监管了。媒体广告方面，投入央视的广告减少了，地方卫视的增加了，除了省级卫视、电台、楼宇和路牌广告，还增加了大型广场 LED 广告，另外，在终端门店、网吧等投入了大量与消费者互动的广告。

这个阶段，市场已经由产品为王转向渠道为王再转向终端为王了，豫北市场对促销费用的使用也跟着转到了终端。比如，上述 8 月营养快线在终端门店的陈列活动，一投入就是 300 万元。那么，豫北市场为什么会在这个时候针对营养快线做如此大手笔的活动，实施这么庞大规模的抢断终端陈列计划呢？

有快消品销售经验的朋友应该明白，营养快线从 10 月就开始进入所谓的淡季，销量会明显不如 5 月、6 月，如果在 9 月不下血本再抢一把，终端资源就会被竞品抢走。同时，娃哈哈也开始严格监督费用使用情况，费用是否如实使用也从监督一批商的使用情况转入监督特约二批商层面，空中层面的媒体广告减少了，平面媒体偶尔做一下，省级卫视的广告增加了，还增加了户外媒体广告，更多的费用都是服务到终端门店了。

2011～2015 年，移动终端管理和互联网时代真正到来，消费者的理性和时尚前卫也超乎了我们的想象。网上购物几乎成了买东西的代名词，京东、淘宝等已经成了网络购物的首选电子商场，厂家生产的产品和消费者互动不再经过更多的环节，甚至于不需要一批商、二批商等环节就能直接送达消费者手里，这种技术的变革直接冲击着现代实体产品流通环节，甚至击垮了越来越多的传统门店。

模仿跟随也以前所未有的速度冲击着真正的大品牌，今天你研发生产一瓶水，明天就可能出现与你一模一样的水，并且价格比你更便宜。品牌多样化、产品多样化、库存过剩化的问题非常严重，市场上来了更多的瓜分者和蚕食者。在庞大库存面前总感觉终端的产品不动销，各大厂家都把费用投向了终端，到处是短兵相接的价格战，可谓硝烟弥漫。可是最终杀出重围的都是与众不同的时尚产品和超前卫产品，牛二、江小白、三只松鼠、小茗同学等这些后来的新新年轻贵族都成为“80 后”、“90 后”和“00 后”的消费首选。

在新生营销与传统营销的对决下，娃哈哈也一改27年来的营销模式，把更多的费用从空中广告、楼宇广告、车体广告转向了新生终端和年轻消费者。

2014年娃哈哈小陈陈作为娃哈哈集团新成员，以“淡定应对生活”为口号，针对现在年轻人常常感受到的“小郁闷”，倡导一种淡定、从容、乐观、阳光的生活态度。娃哈哈小陈陈首次与在线商城京东合作，广告费用从传统媒体一下转向了电商线上媒体，宗庆后一把就砸下5亿元的包装宣传费，豫北市场跟进腾讯、微博、微信等线上自媒体，线下路演直接与餐饮等合作，京东商城直接与消费者互动，首月就创下10000件左右的消费记录。

在2015年，娃哈哈又推出C驱动，再次把费用回归空中媒体和各种户外媒体，最直接的是开启了线下体验活动“彩虹跑”如2015年5月，豫北市场在新乡开展的“享跑C驱动　健康C生活”和郑州市区开展的“C驱动彩虹跑”活动，费用投入紧扣产品特质打造健康新体验，培养吸纳了更多年轻时尚消费群。

新乡C驱动彩虹跑

活动时间：2015年5月13日

活动地点：新乡医学院

活动主题：“享跑C驱动　健康C生活”

活动内容：

(1) 参与方式：活动当天在校园广场及餐厅前进行两个点位的售卖宣传，凡购买C驱动两瓶即可免费报名参与彩虹跑活动，领取彩虹跑主题T恤一件。

(2) 活动形式：活动当天设置舞蹈互动、创意涂鸦、彩虹跑3个主要环节。通过舞蹈互动吸引围观者；创意涂鸦为现场空白T恤即兴创作；彩虹跑共设起点、加油站1、加油站2、终点4个点位，绕校园跑完全程并集齐加油站及终点的3个印章凭通行证即可免费领取C驱动一瓶。

活动效果：活动前对校园周边进行盲点铺货，新开铺货点位136家，总计铺货量500余箱。通过与新乡医学院合作开展彩虹跑校园健康行活动，活动当天在校园内进行零瓶售卖，只要现场购买2瓶C驱动，就可获得参加彩虹跑的资格，活动当天实现销量167箱。

活动亮点：

(1) 通过加入激情舞蹈互动及空白T恤创意涂鸦活动丰富活动内容，拉近了与时尚潮流群体的距离，现场气氛活跃，避免了活动的单调性。

(2) 活动中途设置C驱动加油站，并设置领跑人及领跑旗，保证队伍集中度及声势，对活动的集中宣传及影响力起到了很好的提升作用。

(3) 校园条幅、指示标及加油站的设置，更加扩大了活动宣传面，丰富了宣传手段，提升了活动影响力。

(4) 费用投入比较接地气，真正和时尚年轻一族产生了面对面的互动，起到了很好的宣传效果。

郑州C驱动彩虹跑

活动时间：2015年5月1日

活动主题："C驱动——驱动彩虹跑"

活动地点：郑州市新田城

合作方：新田城、凤凰房产网、音乐广播

活动政策：前期售卖+后期赠送

前期宣传：充分利用互联网自媒体，通过微信H5平台进行活动前期宣传。

活动效果：一是自媒体和微信H5平台发挥了很好的作用，活动前自媒体宣传点击量54639次，其中分享部分2271次，活动参加人数2000人次以上，超过前期预期效果。二是活动进行过程中前600名将获得我们公司送出的C驱动及纯净水。很多参加活动的消费者都来询问活动产品，我们公司产品C驱动的宣传非常有效。三是本次活动产品合计投入30件C驱动、10件纯净水，很多消费者没有喝到免费的C驱动，纷纷在活动现场进行购买，活动在两个小时内合计销售公司产品128件。

活动亮点：

（1）投入产出比高，活动的组织、报名均由新田城完成，但是却做到了娃哈哈C驱动的独家宣传。

（2）互联网自媒体和微信平台发挥了大作用，活动参与群体与C驱动消费人群定位活动得到了一定的宣传效果。

以上移动终端管理和新生互联网环境下消费群体购物的变化，和娃哈哈首次试探互联网，以及豫北市场C驱动健康彩虹跑活动，真正反映出这是一个以消费者为导向的时代。产品不在为王渠道，也不在为王终端，更不在为王时代。娃哈哈的费用投入也紧跟上时代新生潮流。无论大手笔的5亿元现金投入还是40件产品参与的线上传播和线下互动，娃哈哈的费用使用都讲究用在刀刃上，也真正做到了投入产出比最大化。

5.6 资金节奏：源

宗庆后对外说娃哈哈账上保持有150多亿元的存款，而且每年春节前订货会时，客户都会有十几亿元到二十亿元的资金提前进入娃哈哈账户，如此庞大的现金流，着实令很多企业羡慕不已。

对于娃哈哈的现金流，大家最熟悉的就是联销体及其保证金制度。每年特约一级批发商将各自经销额的十分之二左右，作为预付款打给娃哈哈，由娃哈哈支付比银行略高的利息，在每次提货前，结清上一次的费用。另外，娃哈哈特约二级批发商每年也要打一笔预付款给特约一级批发商以争取到更优惠的政策。其实，娃哈哈公司对资金节奏的掌控是非常到位的，可以说是恰到好处，这主要得力于品牌和诚信，是从上到下的诚信和从下到上的相信。

特约一级联销体成员要打入娃哈哈如此大手笔的保证金，除了自由资金和特约二批商的预付款，那么其他的资金缺口又是怎么来的呢？一年四季的资金节拍又是如何打的呢？娃哈哈的资金节奏和产品节奏是一致的，如果说资金是源，那么产品就是流，开源更需节流。

比如，在产品节奏一节里列举的中牟辉县娃哈哈“红五月”订货会和菏泽迎新春订货会，其中菏泽8天时间内总计卖出去娃哈哈产品将近70万件，收取现金约合2370万元。表面上是在促销卸货，是在抢占终端资源，提前斩断竞品后路，其实就是在开源，利用产品套餐政策收取批发商的钱和大终端的钱，减轻一级批发商的资金压力，确保销售任务的完成和一级批发商向娃哈哈公司预付货款。

如果说产品是为企业输送血液的源泉，那么现金流就是企业存活的血液。企业要健康发展，必须保证血液正常循环。如果企业没有了血液，那么将是死水一潭，甚至破产。娃哈哈的现金流节奏，的确值得很多中小企业借鉴。

第6章

Chapter 6

人员管控：服务制胜

有媒体报道，2013年娃哈哈营业额只完成了782.8亿元，2014年销售营业额收入是728亿元，整体销售额下降7%，和之前许下的千亿目标相差甚远。

大多数人都认为娃哈哈一路发展到今天，实现这些庞大的销售额数据的重要秘诀是娃哈哈奉行的联销体营销模式，或者说是娃哈哈的保证金制度。它们把娃哈哈的合作伙伴与娃哈哈的利益紧密联系在了一起，是这些被联系起来的经销商队伍帮助娃哈哈攻克了一个又一个的市场。其实在这些庞大的数据背后，除了联销体营销模式，还有一个重要因素，就是娃哈哈完善的人才储备和人力资源队伍建设。

作为现代实体企业，要想快速发展，无论你采取什么模式，都是人为的。你可以叫它A模式，也可以叫它B模式，但有一项模式是不能少的，那就是人员管控。强大的内部凝聚力是非常重要的，而有效的人员管理则是保证公司内部凝聚力的重要方法。

管理一家公司，有两个最重要也是最关键的权力，一个是人事管理权，另一个是财政管理权。简单点说就是管人和管钱。有人说京东靠四张表管理着近8万人，那么娃哈哈又是靠什么管理着5万人呢？下面就我从基层业务到集团人事管理和集团内训的经历，和大家分享一下娃哈哈是怎么管理人的。

6.1 “家”文化比制度更管用

娃哈哈的“家”文化是娃哈哈企业文化的生命，其最大的特色就是它全部来源于娃哈哈经营管理实践，是对娃哈哈经营成功经验的高度概括和系统总结，得到了全体员工的认同，同时又在指导和推动着娃哈哈的生产经营工作健康顺利前进。它产生于实践，指导着实践，有着厚实的实践基础，绝不是那种挂在墙上没有感觉的文字，而是已经深入扎根在每一位员工的心上。

那么娃哈哈企业和娃哈哈“家”文化到底存在着一种什么关系？

宗庆后说：“企业是树，文化是根；企业是大厦，文化是地基；企业是躯体，文化是灵魂。”这是宗庆后长期对企业经营管理实践的体会和总结。什么是娃哈哈的“家”文化？简单一点说，既然是家，首先得有家长，家长必须承担起对这个家的责任。娃哈哈的“大家长”是宗庆后，“小家长”是省级经理、部厂长、区域经理等。其家文化体现在：比如，在这一年里，是种玉米还是种水稻，抑或是种高粱，大家可以商议和讨论。最终种什么、怎么种、种多少、用什么肥等，是大家长来决定的。

在娃哈哈的“家”文化中，“家”指的是小家和大家。小家即员工、个人；大家即企业、国家。“凝聚小家，发展大家，报效国家”是娃哈哈企业文化的核心价值观，是家文化最重要的内容。“家”文化核心价值观既是制定娃哈哈发展战略和确定娃哈哈前进目标的指导原则，也是娃哈哈一切经营活动的价值准则和行为规范。

在公司的发展过程中，在广泛发动员工参与讨论的基础上，娃哈哈形成了“家”文化的核心价值体系：“健康你我他，欢乐千万家”的企业宗旨；“一流业绩、百年龙头、基业长青、责任恒久”的企业愿景；“凝聚小家，发展大家，报效国家”的经营哲学；“先将诚信施于人，才能取信于人”的企业座右铭；“岗位创新、全员创新、勇于创新、持续创新”的开拓创新理念。传递着“忠诚、创新、负责、亲情”的做事行为准则，秉承着“认真、严格、主动、高效”的做事要求，不断发扬着娃哈哈人“拉得出、打得响、过得硬”的工作作风，既体现了对国家和社会负责的爱国主义精神，又强调了“励精图治、艰苦奋斗、勇于开拓、自强不息”的时代精神。

娃哈哈注重将“家文化”通过各种活动转化为员工队伍的工作动力和行为准则。娃哈哈公司每年都要开展大量的文化生活活动，如举办春节团拜会、集体婚礼、技能大比拼、春风行动、庆功宴、出国旅游、自助游、爱心接力等。这些活动使得公司对全体员工的亲情得以很好体现，形成了浓浓的“互助、互爱，一家亲氛围”。

有文章对娃哈哈的文化特色进行了归纳：①娃哈哈文化是中国革命文化、中国传统文化和现代管理文化相结合的产物。中国传统文化是一座积淀深厚、蕴藏丰富的文化宝库，有着取之不尽、用之不竭的文化资源。②要理解娃哈哈“家”文化，必须先理解娃哈哈文化里关于“家”的含义。这里的“家”是指小家，即每一位员工个人，也是大家，即企业、国家、社会，是小家、大家、国家三“家”构成了娃哈哈文化中“家”的全部。③娃哈哈“家”文化紧扣时代脉搏，适应发展要求，结合企业实际，体现了时代性、先进性和实效性。娃哈哈销售收入年年高速增长，其文化是重要支撑。④娃哈哈文化是物质文化、行为文化、制度文化、精神文化四者并重的全方位文化。文章还着重强调了娃哈哈“家”文化决不单单是几句空洞的、无着落的口号，而是实实在在、有骨有肉有血有气的完整的文化系统，其在企业的物质、行为、制度、精神四个层面上都有着丰富的展现。

这里重点介绍娃哈哈豫北分公司是如何把文化做到极致的。可能很多公司认为文化只有母公司才有，分公司是不会有的，在豫北分公司则不然，为什么呢？因为豫北分公司十年以上工龄的员工比例非常高，客户经理级别以上的人员可以占到30%，员工的满意度和忠诚度可见一斑。这是如何做到的呢？可以简单称之为“软硬兼施”。

何为软的呢？其实就是来自于领导的关怀。娃哈哈豫北分公司团拜会一搞就是十年，团拜会上没有太多高大上的节目，全是员工自编自演的节目，开心与快乐最重要。豫北分公司也真正做到了“一方有难，八方支援”，有员工家中有难、有病，员工会自动自发进行帮助。当然，关键是需要有灵魂人物的号召和引导，这位灵魂人物就是豫北分公司的骆总，她总是走在前列，什么都是拿出最多的爱进行变现。

何为硬的呢？就是硬道理，发展才是硬道理，赚钱方是正道理。豫北分公司十年来保持着正增长，如销售额的增长、员工收入的增长、客户利润的增加。有了这样的物质基础，才能构建起让员工满意的上层建筑。

我2000年加入娃哈哈豫北市场，那时候该市场业务人员还不到10人，整个市场年销售额也就几千万元。随着公司和市场的持续健康发展，到2014年豫北市场的销售额已经接近30亿元，业务人员数量最高峰值时达到1200多人，其中核心业务人员400多人。组织结构也比较完善，有商超部、督察部、人力资源及培训部、产品拓展部、市场销售部、奶粉部和酒水部，这与娃哈哈公司倡导的“家”文化核心价值观紧密相关。

一、“带、帮、传”一家亲

长期以来，娃哈哈大力开展“家”文化精神教育活动，比如，开展“带、帮、传”活动，要求每位老业务员都要带新业务员，帮助新业务员，把业务技能传递给新业务员。

我刚进入娃哈哈时，对娃哈哈的业务一点都不熟悉，根本不知道拜访客户和推销产品都有什么要求。

记得进公司的第一天，没有人告诉我要怎么做，也没有任何培训，只是主管经理安排了一名老业务员领着我。我骑着一辆破自行车吱呀吱呀地跟着，来到他负责的区域里，跟在他后面看他拜访客户。每拜访完一家门店，从店里出来后，这位前辈都会告诉我这家门店老板的个性、大致喜好、生意情况等，我当时打心眼里佩服。

第二天，还是这位前辈领着我，我们到达区域市场后，这位前辈就鼓励我自己拜访门店，他在旁边看着。刚开始时我有些语无伦次，门店老板提的问题我不知道怎么回答，特别是产品价格活动方面的，我不清楚，他见我陷入僵局，立马和店老板接上话，给我解套。每一次拜访失败，他都会告诉我失败的原因和注意事项。

到了第三天，为了感谢这位前辈，我决定请他吃早餐，他很爽快地答应了。我们来到一家胡辣汤早餐店，我要了两碗胡辣汤、两个鸡蛋和一张大饼，总共5.8元钱。在我准备付钱时，他挡住了我的手，死活不让我付钱，说等我下月发工资了再请他吃。本来是我要请他的，结果成了他请我，为我节省了5.8元钱，相当于我上大学时两天的伙食费，我心里真的很感动。

我们边吃边聊，他告诉我做销售没有什么技巧，只要胆子大就行，并告诉我如何拜访客户。他说首先要做好拜访计划和拜访准备，然后一家一家地去拜访。其次到达门店后要大声地介绍自己和公司，接着查看货架，整理产品，介绍产品，给店老板下订单，向老板道谢等。最后他还问我是否记住了这些内容，然后把我带到了一个属于我自己的区域，告诉我："今天你就自跑吧，我的任务就是跟着你跑。"在拜访的过程中，无论交易成交还是没成交，他始终不说话，只是用一种鼓励的眼神告诉我，相信我能做好。

第三天后，我们除了早会能见面，其余时间都在忙着各自的任务。眼看第一个月就要结束了，尽管我很努力，可离达成目标任务还差很多，我心里比较着急。正当我急得不知所措时，一天早上，这位前辈走过来问我的任务能否完成，还差多少，我如实地说了一遍，他告诉我接下来的几天该怎么做。我按照他的指导一一去做，果然达成率比之前要高一些，虽然月底没能完成任务，但是也基本差不多了，成绩得到了主管的肯定，我心里也非常高兴。

这种"帮、带、传"行为更多地体现出了"家"文化中的责任和亲情，这也为我后期调任集团内训打下了坚实基础。对每一位新进员工，娃哈哈都通过这种简单有效的"帮、带、传"教育活动，使员工队伍始终保持良好的精神面貌和一家亲的氛围。

二、"和谐问候"看不见的手

在企业文化建设中，娃哈哈高度重视和谐文化这只"看不见的手"在企业管理中的作用，树立了一系列与管理工作紧密融合、旨在提高管理水平的文化理念。比如，哪位员工病了，家长也会亲自探望，甚至还会给予经济上的帮助。

记得有一次我去洛阳出差，第一天天气还比较好，没有感觉到冷，可是第二天就变天了，突然降温，风还特别大，走在大街上我冻得直哆嗦。正准备偷懒回宾馆休息时，我的手机突然震动了几下，拿出手机来一看，是我们的“家长”骆总发过来的短信：×××天变冷了，别冻感冒了，早点回宾馆休息吧！顿时一股热流涌上我的头顶，全身都是暖乎乎的，我本想回宾馆的念头也没有了，接着加快了步伐，把当天剩下的工作计划一鼓气做完了。

这种从上到下的亲情管理，是对娃哈哈工作效率及质量管理行为规范的高度概括和总结。娃哈哈还有很多与企业管理制度紧密结合的管理理念，如产品质量理念、执行力理念、管理理念、安全理念、节约理念等。娃哈哈通过“家”文化把刚性的管理制度与柔性的文化管理相结合，达到了刚性管理所无法达到的广度和深度，促进了管理水平的提高。

娃哈哈为了建设和谐的“家”文化，开展了许多扎实的工作，如推动管理人本化。各级领导作为管理者都是娃哈哈大家庭的“家长”，每位“家长”对员工都要爱护、关心、理解、体贴，为此娃哈哈开展了“金牌好家长”评选活动。

在豫北市场，省级经理会组织给区域经理过生日、区域经理会组织给客户经理过生日、客户经理会组织给下面的业务员过生日等亲情活动。娃哈哈每年还会从基层一线业务人员和主管里选出“明日之星”，获奖者将会在一年一度的新春团拜会上得到嘉奖，并作为人才储备在日后得到提拔重用。

“家长们”总会在各种活动中给你意想不到的惊喜。比如，有一年在新春团拜会上，骆总突然走上舞台，宣读着很多业务员的名单，当这些业务人员走上舞台还不知道是怎么回事时，紧接着整个舞台灯光变暗，突然又响起一首大家都熟悉的生日快乐歌，与此同时一个特大的蛋糕也随着大家祝福的歌声被酒店服务生推向了前台。原来是豫北的“家长”骆总预先准备的给在庆新春团拜会这一天过生日的所有员工过生日。在一阵阵欢呼声中，寿星们兴高采烈，感动不已，就是这样的“家长”把和谐创建“家”文化工作不断推向深入。

为了构建这种和谐同事关系，促进员工队伍和谐相处，豫北市场每年还会组织优秀人员去不同的地点旅游，每年开展一次庆新春大型团拜会活动，至今每个市场都还在延续着。还组织员工自驾游、周末野外野炊营，等等。通过这些活动，下属对上级更加理解，员工之间的感情更加融洽。

三、“仁爱”，不是亲情胜似亲人

2014年的一天，豫北市场开封区域的一位业务员因生病医治无效离开了人世，大家都很悲伤。为了给健在的亲人多一点安慰，“家长”骆总带着沉痛的心情，号召豫北全体业务人员和经销商朋友伸出仁爱之手，多少都是一份情，一份爱，很快把一份几万元的大爱送到了逝者亲人手里。豫北市场的“家”文化传承使豫北市场同事之间的互帮互助、互相尊重成为风尚，员工道德素养明显提高，做事主动性和执行力意识增强，对企业忠诚度提高，人员流动率降低，良心、责任心深入人心。豫北的“家”文化传承在骆总的创新建设下，逐渐形成了一股“豫北风”，带领豫北团队引领着豫北市场从一个辉煌走向又一个辉煌。

四、“家”文化是娃哈哈业绩的核能催化剂

娃哈哈文化一直强调“令行禁止，统一号令，一切行动听指挥”。让我深深感到自豪的是我在娃哈哈集团做内训期间，根据娃哈哈人“拉得出、打得响、过得硬”的工作作风，总结开发出来的“实战特训营”。凡是能参加这个特训实战活动的业务人员都会感到非常骄傲，因为每一次活动中全体学员总会创造出一个又一个奇迹，并且获得满满的收获。

比如，2014年7月为娃哈哈集团某区域市场30人团队定制的特训实战活动。我们连续奋战了8天8夜，每天都要工作操练16个小时，但是每个人都很主动，没有一个人掉队。在“家”文化的凝聚下，大家紧密地黏合在一起。透过潜意识的工作搭配和组合，每位业务人员都在娱乐中学习，在体验中成长，通过“赤足走火”活动让学员突破内心恐惧，释放无限潜能。

在结训闭幕式上，所有学员都哭了，学员们个个脱胎换骨、精神焕发、信心满满，能力也得到了很大的提升。在这次特训活动中，全体学员真正只进行了 3 天实战，就使 98000 件产品直达零售终端门店，销售额约合人民币 400 万元。

娃哈哈“家”文化是娃哈哈业绩的核能催化剂，是娃哈哈发展走向的指示明灯，是娃哈哈快速发展的推进器，是员工队伍的黏合剂和战斗热情的激发器，是推动娃哈哈腾飞的强大动力源。

6.2 服务是娃哈哈制胜的信条

在娃哈哈的联销体管理和娃哈哈“家”文化中，服务战略是娃哈哈健康发展的又一个法宝，是娃哈哈攻克很多难关的重要信条。这个信条主要蕴含在“健康你我他，欢乐千万家”的企业宗旨和“先将诚信施于人，才能取信于人”的企业座右铭里面。

娃哈哈服务制胜战略就是通过一种或几种诚信行为感动顾客或者消费者来取胜的战略，即以商品链为道具，创造出值得顾客回味的行为活动，通过触及顾客的心灵来产生共鸣。这其中，商品是有形的，服务是无形的，新创造出的服务过程和体验价值是使顾客获得更多价值。只有当顾客的体验价值超过顾客的期望时，顾客才能为之感动。因此，如何做好服务战略来服务你的顾客和消费者就显得至关重要。

在这个信息爆炸的时代，在这个微利时代，在这个产品同质化时代，资源是有限的，甚至是相同的，娃哈哈怎样运用资源将直接影响娃哈哈的发展及获利能力。换句话说，在盈利模式的设计上，“有限的资源”是一个临界资源，谁能把有限的资源放在最有效的地方，谁就能从微利中突围，甚至胜出。

出于工作的需要，我在市场上走访时，经常发现一些企业的产品，甚至是知名品牌的产品，其性能和质量都很好，利差也不错，但动销效果却不理想，消费者对其没有好感；而在娃哈哈，一些同类型的产品，只是包装不一样，名字不一样，却能吸引顾客和消费者，通过短暂行销服务就能超过前者走俏市场。

对此，有市场专家研究认为，产品的行销效果，除了与自身的质量与性能等因素相关外，其附属服务特质对产品的行销起着重要的诱发作用。

产品附属服务特质的有效发掘，并不是所有企业经营者都能做得到的。只有那些有心的人时时追踪与评估目标消费者的需求与产品的特质之间的动态组合，才能设计出理性的产品行销策略，这是对服务行销的最高评价。娃哈哈利用这一招，不但让消费者很痛快地掏腰包，也让娃哈哈利用这种超值的服务不断战胜竞争对手，并跨越性突破微利的包围。娃哈哈的制胜服务战略，主要体现在以下四个方面：

一、产品质量服务

说到产品质量服务，不得不提产品质量，不得不提到食品。提到食品，又不得不提到曾经轰动一时的三鹿“三聚氰胺”事件，因为在奶粉中添加三聚氰胺，导致大量孩童患上结石，结果这个拥有几十年历史的民族品牌轰然倒塌。

在苹果手机横空出世之前，诺基亚是当时手机行业当之无愧的霸主。1999年这家手机企业的市值达到2700亿美元，攀上最高峰，到2008年，它仍旧是手机行业的老大。提到诺基亚，最广为人知的就是它的质量过硬，可以砸核桃。我使用的第一部手机就是诺基亚，使用过程中被摔到地上无数次，好几次都只是蹭破点漆而已，照用不误，因为在硬件上过硬所以赢得了很好的口碑。

上到公共产品，下到小物小件，产品质量与人们的生活息息相关，质量的好坏直接关系到一家企业的存亡。

我在前面提到过的“三聚氰胺”事件发生时，正在向美国出口的娃哈哈AD钙奶接受检查的案例，是娃哈哈“后道管前道、一道管一道、道道都严格、件件要确保”这一质量理念和管理行为规范的高度概括。

那么娃哈哈是怎么做的呢？作为娃哈哈的员工，我对“质量是企业的生命线”这句话再熟悉不过了。娃哈哈人深知产品质量服务关乎企业的生命，更深知产品质量服务关乎每一个人的健康。

第一，承诺保证。比如，娃哈哈生产厂的承诺：“恪守职业道德，诚实信用，规范生产行为。严格按照食品安全标准组织生产，不超范围和限量使用食品添加剂，不使用非食品原料、回收食品、有毒有害物质生产加工食品。保证食品生产场所、设备（设施）符合国家法定要求，保持生产场所、厂区环境、设备设施的清洁卫生，保证消毒、更衣、盥洗、防腐、防尘、防蝇、防鼠、防虫等设备（设施）齐全和有效运作。依法制订并严格执行食品原辅材料进货验收、生产过程控制、成品出厂检验、不合格原料及食品的管理和处理、食品召回和安全风险报告、从业人员健康和培训等管理制度。保证不生产假冒伪劣食品，不在食品中掺杂、掺假，不以假充真，不以次充好，不发生以不合格食品冒充合格食品、伪造食品的产地、伪造或者冒用他人厂名或厂址、伪造或者冒用质量标志等违法行为。”

第二，娃哈哈对产品实行责任追溯制。每出库一件产品都要先在娃哈哈销售系统里录入产品身份信息。只要是在市场上流通的每一瓶娃哈哈产品，都能根据产品批号信息在娃哈哈销售系统里查询到生产日期、生产分厂、生产班次、具体责任人等。

第三，娃哈哈对产品质量的服务管理，是娃哈哈“健康你我他，欢乐千万家”经营宗旨的体现，不仅对娃哈哈发展有至关重要的意义，还将对社会产生深远的影响。同时，产品服务质量是决定企业素质、企业发展、企业经济实力和竞争优势的主要因素。质量服务还是争夺市场最关键的因素，谁能够用灵活快捷的方式提供用户满意的产品或质量服务，谁就能赢得更多的竞争优势。

二、诚信经营服务

“先将诚信施于人，才能取信于人”是娃哈哈的座右铭，也是娃哈哈多年诚信经营服务的信条。比如，娃哈哈每年的保证金制度就是娃哈哈公司经过20多年的诚信经营积累起来的。

联销体在娃哈哈公司最初也就是一纸买卖合同，由卖完给钱到货到了给一半的钱，再到货到了全部给钱，后来由货到了全部给钱逐步升级到先预付一半货款，再到预付全部货款，直到现在的除了全部预付货款，还必须要先打一定比例的保证金。

娃哈哈联销体的形成的确来之不易，完全靠的是诚信和信任。那个时候什么抵押物都没有，经销商单凭几个字就把货拿走了，到后来的把几十万元甚至几百万元保证金打给娃哈哈公司。

从娃哈哈联销体的建立过程可知对一个人信任的建立是多么不容易，这也体现出了娃哈哈企业文化中的座右铭“先将诚信施于人，才能取信于人”，你要别人相信自己就必须要诚信。

三、销售系统管理服务

我在这里主要分享娃哈哈2004年顺利实施ERP销售管理系统升级后的销售系统管理内容。娃哈哈ERP销售管理系统能在娃哈哈顺利实施，原因有以下几个：

首先，娃哈哈经过十多年的经营，其办公信息化基础比较好，适合管理创新和技术创新。比如，在2001年娃哈哈开始实行无纸化办公和建立电子邮件系统，建成集团公司范围内的企业网络平台和办公自动化系统，实现了信息流程跟踪，真正完成并建立了邮件系统和企业内部网站，为内部信息发布、员工交流提供了实时平台。到2002年，娃哈哈建成了覆盖全国所有外地生产基地的网络连接，实现了外地分厂的本地化管理，为ERP销售管理系统的顺利实施打下了坚实基础。

其次，在“大家长”宗庆后的领导下，娃哈哈的整体服务团队和销售团队执行力比较强。ERP项目作为系统管理项目，是一个服务项目，娃哈哈认为如果出现问题，也不会是软件的问题，而是公司管理适应信息化的能力到底够不够的问题。在娃哈哈试行的ERP项目组中，当时除业务组外，集团公司还专门设立了“ERP项目管理小组”，主要工作就是怎样把系统所带来的流程和管理思想的变革，让人简单快捷地接受，并且让稍微有点电脑基础的人一看就懂。

ERP 软件的业务流程是根据物流、资金流设计的，取代了旧的信息采集、汇总统计与传递等管理工作。向来以速度著称的娃哈哈在 2004 年上演了一场速战速决的 ERP 实施大战，用新的系统进一步打通了娃哈哈的内外脉络。在这个系统里，娃哈哈的每一位管理人员、业务人员及联销体成员，都有自己的用户名和口令。输入用户名和口令，每一个层级都能看到自己所需要的数据信息及工作模块。

以销售系统为例。比如，针对每一位联销体成员开放的模块，客户用自己的用户名和口令登录系统后，首先能看到公司的销售活动动态和各种销售通报，还有主管客户经理、下属二批商、任务完成情况、任务提醒、能发货分厂产品库存、还可报站产品、产品报站模块、运输选择模块、资金使用模块、代垫费用上账模块、所能销售产品、各种促销政策等，所有数据都一目了然。

比如，报站业务模块，客户打开后，能清楚地看到报站（报站及审核）、改单（已确认订单退回修改、确认状态订单到货地址）、可报站查询（紧俏产品可报站额度查询、客户每旬还需报站额查询、客户可报站产品查询、产品应报站分厂查询、产品价格明细报表、产品铁路整车装量查询）、报站量报表（日报站清单查询、客户业务往来报站情况查询、客户报站汇总查询）等，在每一个模块里，客户都能清楚地看到自己的关联业务数据。

比如，在《客户返息台账查询》模块里，客户就能了解到联销规定的保证金逢 1 ~5 旬报站返息信息，即逢 21 ~25 日报站，发货后，享受订单额 1% 利息；逢 1 ~5 日报站，发货后，享受订单额 0.8% 利息；逢11 ~15 日报站，发货后，享受订单额 0.6% 利息；其余时间报站，本月发货后，享受订单额 0.5% 利息。

娃哈哈花重金引进的 ERP 销售管理系统，作为整合娃哈哈管理的理念、业务流程、基础数据、人力资源、计算机硬件和软件于一体的企业资源管理系统，可以为娃哈哈采集许多相关的信息，确保了娃哈哈在未来跑得更快。

四、快速售后服务

娃哈哈公司除了产品质量服务、诚信经营服务和销售系统管理服务，还有一个至关重要的服务就是通过销售系统快速进行售后服务。

娃哈哈实行产品质量先行负责制，设有专职产品售后服务部门，设立互联网产品质量信息专栏和免费售后服务热线，在企业与消费者之间建立了绿色通道，密切企业与消费者的关系，并由专职售后服务人员负责对消费者反馈的质量问题和有关建议及时记录、分办、回复、监督处理、汇总信息。几万名销售人员和庞大的销售网点是售后服务的直接执行者，娃哈哈建立的遍布全国各地的销售网络和售后服务网点为快速响应消费者反馈提供了保证。

公司规定售后服务人员接到消费者咨询或投诉电话时，要耐心解决，要详细记录对方的姓名、性别、电话、住址、咨询和投诉原因，能在电话中解决的就在电话中解决。对电话中无法妥善解决的，要立即通知所在地售后服务网点，负责人员接到通知24小时之内安排工作人员前往处理，特殊原因无法及时前往的要提前与消费者联系，并约定前往处理的时间。

我在娃哈哈做业务时，就遇到过消费者投诉。

在一个初冬的下午，天有点冷，正下着小雨，风还有点大，我接到某超市店长打来的电话，说一位郑州的女性消费者购买的娃哈哈非常可乐口感发酸，要求公司退货和赔偿，并速去解决。我立马放下手中的其他业务，照着店长提供的消费者住址和电话，很快赶到了消费者家里。刚开始消费者很生气，并不停地说她经常购买我们公司的产品，昨晚上她儿子喝了说不好喝……没想到我们这么大的公司，产品会出现质量问题。我一边查看产品，一边耐心而又很认真地听取对方的诉求，还拿出笔记本做记录。

经过对产品外箱的查看和内箱产品的品尝，我发现消费者说的产品质量问题，其实是超市配货仓管理不善造成的，箱子一侧有明显的强光风损，靠近风损一侧的产品确实口感变了，而另一侧的产品口感正常。于是，我跟消费者进行了沟通，并说明了造成产品口感有变的原因，消费者的态度也开始缓和起来，从最初要求赔偿十件并退走已经购买的产品，到最后只赔偿半箱产品。我拿回了箱子里风损一侧的5瓶产品，并以我个人的名义送给这位消费者一箱非常可乐。没想到后来我们还成了老熟人，他们家购买的饮料几乎都是娃哈哈的。

还有一次，一位焦作的客户因为报单新产品格瓦斯时报多了，眼看着有500件产品生产日期有些久了，这时拓展主管和客户经理组织策划搞了一场促销售卖活动，一天下来就帮助客户基本卖完了。快速的售后服务意识，不仅树立了公司的品牌形象，而且体现了业务人员的个人价值，还拉近了与消费者的距离。因此，在售后服务上，娃哈哈要求一般投诉应在三天内处理完毕，并将处理结果反馈至售后服务部，由售后服务部核实登记处理结果。对于无法解决的疑难问题，售后服务部根据问题性质将有关资料转集团相关职能部门进行妥善处理。

娃哈哈抱着对社会、对消费者高度负责的态度，制定了产品标识追溯和回收控制制度，规定对一切可能危及安全的食品采取召回制度。对消费者有关产品开发、食品安全知识、产品标识、广告策划、市场营销、投资合作等方面的问题，售后服务部都会及时分类转发相关部门阅读处理，并要求在规定期限内回复消费者，同时将回复处理结果反馈售后服务部，售后服务部每周对售后处理情况进行检查，做到件件有回复，件件有结果。

消费者投诉处理流程具体要求如图6－1所示。

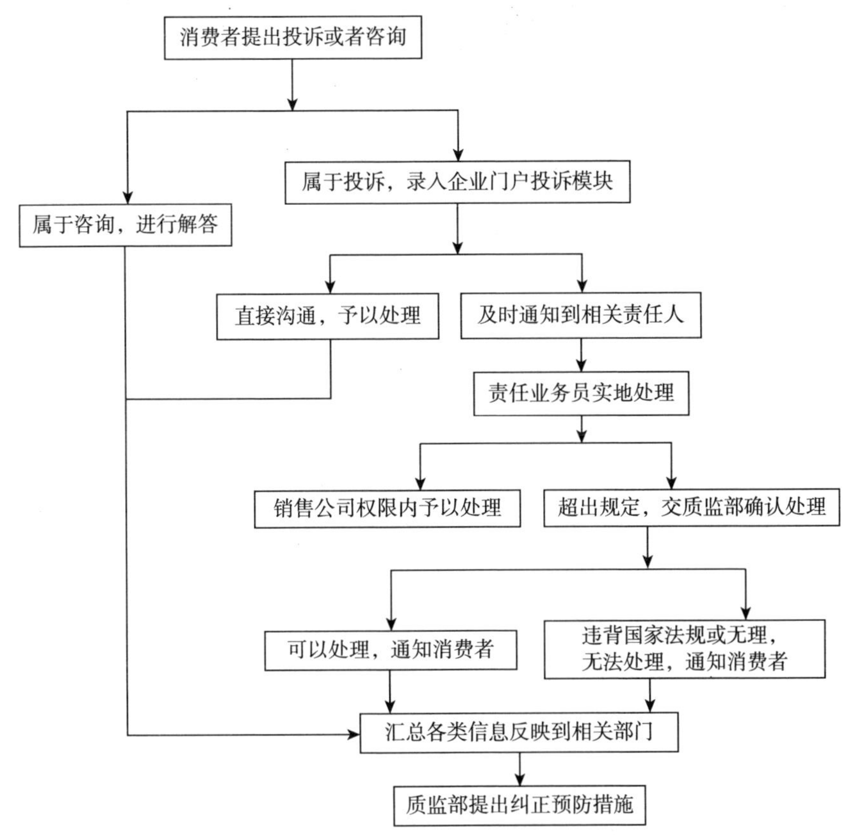

图6－1　消费者投诉处理流程图

（1）销售公司售后服务负责800热线的接听、外部网信息及电子邮件的处理，以及消费者来人来信等任何方式提出的有关产品方面的咨询和建议。

（2）售后服务组在接到消费者投诉后，详细记录投诉产品的相关信息及投诉人的相关信息，并录入投诉系统，由系统自动发送通知邮件至各省办事处的指定邮箱，特殊情况需立即电话通知。

（3）各省办事处收到通知邮件后，应立即进入企业门户流转投诉信息，并立即电话通知相关责任人前往处理。

（4）责任业务员接到投诉信息后，应在24小时内前往处理。若确有困难应与投诉者取得联系，并约定前往查看的时间。

（5）一般投诉应在72小时内处理完毕，由责任业务员在系统内反馈产品的实际情况及投诉处理情况。

（6）如遇恶性投诉及可能会触及法律或引起媒体负面报道的投诉事件，应尽可能让消费者写下书面的赔偿要求并将书面材料递交售后服务，在投诉系统中按“大额索赔”流程处理，售后服务及时汇总相关资料后上报质监部、法律办、总经办等相关责任部门。

（7）投诉处理完毕后，责任业务员填写《处理用户反映投诉返还登记表》，并附消费者收条、经销商代垫证明交售后服务组，由质监部审核同意后以折扣形式补还代垫经销商。

（8）售后服务组每旬对投诉情况进行汇总分析，上报总经办。

6.3 经销商的心在哪里就去哪里服务

经销商一般会担心什么呢？担心娃哈哈产品没有利润，或者进的货卖不出去，或者铺下去了不动销、卖不掉，批发商催着来退货，或者是辛苦打下的市场被竞品挤掉，等等。那么很多客户都愿意选择娃哈哈的原因又是什么呢？我们来看一下娃哈哈独特的协作服务功能。

娃哈哈的联销体成员伙伴，每年除了向娃哈哈打一笔保证金外，根据联销体的规定，大部分都是采取封闭区域销售。娃哈哈保证在一定区域内只发展一家一级联销体，同时常年派出若干位销售经理和分销员帮助经销商开展各种铺货、理货、陈列和促销活动；或者一级联销体只需要提供资金、仓库和送货工，其余的所有营销工作娃哈哈都会派出具体业务人员来帮助完成，就像是保姆式的服务。

从表面上看，一级联销体成员帮娃哈哈卖产品却还要先付一笔不菲的预付款给娃哈哈（部分大户预付款要达数百万元）。而在娃哈哈方面，则“无偿”地出人、出力、出广告费，帮助联销体成员赚钱。

也就是说，对很多经销商来讲，他们愿意选择与娃哈哈合作，无疑是十分喜欢娃哈哈这样的厂家服务。娃哈哈的服务有以下特点：第一，企业大，品牌响，有强有力的广告造势配合；第二，系列产品多，综合经营的空间大，可以把经营成本摊薄；第三，有销售公司委派的销售经理“无偿”地全方位服务，总部的各项优惠政策可以不打折扣地到位；第四，虽然必须全力投入，但是娃哈哈的联销体模式似乎更为经济和高效，经销商担心的问题娃哈哈都能想到了。

案例一：支援东北打水战

2007年左右，娃哈哈客户苦心经营的东北纯净水市场，遭遇农夫山泉、康师傅等大牌水的多面夹击及地方品牌的挤兑和侵蚀，使得娃哈哈纯净水的销售额迅速下滑，受到严重威胁。当地经销商非常担心苦心打下的市场被竞品吃掉，业务员也担心如果不采取促销措施，现有的纯净水市场有可能就此垮掉。

虽然当地业务员、经销商都进行了积极的促销阻击，但毕竟人力有限，短时间内收效甚微。于是，向来反应迅速和以速度制胜的娃哈哈，由销售公司经理带队，迅速从全国各地所有市场各抽出1~2名业务人员支援东北打水战，短短几天上百名娃哈哈人就聚集到了东北，根据公司的统一部署，分成铺货组、促销组、生动化组、产品展示买断组等若干小组。每个小组又由小组长带队，由当地业务员或经销商业务领路，一部分步行或搭乘公车到市场服务，一部分乘坐经销商的车下市场服务。

娃哈哈的业务员每天一大早就开晨会，开完晨会就下市场，中午吃点便饭，一直工作到很晚才回去，各自分工明确，合力奋战对竞品发起反击。100多号人在市场奋战了一个月，大家可以想象结局是什么样子，当然是把竞品打得节节败退，一块悬在经销商头上的石头就这样被娃哈哈业务人员搬走了。

案例二：洛阳茉莉绿茶大型拉动活动

2008年娃哈哈在洛阳推广茉莉绿茶时，由于可口可乐、康师傅、统一、今麦郎在市场上已经有了一定基础，虽然娃哈哈利用强大的终端客情和网络把货铺下去了，但是动销一直很慢。到了8月，终端市场门店上还有一部分陈旧的分产品批号，如果公司不做促销拉动，经销商担心产品滞销导致后期大面积退货。于是娃哈哈豫北分公司省级经理骆总根据洛阳市场的需求，安排由产品拓展队长带队，抽调豫北各地区的所有产品推广人员，整合当地业务和经销商资源，把市场上所有的老批号产品全部以新换旧换回来，然后把根据地选择在洛阳家乐福广场，组织在洛阳做大型的促销拉动活动。

记得当时的活动也吸引了可口可乐和康师傅两个大牌的参与，在家乐福广场上的活动布置就像三面战鼓，都有自己的特色。可口可乐为红色，康师傅冰红茶为浅黄色，但是从色感上娃哈哈占据了绝对优势。茉莉绿茶的绿色达到了醒目而又让人感到凉爽的感觉，每一个活动块的售卖区是四个四角帐篷，产品展示区有两项四角帐篷，不管是促销台的单瓶陈列展示还是整箱的陈列展示，都足以给消费者以强大的视觉冲击。再加上舞台上铺的绿色地毯，舞台四周是绿茶的宣传喷绘包装，活动背景是一个明亮的色调，背景架被绿布包装，并覆以KT板，每个帐篷都有围贴装饰，色彩鲜明，形象统一。你只要进入这个广场，你就会被娃哈哈的服务阵势所吸引，融进娃哈哈业务热情的服务之后，你还会不由自主地购买娃哈哈茉莉绿茶。其中有一个三人小组，打破了一天2500元的销售记录。这种大型活动既帮助客户消化了库存，又为经销商解决了厂家不做促销拉动消费者的后顾之忧，还实现了市场制衡。

6.4　把经销商当成家人

把经销商当成家人，这是娃哈哈家文化“忠诚、创新、负责、亲情”做事行为准则的传递。娃哈哈从上到下很少把客户叫作经销商，在每次大会上和联销体里，宗庆后都会把客户称作合作伙伴和经销商朋友，这也让娃哈哈和客户之间的关系更近了一层。

把经销商当成合作伙伴或家人，顾名思义，就是销售经理要把经销商当成自己的合作伙伴甚至是家里人一样对待。既然是家人，相互之间的亲情就是自然而然的事情。

首先，大家就应该讲团结，要团结一心，一致对外，心往一块想，劲往一块使，常言说得好，打虎父子兵，上阵亲兄弟；其次，销售经理要时刻关注经销商的生意，要想办法让家人都赚到钱，或者说让家人赚更多的钱，生活得更好，这是双方合作的基础，也是双方关系保持牢固的关键；再次，大家得互相信任，开诚布公，打开天窗说亮话，不得刻意隐瞒甚至欺骗；最后，大家必须尽可能多地拿出各自的资源，共同开发市场，共担风险，共享利益。

案例一：5年从5万到1000万

2003年5月上旬，在一座县城，一位20多岁的小伙子找到娃哈哈的销售经理，说要做娃哈哈经销商，看能不能给个机会。娃哈哈销售经理在与这位小伙子进行沟通后，发现他非常想做娃哈哈的客户。可是他除了有好的想法和激情，还能拿出5万元的现金外，其他的什么都没有，要资金没资金，要客情没客情，要仓库没仓库，这可为难了当时的销售经理。这位销售经理经过考虑后，觉得只要有激情和想法，其他的可以培养，于是给了这位小伙子先做二批商的机会。

这位小伙子办事还真是雷厉风行，说干就干，和销售经理见面后回去当天就购买了一辆三轮车，把自己家腾出地方当仓库，自己用三轮车出去推销送货，早出晚归。就这样干起了二批商的生意，到年底一算，自己赚到了19761元钱。

虽然不多，但是小伙子觉得这个生意可以做，在销售经理的帮助和指导下，一做就做了两年的二批商。到了2004年年底，这位小伙子正式加入娃哈哈联销体，成为娃哈哈联销体的合作伙伴，还配备了400平方米的仓库和3辆送货车。

2005年娃哈哈推出重磅新品营养快线，这位小伙子也正好赶上了这个好机会，生意做得顺风顺水，2007 年的年销售额就已经做到了 1068 万元。这位小伙子非常感恩娃哈哈，他说他的财富都是娃哈哈给的，是娃哈哈当时给了他机会，还把他当成家人一样对待，要不他也不会有今天。

案例二：一把火烧出来的浓浓情

2008 年 6 月的一个晚上，娃哈哈某区域的一家经销商，因仓库看守员在煤炉上烧稀饭忘记熄火，导致其仓库内的几十万元娃哈哈产品被一场大火洗劫一空，还有一些商户打的欠条也被烧毁了。这个时候正值产品销售旺季，老板心急如焚，不知如何是好。就在当天夜里，省级经理和主管区域经理连夜赶到了客户处，一方面对客户给予安慰，一方面及时与该客户进行沟通，想办法让生意正常运转起来，最后他们决定用帆布搭建一个临时仓库，先从别的合作伙伴处借调部分产品过来，确保订单有货送。另外，在当天晚上娃哈哈就向所有业务员和经销商朋友发起自愿捐款倡议，帮助该受灾客户筹集资金，渡过难关，短短两天时间就筹集了十多万元，让这位合作伙伴感动不已。“只要娃哈哈不抛弃我，我死了也要跟娃哈哈在一起。”这位客户如是说。

其实，在娃哈哈有关亲情的事例很多。比如，哪位客户家里有个红白喜事之类的，一般省级经理、区域经理和客户经理甚至于配备的业务员都会到场悼念或者祝贺。这种亲情，只有在家的背景下才会有，如果不存在亲情，我们一般不会去关心别人或者帮助别人，更不会有什么牵挂。

6.5 “拉得出、打得响、过得硬”

大到一个国家军队，小到一个企业部门，作风建设都非常重要，真正兴邦兴企的关键是国之民、企之人的素质与作风。“拉得出，打得响，过得硬”的“九字真经”是娃哈哈人成事立身、形成团队魅力的不二法则，它不仅写在娃哈哈的企业文化里，更体现在每一位娃哈哈人的身上。

“拉得出”谓之有令即行的积极态度，“打得响”在于展现内力修炼的真功夫，“过得硬”则考验的是技能与情商挂钩的意志力和恒心指数的持久性。

比如，小张是某品牌厂家专门修理冰箱的技术工人，有一天公司客服部接到客户电话，说他们家的冰箱不运转了，让赶紧派人前去修理，电话打进来时正好小张在，于是公司就安排小张前去服务。这个时候无论条件多么艰苦，小张都很乐意地拿着工具出发，这就叫“拉得出”。小张出发后按照联系地址来到客户处，经过检测很快就找到了冰箱不运转的原因，三下五除二就修好了，这就叫作“打得响”。小张修理完毕，收拾好工具，把维修单据给客户签字，在客户签字时小张指着维修单给客户说明这方面的故障问题，并说明修理一次后 3 年不会出毛病。小张走后，根据跟踪记录，这台冰箱有关这方面的问题果然在 3 年内没有出毛病，这就叫“过得硬”，也就是小张的个人业务技能素质相当的扎实。

娃哈哈人的工作作风就像三个铁环，环环相扣，使娃哈哈及无数娃哈哈人成就了今天的事业。比如，娃哈哈“后道管前道，一道管一道，道道都严格，件件要确保”的产品质量管理理念已经深入人心，并执行落实到了具体实践。

反映在娃哈哈产品上，就是娃哈哈的产品要“拉得出”，品牌要“打得响”，品质要“过得硬”，才能赢得口碑，才能创造好的效益。所以每次出现质疑的声音时，娃哈哈的产品质量都能经得起检验。

比如，2013 年娃哈哈因恒天然奶粉事件受到牵连，浙江省疾病预防控制中心于 2013 年 8 月 7 ~ 15 日对娃哈哈的 4 款饮料进行了严格检测。检测结果表明，采购自恒天然的乳清粉样品中不存在肉毒杆菌和肉毒毒素，娃哈哈旗下 4 款饮料中也均未检出肉毒杆菌和肉毒毒素，全部为合格产品，消费者可放心购买及饮用。随后娃哈哈“涉事”产品销量迅速恢复，爽歪歪、AD 钙奶等产品在此次事件中都经受住了考验。

娃哈哈选用的进口奶源，都采用了安全可靠的杀菌工艺，并在第一时间追查和召回“涉事”批号。娃哈哈认真负责的态度也赢得了消费者的信任，可谓是“因祸得福”。因为娃哈哈人明白，如果为了控制消耗，以劣充优，对自我要求惰怠的话，那么失掉的终究是市场的信任和消费者的青睐。

那么，娃哈哈人的这种工作作风是如何炼成的呢？在这里，还记得我在前面提到过的 30 人团队 3 天实战卖了 400 万件产品的特训活动吗？先来看一下 2014 年此次实战活动的进阶执行表，如表 6－1 所示：

表 6－1　2014 年活动进阶执行表

时　间		内容及目的	地　点
7 月 24 日	14：00～14：30	集合	集训指定
	14：30～15：00	报道，宣读猎鹰实战特训营规章制度	
	15：00～15：30	领服装、手册、分房间、用餐事项	
	15：30～17：30	组建团队	
	18：20～18：30	饭前一声吼	
	18：30～18：50	晚饭	
	18：50～21：30	《娃哈哈企业文化》	
7 月 25 日	6：00～6：50	跑步、队列队形潜能训练	
	6：50～7：10	洗漱时间	
	7：10～7：20	饭前一声吼（饭前问候）	
	7：20～7：40	吃饭时间	
	8：00～8：30	开班寄语（总经理）	
	8：30～11：00	《意识精选课》	
	11：10～12：00	《技能精选课》	
	12：10～12：20	饭前一声吼	

续表

时　　间		内容及目的	地　　点
	12：20～12：40	午饭时间	
	12：40～14：00	午休时间	
	14：10～15：30	《产品管理》	
	15：40～17：00	《报站及订单费用》	
	17：10～18：10	《终端技能课》	
	18：20～18：30	饭前一声吼	
	18：30～18：50	晚饭时间	
	18：50～19：30	晚间休息	
	19：30～20：30	《售后服务》	
	20：30～21：00	《体验课》	
7 月 26 日	全天	片区实战训练	
7 月 26 日晚	实战心得 总结与分享	全体人员	
7 月 27 日	6：00～6：50	跑步、队列队形潜能训练	
	6：50～7：10	洗漱时间	
	7：10～7：20	饭前一声吼（饭前问候）	
	7：20～7：40	吃饭时间	
	8：00～12：00	《意识精选课 》	
	9：40～10：10	《技能精选课》	
	12：10～12：20	饭前一声吼	
	12：20～12：40	午饭时间	
	12：40～14：00	午休时间	
	14：00～16：30	《陈列规范及实战流程》	
	16：40～18：00	《产品拓展技能》	
	18：20～18：30	饭前一声吼	
	18：30～18：50	晚饭	
	18：50～21：00	新市场	

续表

时　间		内容及目的	地　点
7 月 28	全天	市场实战拉练	
7 月 28 日晚	实战心得 总结与分享	全体人员	
7 月 29 日	6：00～6：50	跑步、队列队形潜能训练	
	6：50～7：10	洗漱时间	
	7：10～7：20	饭前一声吼	
	7：20～7：40	吃饭	
	8：00～9：30	《团队精选课》	
	9：30～12：00	《体能实战体验课》	
	12：10～12：20	饭前一声吼	
	12：20～12：40	午饭时间	
	12：40～14：00	午休时间	
	14：00～15：00	《 非常营销 》	
	15：10～16：30	《时间管理及线路规划》	
	16：40～18：20	《拓展课》	
	18：00～18：30	晚餐休息（饭前一声吼）	
	19：00～21：30	《团队体验课》	
7 月 30 日	全天	市场实战拉练	
7 月 30 日晚	超越自我晚会	全体人员	
7 月 31 日	6：00～6：50	跑步、队列队形潜能训练	
	6：50～7：10	洗漱时间	
	7：10～7：20	饭前一声吼（饭前问候）	
	7：20～7：40	吃饭时间	
	8：00～9：00	《心灵动力精选课》	
	9：00～9：30	毕业墙	
	9：30～10：00	评优、颁发结业证书	
	10：00～10：30	个人感言	
	11：00	结训返回市场	

从这张连续奋战 8 天 8 夜（准确地说这次实战活动是奋斗了 30 天，只是其余时间都在做市场调研和活动规划）的实战活动执行进阶表，我们能清晰地看到娃哈哈内部对人才培养实战特训活动组织的严密性，这是业务知识、业务技能、寓教于乐和业务实战相结合的铁军训练。

第一，储备人才挑选。凡是参加娃哈哈集团内训组织的猎鹰实战活动学员，都是市场上推选出来的储备人才，这些学员都是由当地区域经理或者客户经理推荐后，人力资源部筛选出来的，综合素质相对都比较好。

第二，训练内容及安排。特训内容既有思想意识形态的，又有业务技能的，还有娱乐环节，透过潜意识整合，让学员深刻领会与感知企业文化。

第三，充足的学习时间。从每天早上 6 点即开始训练，一直到晚上 10 点左右，每天要带学员操练 16 个小时，每名学员都不会感到疲惫。这里面隐藏着娃哈哈独创的高效学习方法，能寓教于乐，让学员在娱乐中学习，在体验中成长。

第四，军事化管理。娃哈哈的实战特训营实行全封闭式训练模式，进行军事化管理，每天都要组织晨跑，特训课程期间不允许与外界联络。

第五，潜能开发。通过开展赤足走火、体能拉练等活动增强学员体质，让学员突破内心恐惧，释放无限潜能。

第六，实战演练。每次特训都是先进行理论课和思想意识课学习，然后分成小组参加销售实战，既要考核个人能力，又要考核小组配合能力，还要考核团队整体协调能力。

第七，经验分享。每次理论学习和销售实战后，在晚上都要进行经验和体会分享，并列入个人风采展示进行考核。

第八，心灵动力。在实战特训的最后环节，既要开展毕业墙的超越自我的团队训练，又要开展心灵动力感恩教育。结训后，学员们个个脱胎换骨，精神焕发，信心满满，能力有较大提升。

第九，检验成绩。在这次特训活动中，全体学员进行 3 天实战，一共卖出了 98000 件产品，销售额（成绩清单略）约合人民币 400 万元，充分体现了娃哈哈人“拉得出，打得响，过得硬”的工作作风。

6.6 准则之上的满意度服务

满意度服务一般是指在产品售前、售中、售后及产品生命周期的不同阶段采取的各种服务措施，力求令顾客满意，主要是在服务过程的每一个环节上都能设身处地地为顾客着想，站在顾客的角度，做到有利于顾客，方便顾客。因此，公司整体服务水平的提升显得尤为重要，直接关系到企业形象和品牌的传播。从产品角度出发，常规产品开发实施满意服务的方法有：

（1）服务意识的训练。服务意识经过训练才能逐渐形成，作为一种意识，不能由规则来保持，必须内化在员工的人生观里，成为一种自觉的思维意识。

（2）建立完整的服务准则。服务准则是企业内部为顾客提供全部服务的行为标准，仅有服务意识并不能保证满意的服务，企业还要建立一套完整的服务标准，作为服务工作的指导和依据。

（3）服务满意度考查。公司的服务顾客是否满意，满意度有多高，都必须进行售前、售中、售后三个阶段的考查。但是无论是什么样的服务，都会经历从对服务的不满意到满意，从满意到不满意再到满意的过程，在循环中提升满意度级别。

那么娃哈哈又是如何做到让顾客满意的呢？基本上经历了这几个阶段：

1999 年之前，市场需求大过市场供给，娃哈哈生产什么就卖什么，没有顾客挑剔的份。因此，娃哈哈的服务主要集中在网络构建上，即主要服务好一级批发商。如有产品滞销了，只需要给予一级批发商促销政策，一级批发商把产品卖掉就行。至于批发商对政策怎么用，公司一般不会过问太多。因此，在这个阶段一级成员的满意度不会高，但是又没有别的选择，只能听之任之。

1999～2005年，由计划经济转向了市场经济，市场供给开始大于市场需求，产能过剩。这一时期娃哈哈联销体中除了一级成员，还发展了特约二级成员和二批商成员。只要有滞销产品，一级成员就会向公司要政策，然后把滞销产品利用政策转移到特约二级成员库里。公司只关注一级成员拿到政策后是如何使用的及是否全部使用了，至于二级成员怎么卖，什么时候卖出去，公司一般不会过多过问。因此，在这个阶段，一级成员对公司的服务是满意的，而特约二级成员和二批商对公司的服务就不会很满意。

2005～2008年，产品同质化严重，大部分企业出现产能过剩现象，竞争日益激烈甚至趋于白热化，产品质量安全也受到了很大威胁。公司给予一级成员的政策，一级成员不敢截留，很快就能用到二级成员处。公司还要求二级成员或者二批商遵照促销规定，迅速把滞销产品铺向终端门店，至于终端门店能否把产品卖掉则不会过问，甚至于产品过期了都是终端门店自己买单。因此，在这个时段，一级成员、特约二级成员、批发商对公司的服务是满意的，但是终端门店对公司的服务是不满意的。

2008～2014年或2015年，受经济危机的影响，企业危机在2010年大面积爆发，各种原材料通胀，生产型企业特别是纺织服装业产能严重过剩。市场业态发生了新的变化，互联网业态发展迅速，传统门店面临生存困难，饮品企业的销售增长受阻，甚至于开始出现销售业绩下滑现象。

就是在这种环境下，娃哈哈2010年的年销售额还是逆势飘红，销售额增长喜人，利润达到了将近100亿元。也就是在这个时候，娃哈哈对联销体网络体系的服务进行了变革，一方面积极服务一级联销体、特约二批商、批发商和终端门店；另一方面娃哈哈开始布局二套网络，同时也开始加强对消费者的互动。比如，2014年年底至2015年娃哈哈C驱动产品的推广，线上更多的是利用网络自媒体进行服务传播和实现全员微商，线下则开展彩虹跑和校园营销大赛，真正把更多的资源转向了与消费者的互动环节。

因此，在这个时段，娃哈哈联销体一级成员、特约二级成员和批发商会感觉到娃哈哈的服务较之以前有所减少，赚取的钱也没有以前多了，但是风险降低了，而终端门店特别是消费者会感觉到娃哈哈的服务增多了，满意度也高了。

尽管2014年娃哈哈没有完成1023亿元的千亿目标计划，销售额较上一年下降了7%，但是却完成了800多亿元的营业收入，这主要归功于娃哈哈在准则之上的各种满意度服务。

娃哈哈满意度服务的逐渐升级，无不是在顺应市场的变化。因此，随着市场和消费结构的变化，以及信息的开放透明，顾客需求更多、期望更高、购买力量更集中，消费习惯更个性时尚、购买行为更复杂，也给企业营销带来了更多的挑战，企业主要的困难是如何找到更接近顾客的方法和提高顾客感知的服务满意度。

百度百科营销的经验数据记录显示：100位满意的顾客会带来25位新顾客，每收到一位顾客的投诉，就意味着还有20位同感的顾客，获得一位新顾客的成本是保持一位满意顾客的成本的5倍；60%的新顾客来自现有顾客的推荐，在不满的顾客中，4%会告诉你他们不满和感到不高兴的理由，96%会掉头就走，91%不会再次光临。顾客的存续率增加5%，利润就会跟着提高70%；在顾客的购买动机影响力因素中，忠诚计划占22%，顾客服务为37%，产品选择为37%，容易退货为40%；营销中的1∶25∶8∶1意味着服务好一位顾客就会使25位潜在顾客产生购买欲望，其中有8位会产生购买意愿，1位会产生购买行为。80%的利润由20%的顾客产生，84%的人为非计划购买，92%的顾客在店里才决定购买的品牌。

由此可见，在准则范围内，提高顾客感知的服务满意度对营销的达成非常重要。高度满意的顾客服务就是事先预期满足顾客的需求，在问题还没发生前就为顾客提供解决方案，提供让顾客感到意外和增值的服务，使顾客在接受服务时产生愉悦感。那么如何提升顾客的满意度呢？我认为有以下几点：

一是以顾客期望作为决策依据，加强服务意识训练。顾客行为与顾客期望决定企业生存的命脉，而顾客学主要是从顾客眼中找出决定产品（服务）的关键品质与价值，并对之加以研究与衡量，看看它们是如何对顾客的行为产生影响的，进而找到一种提供优质服务的方法，形成让顾客重复上门的诱因，并因此而获利。比如，娃哈哈营养快线的广告词“来不及吃早餐，就喝营养快线”“十五种营养元素，早上喝一瓶，精神一上午”，让消费者深深地记住了如何解决吃早餐而且还保证营养的问题。

二是建立完整的服务准则，以顾客经验来指导思维和行动。比如，在某公司的主题乐园里，公司为了保证环境的“整洁”和“干净”，一方面让员工不断收拾地面上的小纸屑和垃圾，让顾客仿效和模仿；另一方面合理设计垃圾桶，每隔二十五步的距离安排一个垃圾桶，这些准则行为都有效地规避了顾客乱扔纸屑和垃圾的行为。另外，顾客从接触产品本身到形成与企业互动的氛围，再到购得产品，每一环节无不形成顾客经验。像娃哈哈升级版大瓶装 AD 钙奶，一句“娃哈哈 AD 钙奶，还是那个味道”，只要见到 AD 钙奶，就能勾起“80 后”对童年的浓浓回忆。因此，企业只是推出优质的产品（服务）并不够，还必须确保产品的整个流程符合顾客需求，也要顾及顾客购买商品时的情景及顾客是否满意。

三是要倡导服务文化并进行满意度考查。通过讲故事、宣传传奇事迹、颂扬英雄人物、培训等措施来培育服务文化，不定期高密度地进行售前、售中、售后三个阶段的调研考查。

6.7 氛围是人才培养的优质利器

2005～2015 年，由巾帼女将骆芸带领的娃哈哈豫北团队，销售额最高峰值达到了 30 多亿元，业务人员最高峰值达到了 1200 人，为娃哈哈公司输送了 5 位省级经理和若干客户经理。除了常规销售队伍和内务组织架构，豫北团队还率先组建了产品拓展队伍、商超队伍、督察队伍和培训队伍，在全公司率先做到了陈列规范管理第一、单品营养快线销售额第一、单品爽歪歪销售额第一、茶系列销售额第一，还率先创新开发建设了二套网络，还有很多第一个……要做好这些事情，都必须有具备专业素质技能的人才。

因此，人才储备是关键，有吸纳人才的优势资源更加关键。那么，娃哈哈豫北市场吸纳人才氛围的优质利器都有哪些呢？在这里我用案例来解析豫北市场的做法，期望能给中小型企业人才储备管理带来更多的借鉴。

一、生日聚会，家的氛围

小名的家不在河南，大学毕业加入豫北团队时，由于没有干过销售，什么都不会，但是他比较爱学习，又不怕吃苦。记得在洛阳走访市场时，那天天气有点冷，还刮着大风，偶尔下一点细雨，但他没有一丁点抱怨，和我一起硬是把两天的工作一天干完了。在公司“带、帮、传”的文化带动下，他很快就晋升为主管，独立负责一个部门的工作。

突然有一天上午，他和其他的主管都接到了“家长”骆总的短信，要求在下午赶到某酒店开会，等大家都按时赶到酒店时，并没有先开会，而是先吃饭。在吃饭的过程中，突然房间的灯光暗了下来，一首生日快乐歌响起，两名服务生推着一个大蛋糕进来，这时大家才知道这一天是小名的生日，原来是“家长”亲自为小名组织的生日聚会。

大家都为小名唱起了生日快乐歌，小名也感动地流下了眼泪。

从 2005 年开始一直到 2014 年，已经记不清楚骆总为她的区域经理们举办过多少次生日聚会，更记不清各位区域经理为自己的客户经理、客户经理为自己的小团队甚至客户和业务员举办过多少次各种花样的生日聚会。无处不在的家的氛围，让员工一进入娃哈哈豫北市场，就能感受到家的温馨。

二、职业规划，新人家规

2009 年 9 月的一天，来自河南大学、郑州大学、升达大学及河南技工学院等学校的 30 多名大学毕业生，加入了娃哈哈豫北团队，成为娃哈哈豫北团队的新成员。他们天真活泼可爱地坐到了骆总专门为他们举办的职业规划培训会场，每人脸上都洋溢着自信的微笑，认真地记录，静静地聆听。

骆总说："大学生们，职业规划就是一年后你成为什么，两年后你又成为什么，三年后当上主管，不用干活，管着一帮人，拿到更多的钱，很有面子，对不对?"大家纷纷点头，说对！骆总说："你们这是梦想。"骆总的这番话顿时让整个会场一下子鸦雀无声。"今天不给你们讲这个，给你们讲讲什么是真正的职业规划。保证你们大学这么多年都没有学到，今天免费给你们讲，让你们受用一辈子，大家要不要好好听?""要！要！要!"会场响起了热烈的掌声。"真正的职业规划包括内在职业规划和外在职业规划，外在职业规划是别人能拿走的，如靳××你在某公司上班，给你的工资是 4000 元每月，我说你来我们公司吧，我给你 5000 元每月。可是一个月过去后，我发现你根本不值得 5000 元，找个理由给你 3500 元每月；内在职业规划是别人拿不走的，如你懂得如何拜访客户，什么时候拜访什么客户……"

豫北市场有自己独特的内训风格，对于刚加入的新人，一般不会先培训在企业墙上张贴的文化，就算你培训了，又有几个人能真正领会到企业文化的内涵？基本上领会不了。所以，进入豫北团队的新人，首先要培训的是心态，是思想意识，还有对当下产品的认知、对眼前工作的兴趣，他们感受到的是轻松愉悦，是不一样的工作环境和团队氛围。这批新人进步很快，有的已经晋升为区域部门主管，有的被集团公司选走，晋升到了总部的要职部门。

培训的最终目的是构建系统机制，让知识转化为生产力，最直接地体现在企业效益上，有良好的效益才是企业生存的关键，有突出的业绩才是员工发展的核心价值。因此，培训就是一种管理，管理好了才能出效益，而管理的核心问题就是管理业绩。如何管理？管理包括考核、培训、员工关系等，只要是同人有关的系统，你必须说明白对我的好处有多大，就是看到这件事情对自身要有好处，我才认同，这就是成年人的特点，也是人的本性。对我没好处的事情，就算说得天花乱坠我也根本不会听，因为那事儿跟我没关系。

因此，豫北人力和培训组结合当下的市场特点，专门构建了一套系统的培训流程机制，通过系统流程机制培养出了具有快速适应环境和创新思维的高效率团队，鉴别了员工的能力，激发了员工的潜力，发挥了员工的聪明才智。这套流程机制是代表先进管理理念的业绩管理工具，而且这套工具不管是谁接着都能用。娃哈哈豫北市场的培训工作，为企业的生存和品牌形象建设打下了坚实的基础。

三、销售任务，福利代管

比如，2007 年 5 月底开会，领导宣布在 6 月份要完成爽歪歪销售量 450 万件、终端买断陈列 5 万家，其中区域 A：90 万件 8000 家，区域 B：80 万件 9000 家，区域 C：80 万件 7000 家，区域 D：90 万件 8000 家，区域 E：60 万件 9000 家，区域 F：50 万件 10000 家。

福利政策是：业务员层面以区域为单位，区域内完成整体任务的奖励集体省内两日游，综合业绩前五名奖励免费带一位家属，完不成任务的取消集体两日游。客户经理层面以区域为单位，区域内完成整体任务的，和基层业务员一同奖励省内两日游，综合业绩前五名另外奖励省外三日游，并允许免费带一位家属，综合个人业绩第一名再奖励国外五日游。区域经理层面以区域为单位，超额完成任务的，奖励国外五日游，并允许带两名家属，第一名免费，第二名半价。

在豫北市场，没有人规定你必须要完成任务，所有的任务分解对于每个人都是平等的，按照统一的时间和统一的内容，完成了就有奖励，完不成就没有，没有那么多的制度。所以，这种以福利代管销售任务的人性化管理，比硬邦邦的制度更管用。只要任务一分解，从下到上都会没日没夜地干，谁都不敢落下，因为落下了是一件很没有面子的事情。

所有人都会为了荣誉而努力，做好了在整个区域有面子，在公司也很有面子，还有更多的晋升机会。

四、实战特训营，一展豫北风

娃哈哈豫北市场经过多年的努力，已经形成了一套独特的内训体系，既有针对经销商的，也有针对各级业务人员的。特别是在人才储备方面，豫北市场专门打造了每年1~2期、每期30人、为期7天的全封闭式训练的"猎鹰实战特训营"，这赫然成为娃哈哈培养人才的名片。

从传递创新思维和自我管理思维入手，通过开展猎鹰实战特训营活动，从职业外在生涯和内在生涯不断打造强化职业财产"4+4=3"的理念体系，通过理论课、游戏互动、体能训练和实战操作，不断吸取以前的基础经验，从内在培养学员的兴趣、技能、价值观和个性风格，从外在给予学员实战锻炼机会、互动参与机会和感恩影响他人的机会。每一个环节既强调个人能力也强调团队作战，在团队中形成自我认知，增强集体荣誉感和自信心，使学员们的心态更加积极向上，使团队凝聚力更加奋进、团结，进而让学员改变对销售的认识和对自身的认知，培养学员团队作战的能力。

所以，你才会看到前面提到的30名学员3天实战完成了98000件产品的销售量，完成了近400万元的销售额。要知道，在豫北市场，参加"猎鹰实战特训营"的学员只有一次机会，凡是参加过就不能再参加。"猎鹰实战特训营"的活动方式是以技能课为主，把技能课件融合到游戏中去，设计与技能有关的游戏互动、模拟实战，大家积极参与，然后发表个人感想，最后培训组进行总结。

把游戏与实际工作紧密结合，一方面培养激烈的团队竞争意识，一改学习的枯燥乏味，让学员真正感受到学习的趣味性。同时，由于是每个人或者是小组选派代表参加，因此竞争意识也比较激烈，每个环节都能快速燃烧大家的激情；另一方面是去理论化，把理论简化融进游戏。每个游戏都是一环扣一环，集体互动，现场气氛活跃，学员更加容易理解。所以，一到互动环节，每一位学员和每一小组都要表现自己，为自己和自己的团队争取分数，竞争自然激烈。小分队明暗较劲，特别是在实战环节，谁也不认输，都想拿第一，从而点燃了整个团队的激情。

再者就是对参训对象的要求，凡是进入“猎鹰实战特训营”的学员，都将是公司选拔储备人才的后备力量，都是各个区域里推荐的优秀分销员，都是经过人力考核和省级经理审核层层过关的人员。参训学员都是带着荣誉和责任来的，而且参训学员的综合素质都比较强，打破了企业内训谁想参加就参加或者特殊的人情关系的传统印象。具体如表6－2、图6－2所示。

表6－2　娃哈哈猎鹰实战特训营培训架构表

<table>
<tr><th></th><th>培训内容</th><th>营销基础</th><th>策略销售</th><th>营销管理</th></tr>
<tr><td>知识类</td><td>基础知识</td><td>娃哈哈企业文化、娃哈哈产品基础知识、娃哈哈员工职业生涯规划、娃哈哈基础营销知识</td><td>客户经理岗位要求及工作职责、娃哈哈网络管理基本知识</td><td>《营销管理》、非人力资源管理经理的人力资源管理技巧、财务基础知识</td></tr>
<tr><td rowspan="2">技巧类</td><td>拓展知识</td><td>豫北生动化陈列规范（基础篇）、促销管理及方案制定</td><td>豫北生动化陈列规范（中级篇）、产品营销策划方案案例分享及基本技巧、娃哈哈新品推广实务</td><td>豫北生动化陈列规范（高级篇）、区域市场规划实操、新品推广爆量方法</td></tr>
<tr><td>销售及管理技巧</td><td>时间管理和路线规划、终端管理方法及拜访八步骤、仓储管理、消费者投诉处理</td><td>订单业务流程、门户售后服务报损模块操作流程、冲货与价格管理、资金费用管控</td><td>渠道精耕三部曲《人员管控》、《经营管控》、《管理管控》</td></tr>
<tr><td rowspan="3">态度类</td><td>个人成长</td><td>娃哈哈新进人员心态建设</td><td>如何成为学习型员工</td><td>《逼与生》、《舍得》</td></tr>
<tr><td>团队建设</td><td>团队建设基础知识</td><td>如何成为狼性团队成员</td><td>如何打造狼性团队、团队执行力、团队领导力提升</td></tr>
<tr><td>沟通技巧</td><td>团队沟通基础知识</td><td>团队沟通八技巧</td><td>团队沟通责任</td></tr>
<tr><td>时间</td><td></td><td>0～12个月</td><td>12～36个月</td><td>36个月以上</td></tr>
</table>

图6－2　猎鹰实战特训营合影图

我这里有一位娃哈哈“猎鹰实战特训营”尖刀5班学员的感想，非常朴实，他是这样写的：

作为一名普通员工，能参加公司第五期的猎鹰实战培训，我感到十分荣幸，同时也有了更多的压力！这次培训不但是对我思想觉悟的一次拓展，更是对我潜能的一种激发，同时我也为我们参加培训的所有人员在训练中所表现出的团队协作精神而感动。我更加坚信经过此次培训，我在以后的工作和生活中，无论身处何种岗位，将更自信，更有激情。虽然只有短短的六天，只要你用心体会，就能得到十分有益的人生感悟，猎鹰实战培训所给予我的启发和经验是一笔永久的精神财富，加入娃哈哈这个家庭，能有机会参加这么一次实战体验培训，足矣！

一、目标一致，做好沟通，团队协作

在市场竞争激烈的今天，一个目标要想完成，一个事业要想成功，不能只靠一个人的智慧和力量。它需要团队中每个人的相互协作，需要凝聚团队每位成员的力量，个人目标与总体目标一致，这样才能充分发挥团队力量，齐心协力将工作做到至善至美。

月球漫步：三个环节紧扣，有天时有地利有人和。如果我们在实际工作中都能像游戏那样，利用好有利的资源，确定好工作的目标，做好角色分工，确定做工作的方法，积极出谋划策，那么我们一定能成为一个团结的、具有强大竞争力的团队。

红黑商战：这个项目以前我参加过，但是这次给了我完全不一样的体会。我们被分成了两支队伍，都没有从整个团队出发，而是站在各自小分队的立场，都希望对方输，甚至于要置对方于死地，因为我们的目标是赢。但是我们都没有想到“双赢”的目标，最终都输得一塌糊涂、惨不忍睹。只有大家团结协作，达成共同的目标，众志成城，最终才会走向双赢、走向成功。

毕业墙：首先要感谢作为人梯的几位同伴，我们踩在他们的肩膀上，汗水、沙土沾满了他们的衣服，他们的肩膀被踩出红红的血痕。他们的奉献，换来了团队的成功。公司的发展，不仅需要运筹帷幄、冲锋陷阵的将帅、骨干，更需要许许多多辛勤工作的普通员工。正是他们“俯首甘为孺子牛”的精神，才真正奠定了成功的基石，托起了事业的希望！这个项目更是体现了个人目标和团队目标的一致性，及队员之间协作的重要性。

二、调整心态，自己加压，激发潜能

“在赤脚走火大会”项目中，大家都是第一次做这种具有挑战性的活动。当很多同事赤脚走到1000摄氏度、还飘着红红火焰的火碳旁，双脚都不停地颤抖，非常害怕，根本就无法控制内心的恐惧，与站在平地的感觉完全不同，整个身体一下子显得无比的沉重，向前移动半步都是那么艰难。但是在老师的鼓舞下，大家只能慢慢地站好，深深地呼吸，不断地鼓励自己，相信自己一定能行。从跨出第一步的极度恐惧，到坦然面对，直到最后的开心和轻松。这一切告诉我们，在工作和生活中遇到困难时，不要畏惧，要调整好心态，勇往直前，挑战自我，最终就能成功。走火，我永远不会忘记。

通过此次活动，我还深刻体会到，很多时候是我们自己把困难扩大化了。如果我们不能克服自己的心理障碍，就会输得很可惜。其实很多时候我们离成功只有一步之遥，只是我们自己不敢去尝试，放弃了成功。

人最可怕的敌人就是自己，所以我们要调整好心态，敢于尝试，敢于实践，要坚信走过的无论是成功还是失败，收获的都是我们自己的财富。

三、突破创新，迎难而上，永不放弃

在训练中有一个很好的安排，就是每个项目训练完后，大家排好队形，每个人积极发言，说出自己的感受，讲讲怎样会做得更好，让大家共享，为自己的团队做贡献。以前很多人都不愿在这种场合谈及自己的切身感受，不敢说出自己的想法，但在教练不断的鼓励和引导下，每个人都做得很好。我想这个安排本身也就是希望大家能够突破自己，充分挖掘培养自己的能力，因为做自己没有做过的事情就是一种突破。在“口才训练”项目中，团队中的各位同事畅所欲言，毫不避讳，把埋藏在自己心底的话拿出来说给大家听，其他人则静静地聆听。这种语言顾忌的突破，更能加深团队队员间的信任度和情谊。所以我们在生命的旅程中要不断突破创新，我们的公司集体也需要不断地突破创新，才能挖掘出自己最大的潜能。

四、学会感恩，心怀感恩，收获人生

一节心灵动力课，让大家热泪盈眶。百善孝为先，“萱草生堂阶，游子行天涯；慈母依堂前，不见萱草花。”“慈母手中线，游子身上衣。临行密密缝，意恐迟迟归。谁言寸草心，报得三春晖。”你有多久没有好好看看这蓝蓝的天，闻一闻这芬芳的花香，听一听那鸟儿的鸣唱？有多久没有回家看看，听听家人的倾诉？有多久没和他们一起吃饭，听听那年老的欢笑？有多久没与他们谈心，听听他们的烦恼、他们的心声呢？是不是因为一路风风雨雨，而忘了天边的彩虹？是不是因为行色匆匆的脚步，而忽视了沿路的风景？除了一颗疲惫麻木的心，你还有一颗感恩的心吗？不要因为生命过于沉重，而忽略了感恩的心！走出家门，走向社会，放眼花红草绿，感恩大自然的无尽美好，感恩上天的无私给予，感恩大地的浩博。生活的每一天，都充满着感恩情怀，学会宽容，学会承接，学会付出，学会感动，懂得回报。用微笑去对待每一天，用微笑去对待世界，对待人生，对待朋友，对待困难。

感恩是力量之源、爱心之根、勇气之本。感恩父母，你将不再辜负父母的期望；感恩社会，你会轻轻扶起跌倒在地的老人；感恩人生，你将笑对狂风暴雨，笑迎天边那一抹彩虹。让我们一起学会感恩，收获别样的人生！

最后，真的感谢实战培训组的三位老师，这次学习是我人生的一次洗礼，洗掉了我心中的污垢、尘土，我也悟出了许多过去不知何义的道理。你们用最朴实的言语和最简单的游戏直接告诉了我：

（1）分层管理、明确领导极其重要。每个人的岗位职责确定之后，各司其职，有利于明确责任，发挥个体的主观能动性，使其既知道自己应该做什么，又能思考怎样做好。做事要先做计划，再开展行动，这就是“磨刀不误砍柴工”的道理。

（2）要竭尽所能发挥好岗位作用与岗位优势，不能因为自己的努力不够而影响了团队集体的进步。

（3）在工作中不要为表面的现象所困扰，有些印象其实是主观的臆想，需要你通过耐心的分析与判断，充分了解它的本质。通过组织与协调才能达到目标，通过沟通交流才能建立多赢的局面。

（4）从失败中我们也得到了教训和启示。在工作中，各兄弟市场之间需要经常沟通和实现信息的共享，需要相互配合和协调，形成力量的整合才能完成共同的任务，要知道，只要不放弃，一切皆有可能。

猎鹰实战特训尖刀（5）班　李××

豫北市场的培训活动覆盖了整个豫北市场的客户和业务员，高效率传递了公司的知识、技能和信念，效果显著，知识能量已崭露锋芒。培训对经营销售起到了补偿作用，不仅提高了员工的知识水平和创新能力，也降低了人力成本、推销成本和服务成本，对娃哈哈品牌建设起到了很好的推进作用。培训是公司的长效投入，是发展的最大后劲，是员工的最大福利，对推动豫北市场各项指标向更高目标发展做出了积极贡献。

五、自导自演“团拜会”，自采自编《豫北风》

在豫北市场，每年春节前公司都会把所有业务人员集中到郑州，举行一场相亲相爱一家人的团拜会。团拜会活动除了聚餐、给优秀业务颁奖和给每个人发福利外，最有意义的就是娃哈哈人自导自演的内容丰富多样的节目，如独唱、合唱、小品、特技……每一个节目，都是把原有的内容融进了娃哈哈生活和工作的背景，让每一个人听到与看到的都感受到那么地真实和亲切，那滑稽的小品表演还会让你笑疼肚子，甚至把眼泪都笑出来。在这一刻你能把一年的工作压力都释放出来，感觉到特别轻松和愉悦，还能感受到大家庭的温暖。

因为每次在大会活动进行中，“家长”都会给大家带来想不到的惊喜，如给在这一天或者这一月过生日的业务员集体过生日，集体吃大蛋糕，集体唱生日快乐歌；发放“家庭贡献奖”，这个奖也许你没有听说过，获奖者是娃哈哈人的家属或者亲人，就是“家长”通过一年的观察、各路情报信息及自己走访市场时捕捉到的娃哈哈人的感人故事，从区域经理和客户经理中，综合选出在工作和生活上给予娃哈哈人重大支持和做出特别贡献的家属或者亲人3～5名，由“家长”亲自邀请来参加团拜会，并在大会上颁发奖品或者派发红包。所以，娃哈哈的团拜会不是一场简单的聚餐会议，而是一场真正的娃哈哈人的盛宴，是一场相亲相爱一家人的大团圆盛宴。

在豫北市场，除了团拜会这张名片，还有一张名片：《豫北风》。

在娃哈哈公司，除了集团公司的集团报，豫北市场从2011年起开始推出了由豫北人力和培训组采编制作的杂志《豫北风》。杂志内容围绕商超、拓展、奶粉、培训、设计、督导、渠道、经销商等展开，每年9月开始征集稿件，经过初选、再选、正稿、校稿等工作，最后集结成榜样篇、方法篇、励志篇、领导力篇、社区篇、专题篇和老板手记篇，做成了豫北市场乃至于集团公司最具影响力的期刊，打造了豫北市场自己的《豫北风》。我在这里节选了《豫北风》中的方法篇和老板手记中的一些内容，其中两则是讲娃哈哈业务员如何做市场的，两则是讲有关娃哈哈经销商成长故事的。

【方法篇一】

辉县冰糖雪梨的推广及茶在逆境中的增长

——文/盛××

一、冰糖雪梨铺市推广

今年（2013年）的夏季是个动荡的夏季，冰糖雪梨的问世让几乎所有的饮品商家都没想到。娃哈哈、统一和康师傅三国争雄，电视广告、网络广告铺天盖地，让消费者心目中只有冰糖雪梨这一种饮料。对我们来说战争已经开始，冲锋号已经吹响，就看我们怎么冲锋了。

对于我们辉县这样一个饮料大县来说，应该怎么去打这个仗？刘经理给我们出谋划策，在范经理带领下把市场做了一个详细的分析。虽说统一的上市最早，但在我们这里销售不好；康师傅也比我们先上市，价格上又有优势，但是货源不足，并且价差太乱。借此范经理经过分析后，做出以下五步走的方案：

第一步：造声势和气势

在今年3月开始进行雪梨铺市之前，我们就积极召集全体经销商及业务人员，进行雪梨产品市场销售分析和产品销售前景预测，极大地调动了各级人员的销售激情和自信心。等到3月中旬产品到货后，又召开全县各级人员动员大会，逐级部署方案，层层下达任务，极大地明确了每个人的具体工作方向。在各级人员的目标和任务明确后，在短短的不到5天时间内，我县所有的大街小巷都是我们公司的雪梨产品。

当5月备齐货源时，我们又开展了针对业务人员提高积极性的销售竞赛活动，如辉县县城销售竞赛。早上7点范经理给我们开晨会，来了个突然袭击，宣布要竞赛，拿出他早已制定好的突击方案，进行价格政策讲解、人员分配、车辆分配、路线规划，用了20分钟的时间就把各项工作布置完成，大声地问我们是否明白，确认我们所有人员都理解透彻后就立即行动。他还告诉我们，“工作了将近 10 年，娃哈哈终于有比康师傅饮料贵的产品了，只有不去做市场的人，没有做不动的市场，没有卖不动的产品。饮料老大永远是老大，要冰糖雪梨在辉县永远当老大……”。领导的讲话让我们信心百倍，战意十足。

辉县突击总共分四站进行。第一站是在县城振兴糖酒有限公司开战，突击是集中所有人员和县城两家经销商车辆，一并开展突击活动。具体车辆分配情况是：电三轮 8 辆，单排 3 辆，大箱货 3 辆。业务人员分配好车辆和区域后，每个人都是争先恐后地装车，只恨车小跑得慢。从早上 7 点 30 开战，还不到下午 3 点钟，县城振兴糖酒有限公司库里的 9000 箱冰糖雪梨就销售一空，并且业务员还都说货不够，有很多收了定金没货给客户送。这次的突击让我们娃哈哈人又找到了久违的抢货激情，业务员积极性得到了很大提高。终端老板们看到业务员一车一车地出货，要货的积极性也很高；消费者看到几乎每条街都是拉着娃哈哈雪梨的车在商店卸货，购买热情明显提升。之后，我们又在峪河镇、薄壁镇和高庄乡都搞了竞赛突击活动，效果都非常好，全部都是销售一空。每个突击点的活动都是一天，我们仅仅用了 4 天的时间，就销售冰糖雪梨 28000 箱。竞赛大大提高了我们的声势和气势，带动了我们冰糖雪梨以后的销量，让我们雪梨饮料霸主的地位更加坚固。

第二步：以陈带销

冰柜前期都是销售康师傅的雪梨，嫌我们的价格高。对冰柜摊来说，什么品牌的产品都可以，消费者要什么他们给什么，什么产品赚钱卖什么，什么好卖卖什么，没太高的品牌意识。就此情况我们就在县城派两位业务员专职跑冰柜，把县城划分为东西两区，来进行区域对比，回收箱皮，搞冰冻陈列，积极主动地拉动终端消费。例如冰冻陈列，在我们刘经理的亲临指导和范经理的带领下，我们进行专柜专销，要求全部冰柜里面我们的饮料陈列占 100 瓶以上，且必须含雪梨 60 瓶，一周一检查。每次检查达到要求 60 瓶者，当场奖励纯净水 15 瓶；冰柜陈列 60 瓶我们公司饮料者，必须包含雪梨 40 瓶，并且摆放整齐统一，一周一检查，合格者奖励纯净水10瓶，用此来挤压竞品，效果非常明显。这极大地激发了冰摊老板来销售我们的产品的热情。对于夏天来说冰摊销售是不可小看的，它是最能体现一款产品销量好坏、是否长久的地方。

第三步：渠道囤货

针对我县4家二批商被康师傅先入为主压货的情况下，范经理经过计划，决定及时开展二批商会议，制订了冰糖雪梨整车压货的政策。在经过对二批商的一翻攻击战后，虽然前期的造势大家都在头脑发热当中，雪梨的销量在直线上升，但二批商还是认为我们公司雪梨价格偏高，无动于衷。无奈之下，范经理及时转变战术，针对这几家二批商进行逐个隔离进攻，很快便将他们拿下，第一个二批商首次同意交款1500箱，其他3家二批商见此一并进行1000箱、1500箱不等的交款预订。针对一般商店，我们给他做堆箱陈列（50～100箱）。只要我们的雪梨压给他们，他们肯定要去销售，要不就会压他们的资金，就是竞品在搞活动，他们也会先把我们的销完再接货。

在端午节的时候，在走亲访友的消费者中，车上带的礼品至少有两箱都是我们的冰糖雪梨。这样更加巩固了我们冰糖雪梨在消费者心目中的首选地位，让娃哈哈这个品牌在辉县饮料界永做龙头老大。

第四步：终端扫盲

我们有两名专职业务员找盲点铺货，对一次只能接货一两箱的小终端客户，进行每回收一个箱皮兑现纯净水一瓶的促销活动。在执行活动中如果有不接受我们公司人员活动的小客户，我们就灵活改变策略，利用二批商来辐射配送，并且协助二批商送货，开发饭店、网吧、酒吧、学校、台球厅等特通渠道，去和康师傅抢夺终端。“得终端者得天下”，这是我们领导经常教导我们的一句话。

第五步：价差维护

首先是从两大超市——华隆购物广场和金城量贩进行价格制定和地堆促销宣传，这两大超市想雪梨每箱销售价格为38元，单瓶销售价格为每瓶3元。渠道每箱销售价格在35元（每箱接货在31元，近期还配增箱皮回收），二批商销售价格通过签订协议不得低价销售。这样既保证了渠道价差也能保证终端价差。如果个别二批商不按照公司的指导价格销售，一旦被我们公司业务人员发现，下次订货每箱直接涨价1元，这样有力地提升了二批商销售我们公司雪梨产品的销售积极性。

我县全体人员在刘经理和范经理的正确领导下，经过近5个多月的不懈努力，取得了不错的业绩。单就雪梨来说，在这小半年的时间内已经销售了20万箱。我们计划在下面的几个月里争取突破25万箱，为即将到来的2013年打下坚实的雪梨市场基础。

二、茶在逆境中的四步突围

娃哈哈红绿茶一直以来都是我们辉县娃哈哈业务人员及经销商引以为荣的产品。尽管经销商每年都在抱怨我们的老茶增长到顶了，但是我们每年都在增长，即使每年都担心下一年突破不了今年的销售额。每次我们听到经销商在议论抱怨的时候，我就看到只有我们的范经理一个人胸有成竹地给我们的客户和业务人员分析，讲解竞品每年有多少销量，我们公司茶饮料有多少销量。如果我们每次都抓住最好的时机打好销售战役的话，我们娃哈哈茶在辉县的销量是无限大的。2011年我们公司茶饮料在辉县市场虽然只销售59万箱，但是今年已突破70万箱，在竞争激烈的逆境中打了一个漂亮仗，彻底地把竞品打得翻不了身。我们主要做了以下工作：

1. 春季订货压货

春季订货会是重中之重，首先要大户都定到货，并且货要到他们仓库。我们采用整车卸货促销与收取仓储费的方法，让货都压到客户仓库。今年春季订货会，我们初六开始订货，在5天内就订出将近30万箱茶饮品，并且在4月全部压到终端市场，使竞品无法进入，很好地阻击了竞品。做茶市场靠的就是三个字：快、狠、准。只有步步不给竞品留机会，抓住每次机会，最快、最狠、最恰当地把我们公司产品压到市场，铺到终端，才能有取胜的把握。所以我们公司业务人员在辉县市场就有了一句必胜口号“销自己的好产品，让竞品在仓库里哭去吧”！

2. 掌控二批商动态

要对二批商的动态进行掌控，与二批商建立良好的长期合作关系，认可娃哈哈的同时也要做到认可你这个人。要随时观察二批商的动静，不管是心态上的还是销售上的，都要做及时处理。

3. 把控终端利润

在价差不好的情况下，终端客户的利润一定要掌控好，宁可不让捣乱的客户销售我们公司的茶，也不能让他扰乱终端价格。特别是两个大超市，宁可让他们少卖也不可以降价。

4. 掌控竞品活动

平时在市场上的时候要随时注意竞品动态，如发现竞品有动静，要及时调整，做出相应措施，灵活把控我们公司产品各个方案，以求得长久发展。

在此预祝豫北娃哈哈明天会更好，辉县的娃哈哈更上一层楼！

【方法篇二】

快速提升业务人员绩效的方法

文/武××

我是娃哈哈的新人，来公司已有1年3个月，今天通过《豫北风》和大家分享我的一些拙见。

我是2013年4月底调到我现在的区域的，刚来这个区域时我负责第二套网络，客户主要经营250ml牵线、500ml非常可乐、350ml升级版营养快线、2.5L非常可乐。作为一名新人，我面临着很多意想不到的问题，初到时这里的两位客户每个月的上款金额在20万元左右，也就是说客户只要出车每天都是在赔钱，一辆车出去也就是三五千元钱，而且当时有很大的库存，2月350ml升级版10000箱，3月500ml非常可乐31000箱，2月500ml营养快线3000箱，3月250ml营养牵线12000箱。很多问题亟待解决，客户也是在干与不干之间犹豫，很多问题都是千钧一发。面对着这些问题，我痛定思痛，决定进行调整，很快让客户的业绩有了很大的改变，使两位客户的月任务打款能达到170万元以上。具体数据变化分享如下：

6月五星乡×××门市：

发酵快线350ml，任务0，实发4000箱，增长56%；

牵手快线250ml，去年同期2608箱，任务6600箱，实发8800箱，完成133%，增长567%。

6月濮阳县×××店：

发酵快线350ml，去年同期2000箱，任务0，实发4000箱，增长100%；

牵手快线250ml，去年同期2380ml，任务6600箱，实发8600箱，增长261.34%，完成130.3%。

7月五星乡×××门市：

PET发酵快线350ml，去年同期2000箱，任务0，实发9700箱，增长385.0%，完成100.0%；

HDPE牵手快线250ml，去年同期2500箱，任务2000箱，实发15200箱，增长508.0%，完成760.0%。

我们能实现上述转变，具体方法如下：

1. 威信建立

面临这些问题时，我们团队能做的就是破釜沉舟，这样才能化危机为机遇。首先我在客户处立下了军令状，我是这样告诉我的两位客户的："我来到这是公司的一个转变，也是我和你们的一个转变，你们坚持两个月，也就是给我两个月时间，不出成绩，不出销量，我走，我离开公司。"然后我和他们用心地去沟通，达成了很多共识。这不仅仅是一位客户经理与客户的沟通，而且是心与心的交流。他们提出问题，我用心地记下；我提出想法，他们点头同意。通过这样全面的沟通我们才能相互了解，为以后的工作打下了很好的基础。

2. 亲力亲为

第二件事我是亲自下市场去找市场的问题，每天起得比经销商早。下去以后，跟司机和业务人员一起装货，一起卸货，一起吃饭，我骑着摩托车半个月跑了2000公里。一段时间后，客户这样对我说："我们从来没见过你这样的客户经理，以前的客户经理就没像你这样装车卸车的，没像你这样和司机一样的。”我的业务员这样对我说：“经理，以前我们看见经理，怕的连话都不敢说，现在感觉不一样。”就这样，客户及客户人员还有我们的分销员和我打成了一片，做人不能让别人怕，而是要让人信服。后来我下达的任务他们并没有抵制情绪，而是积极考虑怎么样去完成去享受这份工作。

3. 重视培训

我是一个从可口可乐出来的人，来到娃哈哈我又接受了娃哈哈的很多场培训，于是我将我认为很实用的东西进行组合后交给我的业务员，而且我们在开会之前都有一门必修课——拜访八步骤的培训。第一步，准备工作；第二步，检查户外广告；第三步，向客户打招呼；第四步，做售点生动化；第五步，检查售点库存；第六步，建议客户订货；第七步，确认订货；第八步，感谢客户。简简单单的42个字，其中的魅力只要你慢慢体会，切实执行，你就会是最优秀的销售人员。每名新的业务员，我都会跟他讲娃哈哈企业的特点、民族企业及老板的成功经历，我还会跟他们讲我们企业的特点，那就是无限大的平台，只要你足够优秀，你就会前途无限，从而激发他们能干、踏实干、努力干的激情。

4. 制度考核

分销员的工资考核对于一个团队是很重要的，如何公正公开地去做好这件事，对于一个团队的稳定性起到了至关重要的作用。我区域的考核方式是将业务员跟车销售额的0.4%作为奖金，800元基本工资，其中协议客户的检查合格率、活动任务完成率、见货率占销售额的0.1%。通过这样的考核，我区域每辆车的销量都有了质的飞跃，从6月开始，每辆车的日均销售额不低于1.2万元，优秀业务员跟的车甚至突破了月销量50万辆。真真实实的执行，不偏不倚，以诚待人。业务人员的回报就是：踏踏实实地努力，不急不躁，突飞猛进。

5. 公平奖罚

中国有句老话：“无规矩不成方圆。”每次活动出任务时，我都会让经销商拿出一点钱来激励他们，好的奖，差的罚。每次有新品来时，都让经销商拿出利润给他们做奖励，而且每次都是现场现金奖励。当他们违反公司制度时，他们接受处罚也毫无怨言。每次分任务，我从来都不会去直接给他们分任务，而是会轻轻地问一声，你们能完成多少？经过这一段的磨合，他们的回答也都是能顺利完成的任务量。罚不是我的目的，奖是我的手段，斩钉截铁，“拉得出，打得响，过得硬”，这是我要求团队拥有的精神，也是娃哈哈人员的工作作风。

6. 以身作则

上梁不正下梁歪，这句话是我来娃哈哈第七天说的一句话，那是在濮阳区域的竞岗大会上，当时培训组的老师都在。这是一句说来容易，做来难的话。电视剧《亮剑》中李云龙之所以能够带出一支“嗷嗷叫”的队伍，是因为李云龙是一位“嗷嗷叫”的领导。所以，领导不仅要有思想，还要有意志。抓工作只有跟进，才能深入；只有深入，才能落实；必须要有“抓铁有印、踏石留痕”的胆识和魄力，盯住不放，一抓到底，务求成效。一个团队的领导者决定了一个团队的意志，只要上梁正了下梁才不会歪。

7. 凝聚团队

工作中做好带头作用，生活中和业务人员要做到平等，成为兄弟姐妹，这也是娃哈哈家文化的魅力。我们可以一起唱歌，可以一起喝酒，一起打牌，一起吹吹牛。生活中的关心，也许一句话就能感动一颗心灵，一句交心的言语就能交上一生的朋友。

【老板手记篇一】

老米“豫北风”

文/米顺发（化名）

内黄副食行业圈内人称我“老米”，其实我并不老，能有这样的“尊称”，与我做娃哈哈的经销商有着密切关系。

19 岁我以优异的成绩高中毕业，因身体残疾的缘故，无法走进大学的校门。但是人的生存本能和我对生活的热爱，使我选择了副食这个竞争激烈的行业。

当时我资金薄弱，缺乏做生意的经验，也就没有想往大的方向发展，就近租了间门店，地理位置不错，西邻中医院，对面是汽车站。刚开始因为门店太小，不起眼，生意做得一般。怎么样才能把生意做大做强，成了我最先思考的问题。

送货上门，是近年来副食行业的发展趋势，我就买了一辆电动三轮车，每天都出去送货。刚开始什么都卖，什么好卖送什么，但是万事开头难，起初终端客户都有自己的供货商，不肯接我送的货，但我不灰心，仍旧是天天去和他们聊聊生意上的话题，拉拉家常，学习别人送货的经验。凭着我的执着、良好的信誉和优质的服务，我初战告捷。就这样每天拜访客户，成了我十几年雷打不动的生活习惯，虽然累了点，但是很充实。

星移斗转，暑去寒来，一晃十五年过去了，随着资金的累积，经验的丰富，我在快消品行业小有名气。在 2004 年，我看准时机，把握机会，做了娃哈哈这一民族品牌的二批商，能有这样的机遇，我是很开心的。一心想把生意做大做强的我，雇了工人，增加了车辆，租了更大的仓库。但是我没有因为做出了一点点成绩而沾沾自喜，反而一有空闲，就带货去市场，这不仅只是送货，还能拜访客户，了解竞品动态，解决客户的疑难问题。渐渐的，我认识到客情关系是连接经销商与终端很重要的一部分，它也决定着与竞品在争夺市场中的优势地位。

2009 年，我荣幸地成为娃哈哈品牌在内黄的经销商，凭借着 20 年来积累的经验和对娃哈哈的情感，我的生意越做越顺，越做越充实。这三年来我的销量逐年增高，市场占有率越来越大，也使得我得到了丰厚的利润回报。

生活质量提高，我笑了！社会地位提高，我又笑了！因为我的努力，我的执着，我的不放弃，我实现了梦想，实现了我人生的价值和社会的价值，我笑得更大声了！

这就是娃哈哈的老米，我成功了，没有娃哈哈就没有我今天的辉煌！

【老板手记篇二】

明亮超市销售手记

文/张顺发（化名）

2010年11月我进入娃哈哈销售队伍，迎来了做饮料销售的特殊时期。特别是当年全国饮料市场疲软，同样在娃哈哈产品销售增长乏力的情况下，截至7月，我们实现了31%的增长率，以下谈几点我的体会和感受。

1. 借力品牌销售

自2013年初接受新品125ml锌爽歪歪，刚开始我不愿意卖，因为尉氏市场200ml爽歪歪销售量大，100ml爽歪歪的销售量小，大小爽歪歪销售比例达到4：1。尉氏西半乡，如洧川、岗李、朱曲等都不卖小爽歪歪。锌爽歪歪价格相对要高，我认为根本卖不出去。后来办事处多次与我沟通，我才逐渐明白了：爽歪歪具有品牌效应，品牌属于老品牌，虽然口碑好，知名度高，但是利润会越来越薄。

锌爽歪歪是爽歪歪的升级版，特别添加了改变儿童膳食的锌，让儿童吃饭更香，公司还配有手提袋，送礼有面子。随后办事处制订了铺货及销售策略，4月做促销活动，终端接50件锌爽歪歪送电风扇一台，这次活动出货6000件；6月又开始做活动，终端接100件送躺椅一把，活动出货8000件，两次活动基本夯实了尉氏市场锌爽歪歪的销售基础，让我信心大振。

2. 掌握快销售节奏

今年8月是饮料销售淡季，饮料销售下滑主要是因为8月没有节气，不用串亲访友，产品滞销。娃哈哈办事处制订卸库政策，8月2日~8月5日的4天时间，力争实现500ml牵手快线14000件卸库。在卸库期间娃哈哈办事处制订卸库政策，50件送1件茶，100件送1件同产品，接货100件给予5件水陈列奖励。办事处合理安排业务员跟车做活动，每天 4 辆车，5 日一天卸库 6000 件货。

3. 厂商信任力

相信娃哈哈，跟着娃哈哈走，没错的。没有做娃哈哈之前，我是尉氏三批商，主要送些杂货及方便面，一年销售额就达到 100 万元左右，终端没有什么网路。做娃哈哈后，渠道做顺了，市场做大了，顺带做了些饼干之类的副食产品，替补销售淡旺季，扩大了网路，为我们公司经营拓宽了视野。

第7章

Chapter 7

经典产品操作分享

很多时候推广新产品，三板斧头很重要，哪三板斧头？一是用现金刺激业务人员铺市终端；二是绑定促销品；三是终端陈列。好似这样走过来，都能看到产品的第一步动销，但是真畅销了吗？不见得。我就娃哈哈产品方面的推广跟大家分享一些经验：

（1）第一步：新产品的培养。新产品上市之初，必须是单品零瓶的陈列，切勿急躁，急躁容易产生疑难。娃哈哈营养快线上市之初，与竞品小洋人在进行终端拼抢之时，人家根本就不看好，又贵，又是新品，又没有听说过，小洋人 50 元的堆头，我们出 100 元也不给我们。因此，开始时零瓶的坚持是必须要熬过去的，娃哈哈现在推广新产品失利，不是因为没有终端的客情，而是过头了，每次过于冒进，后期疑难处理没有维护到位。

（2）第二步：产品陈列的选点，以及督查培训体系的优选。大家可能会觉得，有好的业务员就万事大吉了，其实是错误的。员工的脑子其实就跟农夫种地一个道理，你想让员工的脑子中长出来果实，那么就得往里多播种子，而且是好的种子。那么想要有好的产品陈列效果，没有培训和后期的督查跟进是不行的。娃哈哈豫北分公司的培训和督查只听命于省级经理一人，并行于市场部和销售部，有超强的地位和权力，才能让业务人员言行一致，知行合一。豫北分公司陈列费用的实投率和有效率在公司总是名列前茅，这是第二个因素。

（3）第三步：堆箱陈列。当大家都认可了这款产品的时候，一直零瓶销售是不会有大的销量突破的，那么就需要堆箱营造整箱购买的氛围。大家永远记得一句话："消费者买回家的东西不会倒掉"，但是如果让他一瓶一瓶地购买，肯定是喝不完的。因此，整箱消费的形成方是销量顶峰的基石。

（4）第四步：产品升级。任何一支产品都逃脱不了生老病死的生命周期，在营养快线的这一天到来之前，娃哈哈迅速开发了幸福牵线系列，延长了产品的生命周期，关键是再次理顺了价格体系，因为价格体系是产品生命周期的本源所在。

7.1 激活：饮料大战

说到脉动与娃哈哈激活，想必大家都耳熟能详。娃哈哈激活的成功推出，得感谢脉动和爆果汽，在这里我不得不说一下爆果汽和脉动。

在2003年年初，健力宝开发的爆果汽以“健康、精气、快乐、活力”的定位、引领饮料潮流的黑色经典包装、入口难忘的劲爆口味再次风靡全国。

与此同时，家喻户晓的乐百氏也推出一款定位于年轻活力人群，零售价在4元每瓶（打破了零售价低于3元的常规心理定价）的清新运动维生素饮料——脉动，一举从康师傅、统一饮料大战的战场中脱颖而出。“随时脉动回来”迅速占领了消费者的心智，一面市就受到了消费者的热捧，短短时间内以排山倒海之势渗透到终端门店和超级终端市场，让无数企业望尘莫及、羡慕不已。

2003年已经沉寂了几年的饮料市场，被爆果汽和脉动这两款活力时尚饮料再次激发出了市场的活力，给当时的企业家深刻地上了一课：大家不是没有机会，而是没有找到机会，没有去研究出消费者真正需要的产品。

一向以速度制胜的娃哈哈，这种机会绝对不会轻易放过。宗庆后以敏锐的商业跟随战略眼光，迅速到国外考查，紧跟其后就开发出含有巴西超级水果提取物“瓜拉纳”的活性维生素水——激活。采取空中广告轰炸，重点告诉消费者特别添加了人体所需的维生素B3、维生素B6、维生素B12、维生素C、肌醇等活性维生素群，加上一句脍炙人口的“激发潜能，超越自我！——激活！”广告词，该激活产品一上市，市场表现非常活跃。

在河南市场，2004年年初，娃哈哈凭借着联销体，产品迅速到达市场，配合空中广告，通过地面强力铺市，开展各种拓展路演活动强力拉动消费者，进行各种生动化陈列造势。由于推广节奏把握得好，加上脉动当时产能不足，娃哈哈激活产品在河南市场的销售量，在短短几个月时间就赶上并迅速超过了脉动的销货量。

当时郑州保全街有一家小批发部，平时一次接娃哈哈产品也就是30件、50件的，2004年6月中旬竟敢一次性从别人手里接激活1500件；又如2004年7月，在我所掌管服务的商超门店中，其中郑州的一家连锁超市当月一次性采购娃哈哈激活产品就是10000件，当月就消化完了，连采购经理自己都感慨地说："娃哈哈真牛，我都没想到这款产品上量这么快。"

也就是这款产品，在当时为娃哈哈注入了新的活力，重新提振了市场信心，更加重振了娃哈哈河南业务的士气，特别是商超业务的士气。因为从之前的2000年到2003年，娃哈哈推出的新品都接连不成功，加上娃哈哈对超级终端没有统一的活动规划和费用投入，很多时候都比较被动。

比如，后天是中秋节了，今天总公司告诉你要去某某超市买地堆陈列，因此找超市采购谈业务往往都是提着十个指头两条腿，扛着一个脑袋去，除了娃哈哈产品本身，没有其他什么资源可以与超市进行互换。所以超级终端采购经理逐渐不接受娃哈哈新品，就更别说娃哈哈业务在这些采购经理心目中的地位了。

记得有一次李主管带着我去到某超级终端采购办公室谈业务，到达其采购办公室后，我们跟采购经理还没说上三句话，我的主管就被采购经理轰出了办公室，什么业务合作也没谈成，这件事至今让我记忆犹新。我不知道当时李主管内心是不是充满了愤怒，反正我当时就在想：你不就是个采购部经理吗，牛啥？心中的怒火让我很想冲过去揍他一顿，哪怕业务不做了也没关系，但潜意识里我告诉自己冷静，不能冲动。

翻身农奴把歌唱，"报仇"的机会终于来了。这时郑州所有的超级终端都在我的业务控制之内，借助激活产品的良好势头和猛烈攻势，我故意把业务绕开某超级终端，而给其他所有超级终端门店都上货了，紧接着就是一波接一波的做限量劲爆价特卖活动。其中一家门店在对娃哈哈激活产品做劲爆活动当天，门店的玻璃门都被挤坏了。

这件事件的第二天，我就接到了某超级终端采购经理的电话，让我过去谈激活产品合作事宜。我当时的感觉就是特别轻松，心里感觉一股热流涌上心头，特别激动！于是我找理由说我实在是太忙了，等忙完这几天再过去，给他们上货的事我记着呢！

另外还有一家店，是全国连锁的，我与采购经理以前见过两次面，也算熟悉吧，约好的第二天上午 10 点我过去谈上货事宜，第二天我拿着样品及相关资料提前半小时就到了。在该超市采购待客区，我一直等到 10：30 不见该采购经理出来，就打电话，对方不接我的电话。我耐心等到 11：30，还不见采购出来，内心开始有些怨气，于是把样品和资料全部放在了传达室就离开了，一个礼拜都没去见采购经理。

随后由于其他超市都在做劲爆价特卖活动，该超市采购经理打电话催我前去办理相关上货事宜，我也以太忙为由久拖不去会面，并建议采购经理帮助建档等。原来需要追着采购好长时间才能办完的事情，没想到该采购经理一天就帮我办理并建好了相关档案，还给我下了要货订单。

娃哈哈激活产品在河南市场的销量迅速飙升，让全国的兄弟市场羡慕不已。当我们还沉浸在用奋斗换来的喜悦中，还没来得及庆祝丰收的喜悦时，没想到我们河南市场正在形成一个巨大的黑洞。

按照公司的常规打法，公司每推出一款新品，都要给所有联销体客户下达产品的销量任务，激活产品也不例外。这也是娃哈哈新产品能迅速铺向全国市场的原因，而且在短时间内还能迅速爆量。由于河南市场启动得相对要早一些，前期基础工作做得也比较扎实，所以河南市场的发货数量也远远地跑在了其他市场的前面。

外围市场在公司的压力之下，谁也不甘示弱，疯狂发货。但是因基础工作不扎实，激活还没有形成销售氛围，导致很多市场上的激活产品出现批量性滞销，老批号产品根本就消化不掉，这个时候这些经销商就想到了河南市场。

于是北京、天津、武汉等外围市场的激活产品都进入郑州华中批发市场（华中批发市场以产品能迅速流向全国而闻名），甚至有外围客户直接把货倒进我们市场上客户的仓库里。

比如，小批发部一次性敢接1500件激活产品，就是从外地倒进来的，价格不仅比当地的低，而且还相当便宜。他们还在卸货就被郑州市业务员当场抓着，要求总公司派人前来处理。但是，总公司不但没有派人前来处理，而且在电话里说让我们先把送货车放走，随后再处理，可是随后就没有下文了。

公司对跨区窜货采取放任的态度，没有及时采取有效措施进行严厉打击，没多久我们的市场上到处都是外地市场的货源。厂价30多元一件的激活产品，倒爷从外地市场不到30元或者30元多一点一件就拿到货了。一时间我们自己的货不仅滞留在客户仓库里，而且终端门店怨声一片，甚至于一些二批商怀疑一批商赚得太多了，导致辛辛苦苦打下来的市场及市场基础因为价差体系不到一个月就倒塌了。由于价差体系混乱，二批商和三批商不愿意卖货，终端不愿意接货，激活销量急剧下滑。由于客户失去了信心，销售业务员被削弱了士气，河南市场激活产品薄弱的根基很快就倒戈了。

也就是从这个时候起，娃哈哈总公司才意识到窜货问题的严重性，以及价差体系混乱对产品销售氛围的破坏性，于是召开了紧急会议，连夜下文全国，要求主管部门严打窜货行为，发现一起查处一起。除了重罚窜货客户外（从罚款1万~2万元，再到取消产品代理资格），从省经理到区域经理、客户经理，都连带重罚。

但是为时已经晚了，激活的市场氛围再也没有活跃起来，原因有三：一是相关部门对于如何打击窜货还没有形成规范的流程；二是发货分厂在产品出库时没有录入详细的产品信息，导致产品出库后没有证据快速锁定是哪一家客户的货，除非现场抓现行，否则无法判定窜货主体；三是脉动趁机夺回优势，迅速抢占市场，再次回升到之前的活跃氛围。

刚刚重新建立起来的氛围，基本上是昙花一现，娃哈哈将如何摆脱这个阴影，重建市场信用？如何预防和打击窜货行为成为摆在每一位娃哈哈人面前的问题。

7.2 纯净水：水之王

饮用水自20世纪90年代以来，悄然渗入我国市场。娃哈哈纯净水也正是在这个时候推出的，它于1996年正式上市，是娃哈哈水系上市的第一支产品。其以国际领先的生产设备、先进的二级反渗透技术、臭氧杀菌工艺，缔造了优异的品质，深受广大消费者的青睐，并获得了中国名牌的殊荣。

产品推广路线在现在看来比较简单，但在当时是首创采用“明星+名牌”的广告宣传模式。在1996年选择歌手景岗山作产品形象代言人，一句爱意浓浓的广告语“我的眼里只有你”，亲切表达出对方在自己心目中的重要地位。

到了1998年，我们又选择了新的形象代言人毛宁（毛宁因一首《涛声依旧》，成了那个年代的一个符号），其广告语“心中只有你”再次诠释了娃哈哈纯净水的纯洁和始终如一的品质。

到了1999年，娃哈哈选择了中国台湾歌星王力宏作为娃哈哈纯净水新的广告代言人，一首传达纯净爱意的《爱你等于爱自己》的广告歌曲，让广大消费者记住王力宏，更让大家喜欢上了娃哈哈纯净水。

随后的连续几年里，王力宏在不同的地点拍摄了不同版本的娃哈哈纯净水广告。广告语从“爱你等于爱自己”到“爱你到永远”，再到“我的星座我的水”。娃哈哈红白镶嵌、简单明了的包装一直沿用至今。美观卫生并附有王力宏的照片，突出了娃哈哈纯净水健康、时尚的亲和特点。

说到娃哈哈纯净水，在这里不得不说一下乐百氏。在20世纪90年代中期，中国瓶装水市场的大规模开拓，几乎主要是归功于乐百氏和娃哈哈的硝烟大战。

乐百氏与娃哈哈两家企业曾经连续多年齐头并进，在中国市场上好不热闹。做销售的前辈和研究营销的都应该记得，在广告大战中，第一个回合博得头彩的应该是乐百氏，我想大家对当时乐百氏的广告画面还记忆犹新吧：宁静蓝色的基调，万籁俱寂，一滴晶莹的水珠铮然而下，流利而又透明地流过，一层层过滤，最终净化成乐百氏纯净水。至纯至净，一个强有力的价值承诺随之推出：乐百氏纯净水，27层净化！

后来一位资深企业咨询人士在评价广告时说：乐百氏的这则广告是一个伟大的创意，它的成功不仅仅在于对纯净水概念的强调，而且以其高雅的基调，吻合了消费者内心对纯净的感性理解。尤其是在当时各种水五花八门的情况下，别出心裁地为纯净水做了一个很好的定位。

那个时候饮料市场上真正意义的纯净水市场领袖还没有出现，当所有纯净水品牌的广告都在说自己的纯净水纯净时，消费者并不知道哪个品牌的水是真的纯净或者更纯净。这个时候乐百氏纯净水在各种媒介推出这种诉求点十分统一的广告，以理性的冷静突出乐百氏纯净水经过27层净化的特点，毫无疑问是为其纯净水的纯净提出了一个有力的支持点，或者说是对其纯净的程度做出了一个具体的说明。

千万不要小看这个简单的数字，还有那个寂静无比的过滤过程，消费者的心弦就是被这种微妙的组合给拨动了。这个广告在众多同类产品的广告中迅速脱颖而出，乐百氏纯净水的纯净给受众留下了深刻印象，“乐百氏纯净水经过27层净化”很快家喻户晓。所以“27层净化”的广告一推出就用理性说明给了消费者很大的安全感，不仅塑造了一种“很纯净可以信赖”的印象，而且它的冷静和优雅、它的高水准的制作也大大拔高了乐百氏的品牌形象。

乐百氏倾向于理性诉求，娃哈哈则倾向于感情诉求，堪为中国饮料品牌广告战之经典。“我的眼里只有你”这个创意与乐百氏的“27层净化”相比，其实一点也不逊色。因为娃哈哈知道，在经过了“27层净化”之后，再多加几层对消费者来说根本无所谓。所以娃哈哈就换了一种方式来提高市场知名度，主打情感路线，一如既往地大搞明星路线，从景岗山到毛宁、王力宏，好像没完没了，还采用高密度的广告播出，很快便使得娃哈哈纯净水成为纯净水市场上的第一品牌。娃哈哈与乐百氏的差距就从这个时候开始渐渐地拉大了。

纯净水市场虽然是上升阶段，但由于娃哈哈和乐百氏都想多抢占一杯羹，除了空中广告的竞争，终端市场层面竞争也比较激烈。

以河南市场的郑州区域为例，娃哈哈纯净水和乐百氏纯净水在渠道上的占有率基本平分秋色，通常是东边终端门店通一色红色海洋，陈列的都是娃哈哈纯净水，而西边终端门店是蓝色的海洋，陈列的都是乐百氏纯净水。零售价都从 2 元一瓶卖到了 1.5 元甚至于 1 元一瓶（当时农夫山泉一直坚挺 2 元一瓶）。在部分超级终端最低卖到了八毛多一瓶（农夫山泉最低也是 1.5 元一瓶），根本就没有利润可言。

2002 年，娃哈哈、乐百氏和农夫山泉三家企业的高层曾经开过秘密会议，就纯净水的价格之争和市场恶意之争达成和解共赢的共识，那就是三方同时涨价。娃哈哈集团公司在共赢共识会议结束当日，就通知全国市场的销售分公司，针对娃哈哈纯净水全面涨价。

然而，由于在这一年乐百氏正面临跨国公司“真刀真枪”想操控中国企业的决策权或执行权的冲突，乐百氏高层迫于销售业务的压力，会议结束后不但没有涨价，反而较之前的促销力度更大，几乎在一夜之间对娃哈哈纯净水进行了封杀，导致娃哈哈客户大量纯净水库存滞销。

纯净水之战一触即发，农夫、可口可乐、康师傅和统一也纷纷加入。娃哈哈也迅速反应并回击，紧跟市场变化也进行了一轮疯狂的促销，随后归于冷静，退出纯净水的价格战，保持产品各级价差，任其自然消化，把精力重点转移到了其他产品上。

这一战并没有给乐百氏纯净水带来新的辉煌，相反却打乱了其原来所确立的品牌认同。同时，黎明的出场标志着乐百氏广告由“27 层净化”的理性诉求转向情感诉求，和娃哈哈走成了相同的广告路线，但是广告从创意和信息表达上却没有什么新鲜。这个广告策略的改变，反而导致消费者对乐百氏纯净水品牌形象的认知混乱，销售额和市场占有率节节败退，造成已经建立的品牌资产流失。相反，由于娃哈哈对低价竞争促销的冷静，娃哈哈纯净水的销售额一再攀升，依然引领纯净水的霸主地位。2015 年又创新升级推出了“晶钻瓶”纯净水，祝愿娃哈哈创造下一个奇迹！

7.3 AD钙奶：奶之霸

娃哈哈AD钙奶是娃哈哈集团公司针对儿童对钙的摄取普遍不足这一问题而研究开发的含乳饮料，不光是营养层面搭配合理，其口感也一直广受好评，一度成为炙手可热的儿童饮品。“甜甜的，酸酸的，有营养味道好，天天喝，真快乐。”这支广告歌曲，相信你张嘴就能来，还有“妈妈我要喝，娃哈哈果奶”等脍炙人口的广告词，尤其对“80后”、“90后”的消费者来说，他们对之有着时代非常美好的回忆，也都是AD钙奶的铁杆粉丝。

在2014年，做销售细心的朋友会注意到，娃哈哈集团瞄准了“80后”、“90后”，对娃哈哈AD钙奶进行了全新升级，产品变成了330ml大瓶装，其包装也融入了成人怀旧的风格，并正式进军成人市场。每场大型活动都请来了“80后”的当红新生偶像代表张睿与消费者们一同寻找童年的回忆。关于童年的回忆总是美好的，而对于不少“80后”来说，“甜甜的，酸酸的，有营养，味道好”的娃哈哈AD钙奶广告歌，早已深植心中。

AD钙奶乳酸饮品，最先是乐百氏开发的，娃哈哈紧跟其后，并且后来居上。

2000年我加入娃哈哈时，娃哈哈AD钙奶卖得最好的市场是山东。河南市场通过精耕细作、网络布控、终端抢断、生动化陈列、促销拉动等动作，以及过硬的产品品质，短短两年时间，其销售额就超过了山东市场，并一举成为娃哈哈AD钙奶销售的第一大市场，年销售娃哈哈AD钙奶达到2000多万件。

说到娃哈哈AD钙奶的品质，在这里向大家介绍一下2008年“三聚氰胺”事件发生时不为人知的一件事。当时娃哈哈AD钙奶有价值近3000万美元的订单刚刚到达港口，准备通行出口到美国去，但是根据国家质检总局的通知，海关必须立即停止所有嫌疑产品的过关，等候通知再根据质检要求对所有产品进行检验，海关对产品检验检疫合格后才能放行。

要知道，娃哈哈 AD 钙奶的保鲜期只有 6 个月，产品一般到达海关后办完所有程序其 1 个月的保鲜期基本就没有了。这个时候负责这个业务出口项目的负责人心急如焚，什么时候来通知不知道，什么时候才能轮到检验不知道，产品检验后是否合格不知道，检验如果合格什么时候准许通关也不知道。后来经过检验，准备出口美国的这批娃哈哈 AD 钙奶的各项指标均合格，被第一个率先放行并通关。该项目负责人立即向宗庆后进行了汇报，其当时的心情可想而知，这一事件真正验证了娃哈哈平时对产品质量的全程监控和严把质量关。

后来伊利、蒙牛等纷纷加入乳酸饮品的战场，特别是 2004 年伊利酸酸乳的推出，与当时全国收视率居首的湖南卫视《超级女声》节目深度合作，很快就家喻户晓；再加上太子奶市场占有率的上升，特别是在河南市场上的表现，这两款产品很快就夺走了娃哈哈 AD 钙奶的市场份额。

河南市场娃哈哈 AD 钙奶的销售量迅速下滑，曾经闪闪发光的光环已经悄然不在。作为娃哈哈 AD 钙奶销售大省的风光都不在了，娃哈哈人肯定是坐不住了。娃哈哈研发中心以惊人的速度在 2005 年研发出益生菌发酵乳酸饮品爽歪歪，一种包装规格是 200ml × 24 的，一种包装规格是 125ml × 32 的，其营养配比和成分均比 AD 钙奶更加科学，是娃哈哈集团在儿童乳饮料领域取得的生物科技新成果。

爽歪歪含有钾、钙、钠、镁、磷、铁、锌等多种矿物质，采用国际领先的微胶囊包埋技术，强化了儿童生长发育所需的维生素 A、D 和维生素 B3、B6、B12，还特别添加了牛磺酸，经过优质益生菌发酵后，口感更滑爽、营养更易吸收，给孩子们更多保护、更多健康！

2006 年投放市场后，我们通过与幼儿园、婴童用品店、儿童服装店、大型生活广场、电影院等进行相互合作，同时开展大型路演、终端买断陈列、终端销售累计奖励、消费者面品等促销拉动活动迅速起量。

娃哈哈的销售动作向来都比较简单，也没有什么高难度，但是效果非常好。在这里给大家举一个娃哈哈爽歪歪在河南焦作济源区域市场推广成功的案例。

爽歪歪推出时，娃哈哈业务并没有把这款产品放给老客户去做，而是重新找了一家新客户来做。客户只需要提供仓库资金把货送到门店，其余的业务全部由娃哈哈业务来完成。在济源市场上，当时儿童饮品除了娃哈哈 AD 钙奶就是太子奶，而且太子奶的市场份额远高于娃哈哈 AD 钙奶。对于爽歪歪的推广，除了常规的促销活动和生动化促销活动，娃哈哈业务员还选择了跟儿童服装店和儿童用品店合作促销。在济源市场上，当时有一条自发形成的儿童服装门店和儿童用品店商业街，娃哈哈业务在每家门店里都放上 3 ~ 5 件爽歪歪，让这些门店附带着销售，因为利润好，一下子就吸引了整条街的所有门店参与销售。

正当老板们为丰厚的利润高兴时，工商局的同志来到各家门店对老板们说，卖服装的门店不得经营食品饮品。一时间门店老板们的电话都打到了业务员这里，业务员和经销商也急了，这可怎么办呢？业务员经过一夜思考和咨询后，得知服装店虽然不能直接经营食品饮品，但是可以向消费者赠送啊。于是第二天一早业务员就挨家挨户告知门店老板们，说是娃哈哈公司搞的促销活动，凡是来门店消费的顾客，都可以免费获得娃哈哈爽歪歪，这一招果然奏效。娃哈哈爽歪歪在济源的销售逐渐火爆起来，订单电话不断。

另外在渠道生动化买断陈列上，娃哈哈公司也一改以前的小手笔。比如，在郑州的某片流通渠道区域里，娃哈哈就一次性买断 3 个月终端门店端架陈列 500 家，而且整个端架只能陈列爽歪歪，不能陈列娃哈哈其他产品，这个“最后一公里”的营销动作曾经引起伊利、蒙牛的城市销售经理暗中走访学习。

娃哈哈在营造终端销售氛围的同时，也在进行终端促销增加存货量，充分利用推拉结合的战略，销售额急剧攀升，很快就成了儿童饮品的一匹黑马，稳控市场。这款产品再次让娃哈哈奶制品雄踞宝座，创造了单品年销售额过 100 亿元的奇迹。到了 2013 年年底，娃哈哈所有产品在河南市场的销售额不含税近 60 亿元，其中奶制品的销售额所占比例达到了70%左右。

爽歪歪和营养快线的成功研发，成了娃哈哈集团从跟随战略向自主研发的转变的关键，在给娃哈哈公司带来丰厚利润的同时，也使娃哈哈成为中国的奶霸。2015年娃哈哈又推出了爱迪生奶酪，期望这款产品能为娃哈哈奶制品再次插上翅膀，再次开启会飞的“印钞机”！

AD钙奶应该是“80后”儿时典型的营养品，那么时至今日，“80后”已为人父母，是否可以把这份爱持续的传递？

2009年以来，整个乳品市场一直保持着两位数的增长，娃哈哈AD钙奶的销量呈恢复态势，并超越以往最高销量达到全年销量5906万箱。通过调研我们发现老版AD钙奶在大学校园及年轻白领中有固定的消费群体，再根据对部分目前AD钙奶销量逐渐恢复的市场的调查报告了解到：220mlAD钙奶在大学校园及大型商超中，有比较固定的消费群体，销量比较稳定，消费群体以“80后”、“90后”年轻女性消费为主，产品的时代特点、适宜的价格和口味非常适合校园销售且宣传噱头十足。

调研结果：57.2%的人认为“80后”开始怀旧。“80后”、“90后”进入回忆时代，回忆成为一种时尚。网络上关于“80后”、“90后”回忆的美食、动画片、游戏等各种类型的话题数不胜数，受欢迎度非常高。娃哈哈AD钙奶在80～90年代是儿童饮料的标杆，曾陪伴了一代人的成长，很多人与AD钙奶之间都有故事、有回忆。

对于儿时喝过AD钙奶的消费者来说，产品在消费者心目中有较高的地位，消费者忠诚度高。我们要做的是：把回忆和忠诚度refresh（唤醒）、strengthen（强化）。对于儿时没有喝过AD钙奶的消费者，我们要做的是：以找回曾经的自己为出发点，营造怀旧氛围，吸引他们加入回忆大军，共饮娃哈哈AD钙奶。对于儿童，我们要做的是：通过喝过AD钙奶的父母的引导，完成两代人对AD钙奶的传承。

核心卖点提炼：总有一种味道让你找回曾经的自己！

话题炒作：在天涯、猫扑等社区发布不同角度的话题，引发网友的讨论，通过这些话题，软性地植入“80后”、“90后”最爱的AD钙奶，唤起大家对AD钙奶的记忆，让AD钙奶成为回忆的一部分，重新流行起来。

如：细数回忆那些属于“80后”的经典美食；“80后”、“90后”都有看过这些电视剧、动画片吗？扒一扒小时候你最嘴馋的经历；玩过这些游戏的说明你一定是“80后”；大家小时候喜欢吃的美食，现在有哪些还可以买到？“80后”、“90后”，老师喊你们回校喝AD钙奶啦！

微博互动：网罗一些“80后”、“90后”的经典零食及爱玩的游戏、制作成可爱好玩的漫画、通过微博大号转发，形成热门话题。

产品价差：如表7－1和表7－2所示。

表7－1　产品价差表

	容量	箱规格	公司出厂价格（元）	经销商进价（元）	经销商价差（元）	到批发商价格（元）	批发商价差（元）	到终端价格（元）	零售价差	
									零售价（元/瓶罐）	零售利差（元/瓶罐）
钙奶	330ml	1×15	30	31	3	34	2	36	3	0.6
	330ml	1×24	48	49	3	52	2	54	3	0.75

表7－2　4～6月报站情况表

（单位：箱）

区域	3月实发	AD钙奶		
		4月	5月	6月
A	3000	4500	6000	3000
B	700	5000	6000	6000
C	500	4200	4500	5200
D	0	3500	4000	6000
E	3100	2000	3000	3000
F	4000	9000	9000	9000

续表

区域	3月实发	AD钙奶		
		4月	5月	6月
G	4600	4000	5000	5000
H	1850	5000	7000	5000
I	1300	2000	4000	4000
J	2400	10000	15000	15000
K	1500	7000	8000	9000
L	1200	1000	2000	3000
合计	24150	57200	73500	73200

促销活动：AD钙奶带你找童年——张睿互动见面会

一、活动时间：2014年2月23日

二、活动地点：郑州市二七万达广场

三、媒体宣传：活力音乐FM944、河南电台娱乐FM976、私家车FM918、《东方今报》、《大河报》、《郑州晚报》和大豫网等8家媒体。

四、现场销量：AD钙奶销售428箱，奶茶100箱，合计528箱

五、活动亮点：

（1）以怀旧小火车为主题的售卖布展，创造单日售出528箱饮料、抢空230套CD的盛况。

（2）联合当地强势媒体活力音乐FM944开展为期半个月的活动宣传。其中包括大量的节目冠名和产品软性宣传，并且提前开展15期8090怀旧话题与听众互动送出AD钙奶，同时利用媒体自有微信和微博进一步扩大宣传。

（3）活动前期让客户经理邀约客户到达现场一起参与互动活动。（全部发送邀请和游戏卡）现场不仅人气爆棚、产品大卖，得到了良好的宣传，更是大大提升了客户对AD钙奶的信心，兼顾了“买”与“卖”。

活动现场，张睿不仅献唱，现场还与粉丝们互动，大玩踢毽子、扔皮球、跳房子、抓石子、挑战超级玛丽等童年游戏。被怀旧气氛感染的

大小伙伴们纷纷买上一排AD钙奶、人手一瓶，插上吸管，大吸一口后感叹：“还是那个味道，真的喝到了20多年前的感觉。”

“娃哈哈AD钙奶应该说是‘80后’心中的经典品牌，几乎身边的朋友都喝过，我也最爱喝。小时候如果我不听话了，爸爸妈妈就会买给我安抚情绪。”张睿曾说，他之所以为娃哈哈AD钙奶代言，就是因为娃哈哈果奶、AD钙奶伴随他度过了难忘的童年。此次与娃哈哈合作，他不仅收获了欢乐，更多的是体会到了不少童年的感触，娃哈哈是我们成长记忆的标识，能和娃哈哈一起合作，有种回家的感觉。活动现场如图7－1所示。

图7－1　AD钙奶带你找回童年活动图

7.4　挑战：非常可乐

今天，外界对娃哈哈的很多营销方法都看不懂，也看不明白，甚至还有很多争议，评价最多的就是认为娃哈哈的做法很奇葩。娃哈哈的营销方法的确很奇葩，从来不按照常规出牌，特别是新产品推广。一个典型的案例就是娃哈哈推出的非常可乐，这曾经被合作伙伴资本投资人达能论证为不可能成功的事情，也是被无数业界资深人士不看好的业务，却被宗庆后用他的经销商网络、用农村包围城市的毛泽东思想手法，做到让所有认为“非常可乐，非死不可”“非常可乐，非常可笑”的人哑口无言。

娃哈哈非常可乐是在 1998 年推出的，是法国达能与娃哈哈的合资产品。

宗庆后力推娃哈哈非常可乐时，达能论证的不可能和资深人士的不看好也不是没有道理，所以大家宁愿看好当时的汾凰可乐也不看好娃哈哈的非常可乐。面对沉淀百年历史的强大竞争对手太古可口可乐和百事可乐，无论是专业技术和生产工艺技术，非常可乐与它们相比，就像蚂蚁和大象比高矮，怎么比都不是一路的。碳酸饮品的研发生产，最关键的有两点：一是生产工艺技术，二是产品配方技术。

在当时的行业里，娃哈哈都没有现成的资料可以参考，而且可口可乐对于配方技术的保密工作一直都做得很严。因此，要想做出跟可口可乐一样的碳酸饮料，做出可乐香精是一道非常难的技术攻关。那么宗庆后是如何突破这个难关的呢？为什么后来给产品取名非常可乐呢？在这里给大家讲一个你不知道的娃哈哈非常可乐的故事。

娃哈哈当时没有现代化的科研设备，也没有高精尖技术人才，没有舒适的办公环境，也没有现成的技术可以参考，虽然羡慕可口可乐，但是要做出跟他一模一样的产品，谈何容易。

但是在宗庆后的带领下，四五个怀着梦想、充满朝气、全身都是力气的食品研发青年，在不足几平方米的小屋里，忍受着生活的枯燥寂寞无味，用坚忍不拔的毅力，利用最原始的瓶瓶罐罐和制作提取技术，经过无数次反复试验和调配，用了整整一年的时间，终于成功研发出了娃哈哈自己的可乐香精。

当娃哈哈研发生产出自己的可乐香精后，紧接着就是生产出样，再把样品拿到市场上做调研测试改进，做到跟可口可乐一模一样的口感。怎么样才能证明自己的产品跟可口可乐一样呢？娃哈哈当时是这么做的：娃哈哈工作人员找了几个人流量比较大的地方，拿着自己的产品，再去购买可口可乐和百事可乐，把产品进行秘密编号后，将他们分别倒进色泽度、透明度大小都一模一样的杯子里，然后邀请路人品尝，看看能不能区分出三者的差别。

经过几百份实验，测试结果令人吃惊，在没有任何标识提醒的情况下，消费者很难区分出哪个是可口可乐，哪个是百事可乐，哪个是娃哈哈的产品。由于这个产品从一开始研发就颇受争议，困难重重，所以娃哈哈人就给他取了一个响亮的名字，叫“非常可乐”。

1998年非常可乐通过娃哈哈的网络一投放到市场上，就受到广大消费者的青睐，迅速占领农村市场，再加上一句戴着浓烈民族自豪感的“非常可口，中国人自己的可乐”的广告词，没多久就红编了中国大江南北，一时间非常可乐成了业界研究的对象。

可口可乐是在20世纪20年代进入中国的，驻地是中国的上海，真正进入中国市场进行产品销售是在20世纪80年代，也就是说在非常可乐投放市场时，可口可乐在中国市场上已经耕耘了将近20年。由于地域文化和销售理念的差异，可口可乐首先以上海为中心，逐渐开辟并占领中国的首都和主要省会市场，如广东深圳、河南郑州，其产品形象、企业文化和产品口感都已经在消费者的心里生存了20年，消费者已经习惯了可口可乐的味道，特别是在省会市场，尤为如此。

娃哈哈非常可乐要想挤占可口可乐的份额谈何容易，娃哈哈到底该怎么推广非常可乐呢？一直酷爱《毛泽东选集》，善于吸取毛泽东思想并用毛泽东思想指挥市场做销售的宗庆后，并没有直接选择首都和省会等一级大市场作为主战场，而是绕到强大竞争对手可口可乐和百事可乐的背后，从农村包围城市，其产品推广效果有目共睹。

比如，在河南的周口和安阳，有人说周口和安阳下的雨都是非常可乐，这话一点不过分。你会发现大街小巷家家都在卖非常可乐，随便一家小店门面上都存有三五件，无论是饭店、路边小店，还是流动冰摊，连卖鸡蛋灌饼的小贩也在卖非常可乐。还有就是日常百姓谁家有婚事、小孩子满月酒等，非常可乐都是必备的。

娃哈哈当时重点开辟农村市场，但也没有放弃省会市场。

比如，在郑州，2002年5月，我们选择了某个刚刚开始销售非常可乐的终端连锁超市，对500ml的非常可乐和500ml的非常柠檬做特卖活动。正常零售价2.5元，特卖价1.5元，活动仅限一天，每人限购2瓶，特卖时间段分别是上午8：30～9：30、下午13：30～14：30、晚上 17：30～18：30，购买者还可以获得餐巾纸一包（带有非常可乐字样的小包装）。活动通知由该连锁超市负责宣传，用 8 开纸打印的，其中非常可乐和特价数字非常抢眼，提前 5 天就出现在每家门店的店门口，这个消息很快就传开了。

因为当时我是公司的业务负责人，活动是上午 8 点半开始，当天早上 6 点多，我就来到了一家参与活动的门店。当时眼前的一幕让我惊呆了，早已排了长长的两支队伍。我数了一下，排队的人数已经有 103 人，队伍里还有很多老年人，来排队的人逐渐增加，我心里祈祷着千万别出意外。我把我的担心告诉了负责这个门店的徐店长，其实她也在担心老人被挤伤，于是就把特卖产品放在店里最空旷的地方，专门安排了身强力壮的店员和我一起维持活动秩序。特卖活动一开始，就有购买者要求增加购买数量，说两瓶根本不够分，刚开始我也想，活动不是目的，重要的是让大家知道和品尝到非常可乐，于是就有要求地默许增加了购买数量，逐渐又有人提出来别人都购买了几瓶，他也要购买几瓶，甚至还有老人埋怨说娃哈哈公司真小气，直接每个人购买一箱不就行了。

由于临时放大了购买数量，我们准备的货源就有些不足，再加上是限时购买，后来排队购买的人见时间不多数量也不多，担心自己买不到，就开始往前挤，导致队伍出现混乱。很快活动秩序失控，消费者把这家门店的两扇门都给挤坏了（店长当时还埋怨说是我们的活动才导致他们的门被挤坏的），本来准备的是一天活动的数量，结果第一个时间段就被抢完了。上午的活动结束后，为了确保下午的活动还能正常继续，于是我和店长商议，一方面增加秩序维护人员，另一方面通知运营部紧急增加备货。还好下午的活动秩序不错，很顺利结束了当天的活动。活动结束一统计，本来计划在该门店投放可乐 3000 瓶，结果超标了 3020 瓶。当然，这种活动形式如果放在今天这样做，可能无人问津（大家对这样的活动已经麻木了），但是在当时做这样的活动效果出乎意料得好，也达到了活动效果和推广产品的目的。

案例：河南洛阳非常可乐创新开发纪实

2008年非常可乐在洛阳地区有销售，但是卖得不温不火，量也不大。主要集中在县城，如洛宁、新安、汝阳，而且经营权都集中在一批商手里，加上批发价格一直提不上去，经销商每件产品只有5毛钱的利润，利差不足，严重影响了客户的积极性，一批商也没有精力顾及非常可乐的精耕细作。

随着农村市场逐渐城镇化，消费者对产品的认知越来越理性化，再加上可口可乐市场业务逐渐下沉，实行的101模式也受到部分老板的青睐，再大手笔投入冰柜、陈列、买断等活动，从文化等层面削弱了非常可乐的市场根基。可口可乐一度想借101模式逐步吞噬和挖空娃哈哈已有的市场基础，并对娃哈哈非常可乐的销售形成威胁。

由于娃哈哈的农村基础比较扎实，销售氛围相对较好，部分消费群体还比较忠实，已经习惯于喝娃哈哈的产品。另外，由于经济收入上的差距，消费者愿意喝2.5元一瓶的非常可乐，不愿意多掏5毛去喝可口可乐，总觉得可口可乐要贵了那么五毛钱，所以可口可乐要想进入农村市场排挤非常可乐也不是一件容易的事情。

娃哈哈在每个县城甚至乡镇上都有自己的一级代理商，这些代理商掌控着当地强大的终端网络，拥有多年经营下来的客情关系，同时也是娃哈哈公司的忠实合作伙伴。娃哈哈在搞市场动作时，一级代理商都比较配合。比如，借用仓库、运输车辆、介绍新客户等都是一呼百应，因为这些一级代理商依靠娃哈哈的品牌力开拓了赚钱的渠道，赚到了不少银子，深知娃哈哈产品在当地消费者心目中的地位，以及拥有娃哈哈品牌代理权后在当地的分量（因为在县城或者乡镇，能代理娃哈哈产品的客户，在当地无论是经济实力还是社会关系都是比较牛气的）。2008年新接管该区域的李经理说：“娃哈哈非常可乐销售比较沉闷，要想巩固自己的市场地位并继续扩大销售面，只用农村包围城市的方法已经不再奏效，创新开发和创新渗透势在必行。”

那么如何才能做到从中国人自己的可乐到有喜事当然非常可乐呢？

到底用什么创新方法才能打破这种不温不火的销售局面呢？

李经理在一线摸爬了近 10 年，他的营销基础相当扎实，市场经验也比较丰富，每到达一个新的区域，不出 3 个月这个区域里总会发生新的销售变化。但是在接管该区域后大半年里，他迟迟下不了手，因为一直找不到好的突破口。他继续深入一线，走访无数家终端门店，和很多老板贴近交流，听取了大量终端老板的建议和买卖经验。同时李经理也跟可口可乐 101 模式的客户进行交流学习，认真分析市场数据及 101 模式的弊端和好处，最终形成了区域突围的几点共识：①把非常可乐这款产品从原有的一级客户中剥离出来，因为利差低，老客户抵触情绪不大；②针对非常可乐重新开发客户经营；③给予费用补贴，借用一级代理商的仓库车辆，解决整车发货和分流运输的问题；④快速分销；⑤促销拉动。

这几点共识李经理是怎么实施的？效果又如何呢？他的创新方法给娃哈哈市场运作带来了什么样的参考价值呢？

第一步：分离产品

2009 年 3 月，李经理召集洛阳地区所有的客户经理和客户集中到洛阳市区开会，和经销商朋友进行了集中近距离交流，传达了他的想法：一是这款产品没有利润，二是大家没有精力，三是占用仓库还占用资金，再这样下去，这款产品可能会死掉，对大家的影响不好，对公司也不利。与其这样，还不如大家把这款产品都拿出来，娃哈哈公司另外寻找新的客户来经营，也许还能重新找到增加销售量的机会。

也许是李经理的想法正好迎合了大多数经销商对非常可乐这款产品的真实想法，因此他的想法在大会上就得到了绝大多数经销商的认同。即使有小部分不太同意，也只能少数服从多数。这个时候大家都不知道李经理接下来到底要做什么及怎么做，但最终都同意交出非常可乐的经销权。

第二步：开发新客户

在征得原有经销商同意交出非常可乐的经销权后，李经理并没有一刀切，而是采取渐进式开发或者试点性开发的方式。比如，先从那些的确没有精力做非常可乐和做得不好的客户那里率先把非常可乐的经销权拿出来，迅速开发出新客户。

那么李经理对新客户开发都有什么要求呢？一是愿意跟娃哈哈合作，二是要有良好的终端客情，三是一次能接1000～2000件非常可乐和投入5万元资金（这与娃哈哈对一级代理的要求截然不同），四是具备基本运输能力，如电动三轮车和面包车，能辐射周围2公里左右范围即可。

由于此次娃哈哈开户的条件非常宽松，来与娃哈哈洽谈非常可乐经营权合作的客户就非常多，不到半月就布局了10家。按照通常娃哈哈公司对新客户的要求是年销售额不低于500万元，而这些新开发出来的非常可乐客户都不符合娃哈哈集团的要求。李经理专门向公司打报告。经公司特殊审批，这些新开发出来的客户都成为娃哈哈的特约二批商却享受一级客户的待遇。新客户开发出来的同时，李经理从业务队伍中选拔有经验和综合能力比较好的业务员晋升为客户经理，专门协助新客户开展拓场。

第三步：订单发货

由于新开出来的客户大多数都不具备整车吃货的能力，于是李经理要求就近区域的新客户集中下订单后集中把货款通过一级代理商打入娃哈哈公司，然后迅速把货发到就近区域一级代理商的库里，不待卸货就第一时间通知新客户前往自提。不愿意自提或者没时间自提的，一级代理商帮助送达，公司再给予运费补贴，这样运作，一级代理商和新客户都没什么损失，都乐意配合，所以货源很快就到达新客户库里了。

第四步：快速分销

打款、报站、发货这些动作都比较容易，关键是货到达客户库里后如何快速把货分销铺到终端门面上，这个很重要。要想实现快速分销，一是终端对产品要感兴趣，二是终端要觉得有钱赚，三是厂家售后服务没有任何风险。

这几点都很重要，否则客户就没有动力跟你合作，也不敢跟你合作，这些李经理早就想好了。比如，以20件组织套餐，终端门店接货一组并在门店最好的位置陈列，营造出销售氛围，每月公司再给予门店特殊奖励，客户只需要每件保留 2～3 元的利润就可以了。一般 2000 件货 5 天左右就能全部铺下去，相当于客户投入不到 5 万元，5 天左右就能净赚 4000 元。这个信息在市场上逐渐传开，为后来开发新客户树立了良好的榜样并打下了坚实的基础。

第五步：临门一脚

做销售的都知道，把产品发到客户库里只是库存转移，从客户库里把产品铺到市面上，还是库存转移，真正实现销售是把产品送达消费者手里，因此动销是实现产品销售的重要步骤，也是最为关键的最后一环。

在这个环节里，一是公司进行了开盖有奖活动，二是区域市场又专门设置了整箱购买刮卡有奖活动，三是开展了集瓶标兑换非常可乐的活动。这些信息由业务员把海报张贴到售卖非常可乐的门面上，由业务员和经销商朋友共同宣传，同时通过交通广播传递，非常可乐的动销明显加快，终端开始二次要货，客户信心满满，开始二次补货。

在不到 1 年的时间里，娃哈哈共开发非常可乐新客户 36 家，每家月均销售非常可乐 5000 件，仅这一款单品每月就给公司带来将近 200 万元的销售增长额。合理布局并满足了当时非常可乐在洛阳市场的销售需求，创新开发工作暂时告一个段落。这个创新动作，一是为洛阳市场非常可乐的销售打开了突破口，实现了销售额的快速增长；二是为公司后来二套网络的开发奠定了基础和做出了示范，为公司销售增量的增长带来了新的希望。

7.5　新品推广：营养快线

2005 年年底，在中原大地乃至于全国各地，提起营养快线这个名字，你一定不会陌生。首先映入大脑的就是那一句“十五种营养元素一步到位，早上喝一瓶，精神一上午”的广告词。这款产品年销售额最高峰值将近 200 亿元，占到了娃哈哈总销售额的四分之一。有人说是娃哈哈联销体的功劳，也有人说是娃哈哈赶上了好时候，亦有人说是娃哈哈的跟随战略恶意竞争挤掉了竞品。

根据我在娃哈哈多年市场运作的体会和操作实战的研究，可以说娃哈哈营养快线的开发背景可谓错综复杂，开发后推广的手段也是从来都没有过的真正立体式轰炸。在这里请你跟着我一起回顾娃哈哈营养快线的市场开拓历程，看看娃哈哈是在什么背景下开发出来的这款产品，开发出来后又是怎么进行推广的，推广过程中都遇到过哪些困难，又是如何克服的。

我仅以河南豫北市场为例，详细阐述并回顾过去，也许对你的公司会有一些帮助和借鉴意义。

一、绝处求生，三大原因决定绝地反弹

河南市场是娃哈哈公司奶制品居山东之后的又一个销售大市场，比如，AD 钙奶的市场占有率一度称霸河南乃至全国市场，具有中国奶霸之称。当时娃哈哈营养快线的开发背景，个人认为真的是错综复杂。

首先，从 1998 年到 2000 年，娃哈哈都没有开发出真正成功的新产品。同时在 2004 年到 2005 年左右，河北小洋人开发出来的妙恋果乳饮料在河南市场卖得比较火，500ml 装每瓶零售价 3.5 元，仅次于维生素饮料脉动 4 元每瓶的价格，市场占有率非常高，消费者接受度也比较高，产品非常畅销，这对于娃哈哈来说是一个莫大的刺激和伤痛。

其次，娃哈哈好不容易开发出来的新产品激活，在河南市场率先推广成功并井喷之后，因打击窜货不力导致销售量突然坠落。再加上 AD 钙奶逐渐走向衰退期，如何弥补失掉的销售额还要确保 30% 以上的增长也给娃哈哈人带来了空前压力，必须得有一款新产品迅速把销售额顶起来。

最后，宗庆后每天步行上班和到一线市场走访时，突然间发现很多年轻人都来不及吃早餐，看到这个现象的宗庆后下意识里联想到了当年

开发儿童口服液的情景，那时候是发现儿童厌食，围绕解决儿童厌食问题，最后开发出了娃哈哈儿童口服液。

这次不同的是，看到很多年轻白领因生活节奏快来不及吃早餐，如何解决让大家快捷地吃上早餐的问题，就成为一个很好的需求切入点。同时，2005 年，也是中国房地产和 IT 产业兴起的阶段。比如，从 2004 年郑州的房价就开始上涨，人们的生活节奏明显加快，大家吃个早餐总是匆匆忙忙的，甚至没有时间或者来不及吃饭。特别是年轻一族，由于互联网刚刚兴起，大家对网络又比较好奇，长时间的熬夜和不吃早餐，更是严重威胁着青年一族的健康。

基于以上消费需求，具有超前商业敏锐眼光和市场洞察力的宗庆后绝对不会错过这样的机会。宗庆后想，能否在小洋人果乳饮料的基础上，在健康元素和时尚元素的组合下，开发出来一款产品，既帮助大家解决来不及吃早餐的问题，也帮助大家解决早餐营养不良的问题。

二、国外取经修成正果

随后宗庆后自己亲自带领团队出国考察，考察结束后带回来了 20 个大箱子，每个箱子里都装满了各种国外流行的果蔬饮品和含乳饮料。

随行团队把这些成箱的产品交给研发部门后，他们都傻眼了。研发部门及时同市场部门参与选择，最终选择了一款与小洋人果乳相似的含乳饮料。经过娃哈哈科研项目组食品研发部门的努力，结合中国人早餐独特的膳食结构和营养需求，没多久就精心研发出了一款全新的牛奶果昔饮品，把纯正的果汁与香浓的牛奶进行科学的搭配。

营养快线研发出来后，又是怎样快速驶向市场这条高速路到达终端并迅速上量的呢？除了哈佛商学院都在研究的娃哈哈联销体，还有另外一个撒手锏，这就是娃哈哈从来都没有过的真正立体式传播轰炸，可谓海陆空全面有序跟进，迅速炸开了消费者市场，占领了消费者的心智，才得以创造了年销售额最高峰值将近 200 亿元的销售神话。

三、看家本领联销体

娃哈哈营养快线的推广成功，外界一直认为是娃哈哈联销体的功劳，在这里就不得不说一下娃哈哈的联销体，毕竟娃哈哈联销体是娃哈哈公司的看家本领。

什么是娃哈哈的联销体？外界都觉得这个东西很神秘，其实对于娃哈哈联销体不能用神秘来形容，只能用来之不易来形容，用信任来形容，你也许只知其一，不知其二。

娃哈哈联销体，其实是生产商与经销商之间的一种新型契约关系，是娃哈哈公司的营销模式，也是娃哈哈公司的核心竞争力所在。

联销体在娃哈哈公司最初也就是一纸买卖合同，如果你想卖娃哈哈产品，只要到杭州与娃哈哈公司签订一份销售合约（刚开始很简单，合约内容一页纸不到），娃哈哈把货给你，卖完了再给钱。由卖完给钱到货到了给一半的钱，再到货到了全部给钱，后来逐步升级到先预付一半货款再到预付全部货款，直到现在除了全部预付货款，还必须要先打一定比例的保证金，娃哈哈再给予不低于银行利息的返利。

娃哈哈联销体的形成，的确来之不易，完全靠的是诚信和信任。那个时候什么抵押物都没，就凭几个字就把货拿走了，发展到后来的把几十万元、几百万元的保证金打给娃哈哈公司，这之间信任的建立是多么的不容易，这也体现出了娃哈哈企业文化中的座右铭——“先将诚信施于人才能取信于人”。

有人说娃哈哈的职业经理人都是隐形老板，简单点说就是娃哈哈雇用了一批小老板而不是职业经理人。这些小老板都有自我经营的精神，有自我发展的动力，能够进行自我管理，减少了娃哈哈的交易成本。同时，经销商作为联销体的合作伙伴，也为娃哈哈提供了不可替代的资金来源、信息资源、市场覆盖资源、物流资源和无穷大的增值服务，为娃哈哈分担了经营风险。

到目前为止，很多企业存在的分销体系都倾向于直接掌控终端，业务人员越来越多，成本居高不下、管理复杂、人均效率低，而娃哈哈正好利用联销体把这部分进行了分解，分摊到了多名经销商那里。但是娃哈哈对经销商又是通过严格控制层级价差系统和产品利润分配系统，明确告诉经销商“你该干的活儿是什么，你该赚取的利益在什么地方”，这就保证了双方长期稳定的利益。联销体营销模式之所以能成为娃哈哈竞争优势的一个重要组成部分，其最突出的优点就是信息传导快、铺市速度快、分销面广、分销渠道深。

娃哈哈营养快线投放市场并快速上量，豫北市场是如何利用联销体快速掌控终端，又是如何构建终端上竞争优势的呢？

四、动员大会：战斗未打，士气先行

2005 年营养快线推出时，娃哈哈豫北市场省级经理迅速召集所有业务经理、300 多家一级经销商和 500 多家特约二批商，集中到郑州某高档酒店召开动员大会。

大会当天，会场门口上方是娃哈哈营养快线动员大会的拱形门，拱形门两边是营养快线的宣传标语和接待礼仪，经销商进入会场后就能品尝到由礼仪小姐端上来的一杯营养快线。会场周围悬挂的是娃哈哈企业文化标语和营养快线宣传语，会场主席台两边是用营养快线堆码起来的产品展示陈列堆，金黄色中带一片蓝煞是耀眼，正前方是用投影播放的娃哈哈发展历程和已经录制好的营养快线广告，这是娃哈哈豫北市场开拓以来最具规模的第一场动员大会。

大会上省级经理传达了娃哈哈公司的精神和对营养快线的重视，以及产品卖点、产品各级价差和分阶段推广方案，会场气氛异常热烈。被召集上来的这些合作伙伴都是娃哈哈联销体的核心客户，按照每家平均最低发货 500 箱营养快线计算，800 家客户就是 40 万箱，40 万箱形成将近 1600 万元的销售额，这将意味着会有 40 万箱营养快线，经过娃哈哈的联销体一夜之间到达河南豫北市场并与广大消费者见面。

五、潮流引导，推广受阻

营养快线最初推广时，豫北市场也并不是在所有地块的铺市都那么顺利。尽管娃哈哈品牌在农村市场的基础比较扎实，但是在安阳、济源、鹤壁、新乡等市场的铺市活动进展就很慢，产品回转也很慢，一方面是受到小洋人品牌先入为主的销售影响，另一方面是受到类似产品印象价格的影响。

在这里列举两个地区推广纪实案例，一个区域是焦作的济源，另一个区域就是下雨都是非常可乐的安阳。

案例一：焦作济源推广纪实

济源作为焦作独立的地级市，经济水准和消费水平都不错，要不然丹尼斯百货也不会在焦作把第一家门店选在济源。可是娃哈哈营养快线在济源推广时，经销商第一次总共才发了500件营养快线，快一年了才铺到终端门店里300多件。其中100多件差点过期了（500ml营养快线保鲜期9个月），而且铺到终端门店里的也不动销，客户对营养快线的推广彻底失去了信心，更别提第二次要货了。

当时主管业务经理很着急，看着兄弟市场营养快线卖得还不错，但怎么在自己的区域里就卖不出去呢？对于4元一瓶的营养快线，有人认为太贵了，大家消费不起，连经销商也这么认为。

可业务经理不这么认为，虽然这款产品一时间不是所有人都能消费得起，但是在济源应该还是具备很强的消费能力的。经过一番市场调研和消费层面分析后，我们认为产品不动销的原因还是消费者对产品的认知问题和消费习惯问题，而不是因为产品太贵。

经过一个春节假期的休整，业务经理回到市场后，第一时间和经销商商量，让公司的产品拓展部协助，决定重新启动推广营养快线，并最终达成了共识。

从2月起，业务经理白天和客户一起出去网吧、洗浴中心、KTV和饭店等特殊场所铺市，全面撒网，一个也不放过，重点捞鱼。晚上选择大型生活广场和高档社区，与产品拓展部一起不间断做免费品尝和优惠售卖活动。

就这样一天，两天……两个月的时间很快就过去了。到了4月，功夫不负有心人，订货的电话开始增多，经销商的电话开始响个不停，这时别说去铺市了，仅送货都有点送不及。进入5月时经销商一个月的销售量就是4000件，客户自己都乐坏了。

案例二：安阳地区推广纪实

在安阳的铺市活动，可以说是和终端客户斗智斗勇，娃哈哈借小洋人的优势还斩断了小洋人的后路。尽管娃哈哈品牌在安阳地区以非常可乐为代表，产品的市场占有率绝对有足够的影响力和说服力，但是由于大街小巷的门店里都在卖500ml装的小洋人果乳，终端门店每瓶接货价3元，零售价3.5元，消费者普遍都接受这款产品和这个价位，终端老板不需要费丁点口舌每卖一瓶就赚到了5毛钱。

同样是500ml的营养快线，给到终端的接货价每瓶2.8～2.9元，零售价统一为4元，终端老板每卖出一瓶赚取1～1.2元。在当时，娃哈哈营养快线的利差绝对诱人，娃哈哈在终端的客情也绝对不差。但是终端老板还是不买账，都很清楚地打着自己的算盘，一是认为尽管卖一瓶营养快线能赚到1元左右，是小洋人的两倍多，但是卖的数量太少；二是认为营养快线根本卖不动，觉得太贵了，第一轮铺市扫街行动并不顺利。

紧接着娃哈哈改变了铺市策略。先是调查小洋人果乳在每家终端门店里每个月的大致销售量，测算出老板们每个月售卖小洋人果乳能赚到的利润。然后根据平时建立的终端门店客情关系，集中了安阳周边市场所有的人力和物力，兵分20路对安阳市场偷偷发起全面突袭猛攻。由最熟悉市场的业务员带路，挑选生意相对较好的门店，每月拿出相当于售卖小洋人果乳利润的费用作为终端门店的陈列奖励，率先专项买断端架或者货架，专门针对营养快线做陈列活动。

被选定的门店只要按照娃哈哈的要求进货，其余什么都不用管，专项陈列由业务员来做，无论在一个月里能卖出去多少，就算一瓶也没有卖出去，娃哈哈到月底都给予陈列奖励。也就是说终端老板只要提供陈列展示位置，按照要求进货，就没有任何风险，每月都能赚取固定的收入。

这个活动一下子吸引了终端门店纷纷参与，3 个月的时间还不到，就拿下了安阳市区、水冶、林州等市县，斩断了小洋人果乳的后路。娃哈哈营养快线很快就在安阳市县的大街小巷展现在了消费者面前，并受到大家的热捧和青睐，销量逐渐追上并超过小洋人。

“刚开始觉得有点贵，大家消费不起，再加上小洋人畅销，对营养快线不看好，就想着等别人卖好了自己再卖。谁也不知道娃哈哈营养快线会卖得这么好。”时隔6 个月后一家终端门店的老板如是说。

这个活动还让经常参与娃哈哈陈列活动的终端门店，在很长一段时间里形成了一个习惯，就是只要娃哈哈说某款产品要做专项端架或者货架陈列，门店老板就知道娃哈哈的要求是什么样子。业务员可以不到门店，打个电话给老板，老板就帮助娃哈哈做好了产品陈列展示。

要知道，让老板养成这个习惯不容易，这不是一天两天能养成的。那么娃哈哈是怎么做到的呢？

首先，娃哈哈对产品专项陈列做出了明确要求，买断位置只能展示专项活动产品，不允许陈列其他任何产品。参与活动需要签订活动协议，告诉老板娃哈哈对端架和货架的要求标准。比如，三个口味的营养快线同时陈列到一个端架或者货架上时，纵向要求是香草味的营养快线摆放在中间，原味营养快线和菠萝味营养快线分别摆放在香草味营养快线的两边，必须是三等分，从色调上感觉比较平均，不会出现一边倒的错觉。

其次，娃哈哈业务经理按照活动起始时间，亲自动手做好陈列，告诉老板平时要严格按照要求维护好，到月底给予奖励，不按照要求维护，检查到不合格的就不给予奖励。

最后，娃哈哈对陈列维护要求的检查不是由业务员直接检查，而是由娃哈哈专门的市场督导部门不定期抽查。抽查时市场督导人员不会通知业务员，而是根据提报的详细资料进行抽查。对抽查门店进行拍照存查，作为考核参与活动是否合格的证据。

刚开始时有些老板不以为然，认为业务员到访时就按照要求摆好，业务员走了就随便摆放，但终端门店老板根本就不知道娃哈哈市场督导人员会在什么时候去暗访抽查。

第一次被抽查到的不合格门店，市场督导人员会及时告诉业务员，业务员会及时拜访或者通知门店老板。当时有的老板还不相信，一般门店老板都会找一堆理由，这时业务员都会拿出照片给老板自己看，证据出来了老板就会说下不为例。

如果是第一次被抽查到不合格，只要老板说不知道具体要求，业务员都会亲自告诉老板或者当即改进给老板看。娃哈哈公司对陈列活动的要求，一般都会给予改进机会，但下不为例。

那么市场督导人员又是如何监督门店老板说“下不为例”呢？最简单的办法就是市场督导人员会告诉业务员及时拜访要求改进，随后就是对第一次抽查不合格的门店进行回查，也就是常说的杀个回马枪。

如果回查到还是不按照娃哈哈公司要求摆放展示的，娃哈哈公司在月底就不给予门店奖励。就这样重复几次活动后，当时在安阳，终端门店老板都形成了一种习惯，只要娃哈哈说搞什么陈列展示活动，业务员不用亲自做，终端门店老板就帮忙做好了。

这种借力打力的买断陈列活动，为营养快线的销售营造了良好的氛围，为安阳乃至于整个豫北市场营养快线的销售都打下了坚实的基础。

六、海陆空立体轰炸

（一）空中轰炸，电波拦截

再好的产品，也要让消费者知道它好在哪里。消费者对产品的认知，好像从来就离不开广告，娃哈哈营养快线也不例外。除了在央视媒体上的大手笔广告费投入，娃哈哈在河南市场也投下了重金：一是选择了河南最有影响力的河南卫视频道和都市频道，二是选择了河南交通广播电台。

通过空中媒体，无论你在电视机前，还是坐在出租车上，都能看到和听到娃哈哈产品营养快线的广告：“纯正果汁、香滑牛奶，15 种营养素一步到位。”

我暂且不说营养快线的名字起得有多高明（从名字上就容易打动人——营养），这次营养快线在广告方面做得同样非常到位。果汁、牛奶、15 种营养素，等等，这些都是人们心中营养的代名词，也都是有关产品营养卖点非常好的支撑点和说服点。在当时还有人嫉妒营养快线走红，搬出营养专家的名誉质疑娃哈哈营养快线的广告在诱导消费者，认为牛奶和果汁不能一块儿喝，营养快线更不能当早餐，但这并没有阻止营养快线的继续热销，市场业绩就是最好的证明。

（二）陆战部队，公交先行

前面已经说过营养快线的上市推广可谓是海陆空三军齐动，除了河南卫视频道、都市频道和河南交通广播的空中轰炸，娃哈哈还大手笔投放了地面上来回穿梭于城市的公交车车体广告，无论你出行到东西南北都能看到。比如，在郑州投放的 37 路、60 路、4 路、62 路等车体广告，这些公交车不是从西到东的，就是从南到北的，要么就是来回于火车站的，产品信息展示收看频率都非常高，传播受众面也非常广。

（三）特通是潜艇，POP 是信号弹

娃哈哈营养快线被快速认知，迅速占领消费者心智，与每周末在商场或者广场进行的大型路演、在网吧做的免费品尝活动密切相连，另外，还有业务人员在大街小巷张贴 POP 海报，就像提醒你注意有情况的信号弹。

特通的开发，更像是为营养快线保驾护航的潜艇。比如，与火锅店和饭店合作，只要顾客到火锅店或者饭店消费，每桌就可以免费领到由礼仪小姐送上的娃哈哈营养快线一瓶。免费的如果不够喝，再消费就需要购买，但可以享受优惠活动价格。

娃哈哈还开展了针对出租车司机免费领取营养快线的活动。比如，选择给在排队加油的出租车司机每人发放一瓶营养快线，并与加油站合作，凡是来加油满 200 元的，凭加油小票免费领取营养快线一瓶，限量送完为止。

还有就是针对门店或者商业街道开展的集中陈列展示活动，这也是最能促进销售的活动。如前面提到安阳的陈列，其他区域的陈列活动也大同小异，一种是集中区域陈列，一种是街道集中陈列。再如在洛阳地区包括县城搞陈列活动时，最高时营养快线这款产品一个月的零点陈列就做了 4800 家，端架陈列 600 家。又如豫北市场在所有地级市火车站、汽车站包括县城的汽车站搞买断陈列活动，重点做端架陈列和整箱产品陈列活动（如图 7－2、图 7－3 所示），在每个火车站、汽车站附近做买断陈列不少于 15～30 家形象端架及地堆陈列，一次性买断 3 个月。

图 7－2　营养快线推广活动图

所有这些推广活动投入后，营养快线在河南乃至于全国各地迅速受到了热烈追捧。在豫北市场上市 6 个月销量就突破 160 万件/月，最高时年销售营养快线突破 2000 万件，成为娃哈哈全国市场的样板市场和销售额第一大市场，营养快线一度成为娃哈哈重要的销售额占比和利润

图7－3　营养快线推广活动图

贡献点之一。包括随后推出的爽歪歪奶制品的成功开发和推广，都为娃哈哈公司输入了新鲜的血液，让娃哈哈重新活力四射。2013年年底，在河南市场，所有娃哈哈产品的销售收入已做到了近60亿元，其中豫北就贡献了30亿元，而营养快线在豫北贡献了将近9亿元。

7.6　产品升级：幸福牵线

娃哈哈营养快线在2005年推出市场并一直高速增长，风靡市场几年后，消费者开始对这款产品产生审美疲劳，再加上曾经的消费心理价值被六个核桃等产品冲击，总体销售量开始下滑。娃哈哈的科研人员一直在关注消费者的新需求，那么能否对营养快线进行更好的升级呢？

一、研发背景

2008年，正当娃哈哈科研人员拿出这个设想时，9月一场由“三鹿毒奶粉”事件引发的中国奶业危机席卷全国，消费者闻“奶”色变！而娃哈哈科研人员却进一步增强了推广这一升级版营养快线的信心。

而且娃哈哈通过调研发现，酸奶类产品日渐被大众所接受。于是，娃哈哈公司把酸奶与果汁相结合，在营养素的调配上增加营养成分，并且参照中国居民膳食营养推荐摄入量标准（RNls），针对中国人的饮食习惯，组织开展了上千次实验，把“果汁＋牛奶＋15种营养元素”升级到“果汁＋酸奶＋益生菌发酵＋18种营养元素”。

一场以“升级了，升级了”为口号的升级版营养快线推广运动，在2009年的新春中，由娃哈哈总部杭州向全国推开。携营养快线连续多年持续畅销的气势，娃哈哈营养快线升级版一面世，就开展了最接地气的浪漫活动。

比如，2015年“11月11日就快到了，你是否在为自己的单身而黯然神伤？是否在为别人的成双成对羡慕不已？那就赶紧来报名参加娃哈哈‘营养快线·幸福牵线’的大型相亲活动吧！”这是平面媒体携手娃哈哈集团开展的“为单身男女打造一场2015年超浪漫的免费相亲交友派对”活动。

还有2010年娃哈哈与网络媒体新浪合作在全国统一开展的主题为“幸福摩天轮，相聚桃花岛”的大型相亲活动，都受到了众多消费者的关注，一举占领了高端市场。比如，豫北市场2012年上半年就销售350ml幸福牵线964万箱，500ml幸福牵线561万箱，500ml营养快线492万箱，为消费者带来了一场新的味觉盛宴，再次为娃哈哈开启了印钞机！

二、娃哈哈的产品创新策略

可能你会问，怎么区分营养快线和幸福牵线呢？最简单的标识就是幸福牵线的瓶标上有半颗心型。那你可能还会认为，营养快线和幸福牵线的口感都一样，没有什么不同啊！是的，没有多大区别，但还是有区别的，你必须细细品味，因为娃哈哈科研人员对营养快线进行升级时就保留了营养快线原有的风味，只是对营养进行了改进，增加了营养元素和益生菌发酵技术。

那么娃哈哈为什么要这样做呢？这就是娃哈哈的营销战略。宗庆后对产品创新研发有自己的独特模式，例如行业人士知道的“一、二、四、八”产品开发模式，就是娃哈哈组合产品群研发模式，即一款新产品研发出来后，如果旺销，研发部立马就会在第一款产品的基础上准备两款类似新品，以此类推，裂变式开发。如娃哈哈以营养快线为基础，研发出生物科技、阳光早餐、幸福牵线、呦呦奶茶等组成阵容强大的产品纵深群，这里面蕴含了娃哈哈八大经典营销战略里的产品“创新战略”、“长蛇阵”和“小步快跑”。

首先，娃哈哈的创新战略采取的是跟随战略，也就是在原有的技术基础上略微改进，升级版营养快线就是一个典型的代表。从内到外只做了以下改进：

第一，外包装。营养快线以橙黄色瓶标和紫色瓶标为主，升级时瓶形没有变，只是改变了瓶标的色调，改成了朦胧浪漫粉紫色。在每一个瓶子上都印有半颗心，两瓶拼在一起就是一颗心。这种心与心的相容，突出的是一种温馨感，可以一下子占据消费者的内心。

第二，产品口感。两种产品的口感是一样的，除非你细细地品味，否则没有明显的区别。营养快线在升级时保留了原有的风味，这样就避免了消费者重新适应新口味而可能存在的风险。如果你是行业内人士或者营销类人士，想必你一定会想起1985年可口可乐耗时两年花掉400万美元广告费对可口可乐改进全新口味失败的故事。站在品牌的角度，这完全延引营养快线的口感，抓住了消费者的品牌印象和忠诚度。

第三，技术改进。营养快线是牛奶加果汁和15种营养元素，幸福牵线是酸奶加果汁和18种营养元素及益生菌发酵工艺，率先在技术上给竞品设置了障碍。

就是这样简单的创新，比你做多少市场调研和技术分析都重要。宗庆后在接受《财经周刊》采访时说：“现在，国外的东西一出来国内马上就有了，而且由于全球经济不好，国外现在出的新产品也比较少，引进创新已经不再适用，加之目前企业的实力已经非常雄厚，娃哈哈集团进入了自主创新阶段。其中最成功的创新产品之一就是‘营养快线升级版’，这种产品是在牛奶中加了18种营养素，采用益生菌发酵，市场反应非常好。我们的产品出来以后，很多人也跟着做。如可口可乐的果粒奶优，但都做不到我们这个程度，因为他们的技术水平无法超越我们。与此同时，如果市场反应良好，我们会尽快扩大规模，占据市场份额，保证在竞争中占据绝对优势。”

娃哈哈的创新大致经历了四个阶段：

第一阶段是模仿创新。起初娃哈哈的企业还很弱小，当时很多企业都在做果奶，娃哈哈也跟着做。但是跟别人不同的是，娃哈哈一份果奶六瓶，人家做一个口味，娃哈哈做六个口味，还很受消费者的欢迎。后来大家都做钙奶，娃哈哈也做，但是娃哈哈加了维生素A、维生素E和维生素D，能够促进钙的吸收，也是小小的创新。结果娃哈哈占据了市场优势，而且比上一家做得还好。

第二阶段是引进创新。如娃哈哈纯净水，当时国内主要做蒸馏水，成本比较高，口感也不好。娃哈哈发现美国有一种瓶装水技术，成本低，口感又好，就直接引进来，取名“纯净水”，很快受到消费者的欢迎。这使得娃哈哈在当时国内市场竞争中占据了领先地位，一举成为水霸。

第三阶段是“小步快跑”。营养快线的成功升级就是通过“小步快跑”战略，在合适的时机做产品长蛇阵，通过不断创新升级推出适合的产品，使产品更深入、全面地纵向和横向渗透。别人有的我也要有，而且还要比人优，不会快一步，只快半步。

娃哈哈一直秉承着“小步快跑”的经营战略，即不断研发新产品，然后“区域性试水”。如果市场反应好就立刻大手笔投入，全面启动“快跑”进而迅速占领市场；如果区域试水不行，就立刻悬崖勒马，收缩资源转投下一个新品。“小步快跑，失误也不会有多大损失，发现不对及时纠正。”宗庆后如是说，看似简单浅显的一句话，要做好也实属不易。

第四阶段是互联网落地试错战略。这个营销战略是外界所不知道的战略，最具代表性的产品是娃哈哈小陈陈。一改27年的产品营销推广路数，首次与京东合作试水互联网营销，把产品定位在网上购物的年轻人群，令人吃惊。

再如2015年推出的“晶钻瓶”纯净水，一是对瓶型做了大胆的创新，二是对纯净水增加了可签名的额外价值，三是体现了节约用水的勤俭公益理念。还有爱迪生奶酪等产品，都是在大胆地试错。

其实在这些创新的背后，娃哈哈的每一个动作都蕴涵着稳健的保守。另一方面，宗庆后这位看似保守的企业家，却在企业创新领域有胆有识，不断在尝试不符合常规但符合中国市场的营销打法。

三、“陈列效应”引爆豫北市场

幸福牵线面世迅速爆量，一方面是娃哈哈产品营销战略的成效，另一方面还有很多不为外界所知的营销精耕效应（娃哈哈另一个撒手锏是试错营销）。比如，豫北市场通过营养快线总结出来的“陈列效应”和“错时效应”，被列为《娃哈哈豫北陈列规范》在集团公司推广学习。那么娃哈哈在推广幸福牵线时是如何使用这两种效应的呢？我在这里只介绍一下豫北是如何使用“陈列效应”的。

案例：小王负责的终端门店有50家，其中10家是批发加零售的门店，每月能销售娃哈哈幸福牵线6件的有2家，13件的有3家，19件的有5家；另外40家是只做零售的门店，每月能销售娃哈哈幸福牵线3件的13家，7件的17家，11件的10家。公司要求在国庆节期间搞一场陈列有奖活动，必须做到投入产出效益最大化，时间是一个月，陈列费用3000元。问题是：如果你是小王，请你为小王做一个促销陈列方案，你会怎么做？娃哈哈豫北市场的小王根据《娃哈哈豫北陈列规范》是这样做的：

（1）根据门店类型确定选择不同的陈列活动方式。批发带零售的10家门店，小王选择整箱加零瓶陈列活动。只做零售的40家门店，小王调研后发现基本都是小超市，确定促销陈列活动方式为买断一层货架。

（2）把活动经费进行拆分，2000 元用于零售门店，1000 元用于批发零售门店。

（3）套餐力度制定。批发零售门店分三个级别的套餐：一次接货 10 件、25 件、35 件，分别对应月销售 6 件的 2 家，13 件的 3 家，19 件的 5 家，在门店门口分别对应整箱集中陈列展示 5 件、10 件、20 件，整箱最上面必须是两件割箱展示，按照要求摆放一个月后分别给予 100 元、90 元、80 元奖励，余下的 130 元用于最佳陈列配合奖三名，分别设置为 60 元、40 元、30 元奖励；只做零售的门店也分三个级别的套餐：一次接货 5 件、10 件、15 件，分别对应月销售 3 件的 13 家，7 件 17 家，11 件的 10 家，门店提供一层货架零瓶陈列展示一个月，分别给予 40 元、50 元、60 元奖励，余下费用 200 元用于最佳陈列配合奖 5 名，分别设置 55 元、35 元、25 元奖励。

从小王的活动方案可以看出，它有 4 点优势：一是符合公司要求，用足了费用，做到了投入产出效益最大化；二是跳出了常规的一刀切，根据区域里门店的不同类型选择了不同陈列方式；三是针对不同月销量门店制定了不同套餐，大小门店通吃，还不会出现过度压库的问题；四是整个活动营造出了非常良好的产品销售氛围。

豫北市场在做营养快线精耕活动时总结出来的试错营销中的“陈列效应”和“错时效应”，很快践行到幸福牵线推广活动中。2012 年上半年豫北市场就销售 350ml 幸福牵线 964 万箱，500ml 幸福牵线 561 万箱，500ml 营养快线 492 万箱。另外，在本次活动中，对于陈列活动的起止时间，小王也根据《娃哈哈豫北陈列规范》做到了效益最大化。

营养快线，幸福牵线。营养快线的升级成功，是娃哈哈保守加创新的最好诠释。这些看似简单的创新做法，以及最老土的营销打法，支撑了娃哈哈集团 28 年来的发展，保持了其中国饮料行业的龙头地位。而“创新”是一直伴随娃哈哈前行的根基，也道出了娃哈哈集团 28 年经营不败的大战略秘籍。

推荐作者得新书！

博瑞森征稿启事

亲爱的读者朋友：

感谢您选择了博瑞森图书！希望您手中的这本书能给您带来实实在在的帮助！

博瑞森一直致力于发掘好作者、好内容，希望能把您最需要的思想、方法，一字一句地交到您手中，成为专业知识与管理实践的纽带和桥梁。

但是我们也知道，有很多深入企业一线、经验丰富、乐于分享的优秀专家，或者往来奔波没时间，或者缺少专业的写作指导和便捷的出版途径，只能茫然以待……

还有很多在竞争大潮中坚守的企业，有着异常宝贵的实践经验和独特的闪光点，但缺少专业的记录和整理者，无法让企业的经验和故事被更多的人了解、学习、参考……

这些都太遗憾了！

博瑞森非常希望能将这些埋藏的"宝藏"发掘出来，贡献给广大读者，让更多的人得到帮助。

所以，我们真心地邀请您，我们的老读者，帮助我们一起搜寻：

推荐作者。

可以是您自己或您的朋友，只要对本土管理有实践、有思考；可以是您通过网络、杂志、书籍或其他途径了解的某位专家，不管名气大小，只要他的思想和方法曾让您深受启发。

推荐企业。

可以是您自己所在的企业，或者是您熟悉的某家企业，其创业过程、运营经历、产品研发、机制创新，等等。不论企业大小，只要乐于分享、有值得借鉴书写之处。

总之，好内容就是一切！

博瑞森绝非"自费出书"，出版项目费用完全由我们承担。您推荐的作者或企业案例一经采用，我们会立刻向您赠送书币100元，可直接换取任何博瑞森图书的纸质版或电子版。

感谢您对本土管理的支持！感谢您对博瑞森图书的帮助！

推荐邮箱：bookgood@126.com　　　推荐手机：13611149991

与主编加为好友：

博瑞森管理图书网：http://www.bracebook.com.cn/index.html

1120 本土管理实践与创新论坛

这是由100多位本土管理专家联合创立的企业管理实践学术交流组织，旨在孵化本土管理思想、促进企业管理实践、加强专家间交流与协作。

论坛每年集中力量办好两件大事：第一，**“出一本书”**，汇聚一年的思考和实践，把最原创、最前沿、最实战的内容集结成册，贡献读者；第二，**“办一次会”**，每年11月20日本土管理专家们汇聚一堂，碰撞思想、研讨案例、交流切磋、回馈社会。

论坛理事名单（以年龄为序，以示传承之意）

常务理事：

彭志雄　曾　伟　施　炜　杨　涛　张学军　郭　晓
程绍珊　胡八一　王祥伍　李志华　陈立云　杨永华

理　　事：

卢根鑫　曾令同　宋杼宸　张国祥　刘承元　曹子祥　宋新宇　吴越舟
吴　坚　戴欣明　刘春雄　刘祖轲　段继东　何　慕　秦国伟　贺兵一
张小虎　郭　剑　余晓雷　黄中强　朱玉童　沈　坤　阎立忠　张　进
丁兴良　朱仁健　薛宝峰　史贤龙　卢　强　史幼波　叶敦明　王明胤
陈　明　岑立聪　方　刚　张东利　郭富才　叶　宁　何　屹　沈　奎
王　超　马宝琳　谭长春　夏惊鸣　张　博　李洪道　胡浪球　孙　波
唐江华　刘红明　杨鸿贵　伯建新　高可为　李　蓓　孔祥云　贾同领
罗宏文　史立臣　李政权　余　盛　陈小龙　尚　锋　邢　雷　余伟辉
李小勇　全怀周　沈　拓　徐伟泽　崔自三　王玉荣　蒋　军　侯军伟
黄润霖　金国华　吴　之　葛新红　周　剑　崔海鹏　柏　龑　唐道明
朱志明　曲宗恺　杜　忠　远　鸣　范月明　刘文新　赵晓萌　张　伟
熊亚柱　孙彩军　刘　雷　王庆云　俞士耀　丁　昀　黄　磊　罗晓慧
伏泓霖　梁小平　鄢圣安

企业案例·老板传记

	书名．作者	内容/特色	读者价值
企业案例·老板传记	**娃哈哈区域标杆：豫北市场营销实录** 罗宏文　赵晓萌　等著	本书从区域的角度来写娃哈哈河南分公司豫北市场是怎么进行区域市场营销，成为娃哈哈全国第一大市场、全国增量第一高市场的一些操作方法	参考性、指导性，一线真实资料
	六个核桃凭什么：从0过100亿 张学军　著	首部全面揭秘养元六个核桃裂变式成长的巨著	学习优秀企业的成长路径，了解其背后的理论体系
	借力咨询：德邦成长背后的秘密 官同良　王祥伍　著	讲述德邦是如何借助咨询公司的力量进行自身 与发展的	来自德邦内部的第一线资料，真实、珍贵，令人受益匪浅
	解决方案营销实战案例 刘祖轲　著	用10个真案例讲明白什么是工业品的解决方案式营销，实战、实用	有干货、真正操作过的才能写得出来
	招招见销量的营销常识 刘文新　著	如何让每一个营销动作都直指销量	适合中小企业，看了就能用
	我们的营销真案例 联纵智达研究院　著	五芳斋粽子从区域到全国/诺贝尔瓷砖门店销量提升/利豪家具出口转内销/汤臣倍健的营销模式	选择的案例都很有代表性，实在、实操！
	中国营销战实录：令人拍案叫绝的营销真案例 联纵智达　著	51个案例，42家企业，38万字，18年，累计2000余人次参与……	最真实的营销案例，全是一线记录，开阔眼界
	双剑破局：沈坤营销策划案例集 沈　坤　著	双剑公司多年来的精选案例解析集，阐述了项目策划中每一个营销策略的诞生过程，策划角度和方法	一线真实案例，与众不同的策划角度令人拍案叫绝、受益匪浅
	宗：一位制造业企业家的思考 杨　涛　著	1993年创业，引领企业平稳发展20多年，分享独到的心得体会	难得的一本老板分享经验的书
	简单思考：AMT咨询创始人自述 孔祥云　著	著名咨询公司（AMT）的CEO创业历程中点点滴滴的经验与思考	每一位咨询人，每一位创业者和管理经营者，都值得一读
	边干边学做老板 黄中强　著	创业20多年的老板，有经验、能写、又愿意分享，这样的书很少	处处共鸣，帮助中小企业老板少走弯路
	三四线城市超市如何快速成长：解密甘雨亭 IBMG国际商业管理集团　著	国内外标杆企业的经验+本土实践量化数据+操作步骤、方法	通俗易懂，行业经验丰富，宝贵的行业量化数据，关键思路和步骤
	中国首家未来超市：解密安徽乐城 IBMG国际商业管理集团　著	本书深入挖掘了安徽乐城超市的试验案例，为零售企业未来的发展提供了一条可借鉴之路	通俗易懂，行业经验丰富，宝贵的行业量化数据，关键思路和步骤

互联网+

	书名．作者	内容/特色	读者价值
互联网+	**触发需求：互联网新营销样本·水产** 何足奇　著	传统产业都在苦闷中挣扎前行，本书通过鲜活的案例告诉你如何以需求链整合供应链，从而把大家熟知的传统行业打碎了重构、重做一遍	全是干货，值得细读学习，并且作者的理论已经经过了他亲自操刀的实践检验，效果惊人，就在书中全景展示
	移动互联新玩法：未来商业的格局和趋势 史贤龙　著	传统商业、电商、移动互联，三个世界并存，这种新格局的玩法一定要懂	看清热点的本质，把握行业先机，一本书搞定移动互联网
	微商生意经：真实再现33个成功案例操作全程 伏泓霖　罗晓慧　著	本书为33个真实案例，分享案例主人公在做微商过程中的经验教训	案例真实，有借鉴意义
	今后这样做品牌：移动互联时代的品牌营销策略 蒋　军　著	与移动互联紧密结合，告诉你老方法还能不能用，新方法怎么用	今后这样做品牌就对了
	互联网+"变"与"不变"：本土管理实践与创新论坛集萃．2016 本土管理实践与创新论坛　著	本土管理领域正在产生自己独特的理论和模式，尤其在移动互联时代，有很多新课题需要本土专家们一起研究	帮助读者拓宽眼界、突破思维

续表

互联网+	**创造增量市场:传统企业互联网转型之道** 刘红明　著	传统企业需要用互联网思维去创造增量,而不是用电子商务去转移传统业务的存量	教你怎么在"互联网+"的海洋中创造实实在在的增量
	重生战略:移动互联网和大数据时代的转型法则 沈　拓　著	在移动互联网和大数据时代,传统企业转型如同生命体打算与再造,称之为"重生战略"	帮助企业认清移动互联网环境下的变化和应对之道
	画出公司的互联网进化路线图:用互联网思维重塑产品、客户和价值 李　蓓　著	18个问题帮助企业一步步梳理出互联网转型思路	思路清晰、案例丰富,非常有启发性
	7个转变,让公司3年胜出 李　蓓　著	消费者主权时代,企业该怎么办	这就是互联网思维,老板有能这样想,肯定倒不了
	跳出同质思维,从跟随到领先 郭　剑　著	66个精彩案例剖析,帮助老板突破行业长期思维惯性	做企业竟然有这么多玩法,开眼界

行业类:零售、白酒、食品/快消品、农业、医药、建材家居等

	书名.作者	内容/特色	读者价值
零售·超市·餐饮·服装·汽车	**1. 总部有多强大,门店就能走多远** **2. 超市卖场定价策略与品类管理** **3. 连锁零售企业招聘与培训破解之道** **4. 中国首家未来超市:解密安徽乐城** **5. 三四线城市超市如何快速成长:解密甘雨亭** IBMG国际商业管理集团　著	国内外标杆企业的经验+本土实践量化数据+操作步骤、方法	通俗易懂,行业经验丰富,宝贵的行业量化数据,关键思路和步骤
	涨价也能卖到翻 村松达夫　【日】	提升客单价的15种实用、有效的方法	日本企业在这方面非常值得学习和借鉴
	零售:把客流变成购买力 丁　昀　著	如何通过不断升级产品和体验式服务来经营客流	如何进行体验营销,国外的好经营,这方面有启发
	餐饮企业经营策略第一书 吴　坚　著	分别从产品、顾客、市场、盈利模式等几个方面,对现阶段餐饮企业的发展提出策略和思路	第一本专业的、高端的餐饮企业经营指导书
	赚不赚钱靠店长:从懂管理到会经营 孙彩军　著	通过生动的案例来进行剖析,注重门店管理细节方面的能力提升	帮助终端门店店长在管理门店的过程中实现经营思路的拓展与突破
	汽车配件这样卖:汽车后市场销售秘诀100条 俞士耀　著	汽配销售业务员必读,手把手教授最实用的方法,轻松得来好业绩	快速上岗,专业实效,业绩无忧
白酒	**变局下的白酒企业重构** 杨永华　著	帮助白酒企业从产业视角看清趋势,找准位置,实现弯道超车的书	行业内企业要减少90%,自己在什么位置,怎么做,都清楚了
	1. 白酒营销的第一本书(升级版) **2. 白酒经销商的第一本书** 唐江华　著	华泽集团湖南开口笑公司品牌部长,擅长酒类新品推广、新市场拓展	扎根一线,实战
	区域型白酒企业营销必胜法则 朱志明　著	为区域型白酒企业提供35条必胜法则,在竞争中赢销的葵花宝典	丰富的一线经验和深厚积累,实操实用
	10步成功运作白酒区域市场 朱志明　著	白酒区域操盘者必备,掌握区域市场运作的战略、战术、兵法	在区域市场的攻伐防守中运筹帷幄,立于不败之地
	酒业转型大时代:微酒精选2014-2015 微酒　主编	本书分为五个部分:当年大事件、那些酒业营销工具、微酒独立策划、业内大调查和十大经典案例	了解行业新动态、新观点,学习营销方法

续表

快消品·食品	**乳业营销第一书** 侯军伟　著	对区域乳品企业生存发展关键性问题的梳理	唯一的区域乳业营销书,区域乳品企业一定要看
	食用油营销第一书 余　盛　著	10 多年油脂企业工作经验,从行业到具体实操	食用油行业第一书,当之无愧
	中国茶叶营销第一书 柏　龑　著	如何跳出茶行业"大文化小产业"的困境,作者给出了自己的观察和思考	不是传统做茶的思路,而是现在商业做茶的思路
	调味品营销第一书 陈小龙　著	国内唯一一本调味品营销的书	唯一的调味品营销的书,调味品的从业者一定要看
	快消品营销人的第一本书:从入门到精通 刘　雷　伯建新　著	快消行业必读书,从入门到专业	深入细致,易学易懂
	变局下的快消品营销实战策略 杨永华　著	通胀了,成本增加,如何从被动应战变成主动的"系统战"	作者对快消品行业非常熟悉、非常实战
	快消品经销商如何快速做大 杨永华　著	本书完全从实战的角度,评述现象,解析误区,揭示原理,传授方法	为转型期的经销商提供了解决思路,指出了发展方向
	一位销售经理的工作心得 蒋　军　著	一线营销管理人员想提升业绩却无从下手时,可以看看这本书	一线的真实感悟
	快消品营销:一位销售经理的工作心得 2 蒋　军　著	快消品、食品饮料营销的经验之谈,重点图书	来源与实战的精华总结
	快消品营销与渠道管理 谭长春　著	将快消品标杆企业渠道管理的经验和方法分享出来	可口可乐、华润的一些具体的渠道管理经验,实战
	成为优秀的快消品区域经理 伯建新　著	37 个"怎么办"分析区域经理的工作关键点	可以作为区域经理的'速成催化器'
	销售轨迹:一位快消品营销总监的拼搏之路 秦国伟　著	本书讲述了一个普通销售员打拼成为跨国企业营销总监的真实奋斗历程	激励人心,给广大销售员以力量和鼓舞
	快消老手都在这样做:区域经理操盘锦囊 方刚　著	非常接地气,全是多年沉淀下来的干货,丰富的一线经验和实操方法不可多得	在市场摸爬滚打的"老油条",那些独家绝招妙招一般你问都是问不来的
农业	**农资营销实战全指导** 张　博　著	农资如何向"深度营销"转型,从理论到实践进行系统剖析,经验资深	朴实、使用!不可多得的农资营销实战指导
	农产品营销第一书 胡浪球　著	从农业企业战略到市场开拓、营销、品牌、模式等	来源于实践中的思考,有启发
	变局下的农牧企业 9 大成长策略 彭志雄　著	食品安全、纵向延伸、横向联合、品牌建设……	唯一的农牧企业经营实操的书,农牧企业一定要看
医药	**新医改下的医药营销与团队管理** 史立臣　著	探讨新医改对医药行业的系列影响和医药团队管理	帮助理清思路,有一个框架
	医药营销与处方药学术推广 马宝琳　著	如何用医学策划把"平民产品"变成"明星产品"	有真货、讲真话的作者,堪称处方药营销的经典!
	新医改了,药店就要这样开 尚　锋　著	药店经营、管理、营销全攻略	有很强的实战性和可操作性
	电商来了,实体药店如何突围 尚　锋　著	电商崛起,药店该如何突围?本书从促销、会员服务、专业性、客单价等多重角度给出了指导方向	实战攻略,拿来就能用
	在中国,医药营销这样做:时代方略精选文集 段继东　主编	专注于医药营销咨询 15 年,将医药营销方法的精华文章合编,深入全面	可谓医药营销领域的顶尖著作,医药界读者的必读书
	OTC 医药代表药店开发与维护 鄢圣安　著	要做到一名专业的医药代表,需要做什么、准备什么、知识储备、操作技巧等	医药代表药店拜访的指导手册,手把手教你快速上手

续表

医药	**引爆药店成交率1:店员导购实战** 范月明　著	一本书解决药店导购所有难题	情景化、真实化、实战化
	引爆药店成交率2:经营落地实战 范月明　著	最接地气的经营方法全指导	揭示了药店经营的几类关键问题
	医药企业转型升级战略 史立臣　著	药企转型升级有5大途径,并给出落地步骤及风险控制方法	实操性强,有作者个人经验总结及分析
建材家居	**建材家居营销实务** 程绍珊　杨鸿贵　主编	价值营销运用到建材家居,每一步都让客户增值	有自己的系统、实战
	建材家居门店销量提升 贾同领　著	店面选址、广告投放、推广助销、空间布局、生动展示、店面运营等	门店销量提升是一个系统工程,非常系统、实战
	10步成为最棒的建材家居门店店长 徐伟泽　著	实际方法易学易用,让员工能够迅速成长,成为独当一面的好店长	只要坚持这样干,一定能成为好店长
	手把手帮建材家居导购业绩倍增:成为顶尖的门店店员 熊亚柱　著	生动的表现形式,让普通人也能成为优秀的导购员,让门店业绩长红	读着有趣,用着简单,一本在手、业绩无忧
	建材家居经销商实战42章经 王庆云　著	告诉经销商:老板怎么当、团队怎么带、生意怎么做	忠言逆耳,看着不舒服就对了,实战总结,用一招半式就值了
工业品	**销售是门专业活:B2B、工业品** 陆和平　著	销售流程就应该跟着客户的采购流程和关注点的变化向前推进,将一个完整的销售过程分成十个阶段,提供具体方法	销售不是请客吃饭拉关系,是个专业的活计!方法在手,走遍天下不愁
	解决方案营销实战案例 刘祖轲　著	用10个真案例讲明白什么是工业品的解决方案式营销,实战、实用	有干货、真正操作过的才能写得出来
	变局下的工业品企业7大机遇 叶敦明　著	产业链条的整合机会、盈利模式的复制机会、营销红利的机会、工业服务商转型机会……	工业品企业还可以这样做,思维大突破
	工业品市场部实战全指导 杜　忠　著	工业品市场部经理工作内容全指导	系统、全面、有理论、有方法,帮助工业品市场部经理更快提升专业能力
	工业品营销管理实务 李洪道　著	中国特色工业品营销体系的全面深化、工业品营销管理体系优化升级	工具更实战,案例更鲜活,内容更深化
	工业品企业如何做品牌 张东利　著	为工业品企业提供最全面的品牌建设思路	有策略、有方法、有思路、有工具
	丁兴良讲工业4.0 丁兴良　著	没有枯燥的理论和说教,用朴实直白的语言告诉你工业4.0的全貌	工业4.0是什么?本书告诉你答案
	资深大客户经理:策略准,执行狠 叶敦明　著	从业务开发、发起攻势、关系培育、职业成长四个方面,详述了大客户营销的精髓	满满的全是干货
	一切为了订单:订单驱动下的工业品营销实战 唐道明　著	其实,所有的企业都在围绕着两个字在开展全部的经营和管理工作,那就是"订单"	开发订单、满足订单、扩大订单。本书全是实操方法,字字珠玑、句句干货,教你获得营销的胜利
金融	**交易心理分析** (美)马克·道格拉斯　著 刘真如　译	作者一语道破赢家的思考方式,并提供了具体的训练方法	不愧是投资心理的第一书,绝对经典
	精品银行管理之道 崔海鹏　何　屹　主编	中小银行转型的实战经验总结	中小银行的教材很多,实战类的书很少,可以看看
	支付战争 Eric M. Jackson　著 徐　彬　王　晓　译	PayPal创业期营销官,亲身讲述PayPal从诞生到壮大到成功出售的整个历史	激烈、有趣的内幕商战故事!了解美国支付市场的风云巨变
房地产	**产业园区/产业地产规划、招商、运营实战** 阎立忠　著	目前中国第一本系统解读产业园区和产业地产建设运营的实战宝典	从认知、策划、招商到运营全面了解地产策划
	人文商业地产策划 戴欣明　著	城市与商业地产战略定位的关键是不可复制性,要发现独一无二的"味道"	突破千城一面的策划困局
	电影院的下一个黄金十年:开发·差异化·案例 李保煜　著	对目前电影院市场存大的问题及如何解决进行了探讨与解读	**多角度了解电影院运营方式及代表性案例**

续表

经营类:企业如何赚钱,如何抓机会,如何突破,如何"开源"			
	书名.作者	内容/特色	读者价值
抓方向	**让经营回归简单.升级版** 宋新宇　著	化繁为简抓住经营本质:战略、客户、产品、员工、成长	经典,做企业就这几个关键点!
	公司由小到大要过哪些坎 卢　强　著	老板手里的一张"企业成长路线图"	现在我在哪儿,未来还要走哪些路,都清楚了
	企业二次创业成功路线图 夏惊鸣　著	企业曾经抓住机会成功了,但下一步该怎么办?	企业怎样获得第二次成功,心里有个大框架了
	老板经理人双赢之道 陈　明　著	经理人怎养选平台、怎么开局,老板怎样选/育/用/留	老板生闷气,经理人牢骚大,这次知道该怎么办了
	简单思考:AMT 咨询创始人自述 孔祥云　著	著名咨询公司(AMT)的 CEO 创业历程中点点滴滴的经验与思考	每一位咨询人,每一位创业者和管理经营者,都值得一读
	企业文化的逻辑 王祥伍　黄健江　著	为什么企业绩效如此不同,解开绩效背后的文化密码	少有的深刻,有品质,读起来很流畅
	使命驱动企业成长 高可为　著	钱能让一个人今天努力,使命能让一群人长期努力	对于想做事业的人,'使命'是绕不过去的
思维突破	**移动互联新玩法:未来商业的格局和趋势** 史贤龙　著	传统商业、电商、移动互联,三个世界并存,这种新格局的玩法一定要懂	看清热点的本质,把握行业先机,一本书搞定移动互联网
	画出公司的互联网进化路线图:用互联网思维重塑产品、客户和价值 李　蓓　著	18 个问题帮助企业一步步梳理出互联网转型思路	思路清晰、案例丰富,非常有启发性
	重生战略:移动互联网和大数据时代的转型法则 沈　拓　著	在移动互联网和大数据时代,传统企业转型如同生命体打算与再造,称之为"重生战略"	帮助企业认清移动互联网环境下的变化和应对之道
	创造增量市场:传统企业互联网转型之道 刘红明　著	传统企业需要用互联网思维去创造增量,而不是用电子商务去转移传统业务的存量	教你怎么在"互联网+"的海洋中创造实实在在的增量
	7 个转变,让公司 3 年胜出 李　蓓　著	消费者主权时代,企业该怎么办	这就是互联网思维,老板有能这样想,肯定倒不了
	跳出同质思维,从跟随到领先 郭　剑　著	66 个精彩案例剖析,帮助老板突破行业长期思维惯性	做企业竟然有这么多玩法,开眼界
	麻烦就是需求　难题就是商机 卢根鑫　著	如何借助客户的眼睛发现商机	什么是真商机,怎么判断、怎么抓,有借鉴
	互联网+"变"与"不变":本土管理实践与创新论坛集萃·2016 本土管理实践与创新论坛　著	加速本土管理思想的孕育诞生,促进本土管理创新成果更好地服务企业、贡献社会	各个作者本年度最新思想,帮助读者拓宽眼界、突破思维

管理类:效率如何提升,如何实现经营目标,如何"节流"			
	书名.作者	内容/特色	读者价值
通用管理	**1. 让管理回归简单.升级版** **2. 让经营回归简单.升级版** **3. 让用人回归简单** 宋新宇　著	宋博士的"简单"三部曲,影响 20 万读者,非常经典	被读者热情地称作"中小企业的管理圣经"
	分股合心:股权激励这样做 段　磊　周　剑　著	通过丰富的案例,详细介绍了股权激励的知识和实行方法	内容丰富全面、易读易懂,了解股权激励,有这一本就够了
	边干边学做老板 黄中强　著	创业 20 多年的老板,有经验、能写、又愿意分享,这样的书很少	处处共鸣,帮助中小企业老板少走弯路
	阿米巴经营的中国模式 李志华　著	让员工从"要我干"到"我要干",价值量化出来	阿米巴在企业如何落地,明白思路了

续表

通用管理	**中国式阿米巴落地实践之激活组织** 胡八一　著	重点讲解如何科学划分阿米巴单元，阐述划分的实操要领、思路、方法、技术与工具	最大限度减少“推行风险”和“摸索成本”，利于公司成功搭建适合自身的个性化阿米巴经营体系
	欧博心法：好管理靠修行 曾　伟　著	用佛家的智慧，深刻剖析管理问题，见解独到	如果真的有‘中国式管理’，曾老师是其中标志性人物
流程管理	**1. 用流程解放管理者** **2. 用流程解放管理者2** 张国祥　著	中小企业阅读的流程管理、企业规范化的书	通俗易懂，理论和实践的结合恰到好处
	跟我们学建流程体系 陈立云　著	畅销书《跟我们学做流程管理》系列，更实操，更细致，更深入	更多地分享实践，分享感悟，从实践总结出来的方法论
质量管理	**1. ISO9001:2015 新版质量管理体系详解与案例文件汇编** **2. ISO14001:2015 新版环境管理体系详解与案例文件汇编** 谭洪华　著	紧密围绕2015新版，逐条详细解读，工具也可以直接套用，易学易上手	企业认证、内审必备
战略落地	**重生——中国企业的战略转型** 施　炜　著	从前瞻和适用的角度，对中国企业战略转型的方向、路径及策略性举措提出了一些概要性的建议和意见	对企业有战略指导意义
	公司大了怎么管：从靠英雄到靠组织 AMT 金国华　著	第一次详尽阐释中国快速成长型企业的特点、问题及解决之道	帮助快速成长型企业领导及管理团队理清思路，突破瓶颈
	低效会议怎么改：每年节省一半会议成本的秘密 AMT 王玉荣　著	教你如何系统规划公司的各级会议，一本工具书	教会你科学管理会议的办法
	年初订计划，年尾有结果：战略落地七步成诗 AMT 郭晓　著	7个步骤教会你怎么让公司制定的战略转变为行动	系统规划，有效指导计划实现
人力资源	**回归本源看绩效** 孙　波　著	让绩效回顾“改进工具”的本源，真正为企业所用	确实是来源于实践的思考，有共鸣
	世界500强培训经理教你：管理你的培训 陈　锐　著	从7大角度具体细致地讲解了培训管理的核心内容	专业、实用、接地气
	曹子祥教你做激励性薪酬设计 曹子祥　著	以激励性为指导，系统性地介绍了薪酬体系及关键岗位的薪酬设计模式	深入浅出，一本书学会薪酬设计
	曹子祥教你做绩效管理 曹子祥　著	复杂的理论通俗化，专业的知识简单化，企业绩效管理共性问题的解决方案	轻松掌握绩效管理
	把招聘做到极致 远　鸣　著	作为世界500强高级招聘经理，作者数十年招聘经验的总结分享	带来职场思考境界的提升和具体招聘方法的学习
	人才评价中心．超级漫画版 邢　雷　著	专业的主题，漫画的形式，只此一本	没想到一本专业的书，能写成这效果
	走出薪酬管理误区 全怀周　著	剖析薪酬管理的8大误区，真正发挥好枢纽作用	值得企业深读的实用教案
	集团化人力资源管理实践 李小勇　著	对搭建集团化的企业很有帮助，务实，实用	最大的亮点不是理论，而是结合实际的深入剖析
	我的人力资源咨询笔记 张　伟　著	管理咨询师的视角，思考企业的HR管理	通过咨询师的眼睛对比很多企业，有启发
	本土化人力资源管理8大思维 周　剑　著	成熟HR理论，在本土中小企业实践中的探索和思考	对企业的现实困境有真切体会，有启发
	HRBP是这样炼成的之“菜鸟起飞” 新　海　著	以小说的形式，具体解析HRBP的职责，应该如何操作，如何为业务服务	实践者的经验分享，内容实务具体，形式有趣

续表

企业文化	**华夏基石方法:企业文化落地本土实践** 王祥伍　谭俊峰　著	十年积累、原创方法、一线资料,和盘托出	在文化落地方面真正有洞察,有实操价值的书
	企业文化的逻辑 王祥伍　著	为什么企业之间如此不同,解开绩效背后的文化密码	少有的深刻,有品质,读起来很流畅
	企业文化激活沟通 宋杼宸　安　琪　著	透过新任 HR 总经理的眼睛,揭示出沟通与企业文化的关系	有实际指导作用的文化落地读本
	在组织中绽放自我:从专业化到职业化 朱仁健　王祥伍　著	个人如何融入组织,组织如何助力个人成长	帮助企业员工快速认同并投入到组织中去,为企业发展贡献力量
	企业文化定位·落地一本通 王明胤　著	把高深枯燥的专业理论创建成一套系统化、实操化、简单化的企业文化缔造方法	对企业文化不了解,不会做?有这一本从概念到实操,就够了
生产管理	**高员工流失率下的精益生产** 余伟辉　著	中国的精益生产必须面对和解决高员工流失率问题	确实来源于本土的工厂车间,很务实
	车间人员管理那些事儿 岑立聪　著	车间人员管理中处理各种"疑难杂症"的经验和方法	基层车间管理者最闹心、头疼的事,'打包'解决
	1. 欧博心法:好管理靠修行 **2. 欧博心法:好工厂这样管** 曾　伟　著	他是本土最大的制造业管理咨询机构创始人,他从 400 多个项目、上万家企业实践中锤炼出的欧博心法	中小制造型企业,一定会有很强的共鸣
	欧博工厂案例 1:生产计划管控对话录 **欧博工厂案例 2:品质技术改善对话录** **欧博工厂案例 3:员工执行力提升对话录** 曾　伟　著	最典型的问题、最详尽的解析,工厂管理 9 大问题 27 个经典案例	没想到说得这么细,超出想象,案例很典型,照搬都可以了
	苦中得乐:管理者的第一堂必修课 曾　伟　编著	曾伟与师傅大愿法师的对话,佛学与管理实践的碰撞,管理禅的修行之道	用佛学最高智慧看透管理
	比日本工厂更高效 1:管理提升无极限 刘承元　著	指出制造型企业管理的六大积弊;颠覆流行的错误认知;掌握精益管理的精髓	每一个企业都有自己不同的问题,管理没有一剑封喉的秘笈,要从现场、现物、现实出发
	比日本工厂更高效 2:超强经营力 刘承元　著	企业要获得持续盈利,就要开源和节流,即实现销售最大化,费用最小化	掌握提升工厂效率的全新方法
	比日本工厂更高效 3:精益改善力的成功实践 刘承元　著	工厂全面改善系统有其独特的目的取向特征,着眼于企业经营体质(持续竞争力)的建设与提升	用持续改善力来飞速提升工厂的效率,高效率能够带来意想不到的高效益
	3A 顾问精益实践 1:IE 与效率提升 党新民　苏迎斌　蓝旭日　著	系统的阐述了 IE 技术的来龙去脉以及操作方法	使员工与企业持续获利
	3A 顾问精益实践 2:JIT 与精益改善 肖志军　党新民　著	只在需要的时候,按需要的量,生产所需的产品	提升工厂效率

续表

员工素质提升	**跟老板"偷师"学创业** 吴江萍　余晓雷　著	边学边干,边观察边成长,你也可以当老板	不同于其他类型的创业书,让你在工作中积累创业经验,一举成功
	销售轨迹:一位快消品营销总监的拼搏之路 秦国伟　著	本书讲述了一个普通销售员打拼成为跨国企业营销总监的真实奋斗历程	激励人心,给广大销售员以力量和鼓舞
	在组织中绽放自我:从专业化到职业化 朱仁健　王祥伍　著	个人如何融入组织,组织如何助力个人成长	帮助企业员工快速认同并投入到组织中去,为企业发展贡献力量
	企业员工弟子规:用心做小事,成就大事业 贾同领　著	从传统文化《弟子规》中学习企业中为人处事的办法,从自身做起	点滴小事,修养自身,从自身的改善得到事业的提升
	手把手教你做顶尖企业内训师:TTT培训师宝典 熊亚柱　著	从课程研发到现场把控、个人提升都有涉及,易读易懂,内容丰富全面	想要做企业内训师的员工有福了,本书教你如何抓住关键,从入门到精通
营销类:把客户需求融入企业各环节,提供"客户认为"有价值的东西			
	书名. 作者	内容/特色	读者价值
营销模式	**变局下的营销模式升级** 程绍珊　叶　宁　著	客户驱动模式、技术驱动模式、资源驱动模式	很多行业的营销模式被颠覆,调整的思路有了!
	卖轮子 科克斯【美】	小说版的营销学!营销理念巧妙贯穿其中,贵在既有趣,又有深度	经典、有趣!一个故事读懂营销精髓
	弱势品牌如何做营销 李政权　著	中小企业虽有品牌但没名气,营销照样能做的有声有色	没有丰富的实操经验,写不出这么具体、详实的案例和步骤,很有启发
	老板如何管营销 史贤龙　著	高段位营销16招,好学好用	老板能看,营销人也能看
	动销:产品是如何畅销起来的 吴江萍　余晓雷　著	真真切切告诉你,产品究竟怎么才能卖出去	击中痛点,提供方法,你值得拥有
销售	**资深大客户经理:策略准,执行狠** 叶敦明　著	从业务开发、发起攻势、关系培育、职业成长四个方面,详述了大客户营销的精髓	满满的全是干货
	销售是门专业活:B2B、工业品 陆和平　著	销售流程就应该跟着客户的采购流程和关注点的变化向前推进,将一个完整的销售过程分成十个阶段,提供具体方法	销售不是请客吃饭拉关系,是个专业的活计!方法在手,走遍天下不愁
	向高层销售:与决策者有效打交道 贺兵一　著	一套完整有效的销售策略	有工具,有方法,有案例,通俗易懂
	卖轮子 科克斯　【美】	小说版的营销学!营销理念巧妙贯穿其中,贵在既有趣,又有深度	经典、有趣!一个故事读懂营销精髓
	学话术　卖产品 张小虎　著	分析常见的顾客异议,将优秀的话术模块化	让普通导购员也能成为销售精英
组织和团队	**升级你的营销组织** 程绍珊　吴越舟　著	用"有机性"的营销组织替代"营销能人",营销团队变成"铁营盘"	营销队伍最难管,程老师不愧是营销第1操盘手,步骤方法都很成熟
	用数字解放营销人 黄润霖　著	通过量化帮助营销人员提高工作效率	作者很用心,很好的常备工具书
	成为优秀的快消品区域经理 伯建新　著	37个"怎么办"分析区域经理的工作关键点	可以作为区域经理的'速成催化器'
	一位销售经理的工作心得 蒋　军　著	一线营销管理人员想提升业绩却无从下手时,可以看看这本书	一线的真实感悟
	快消品营销:一位销售经理的工作心得2 蒋　军　著	快消品、食品饮料营销的经验之谈,重点突出	来源于实战的精华总结
	销售轨迹:一位快消品营销总监的拼搏之路 秦国伟　著	本书讲述了一个普通销售员打拼成为跨国企业营销总监的真实奋斗历程	激励人心,给广大销售员以力量和鼓舞

组织和团队	**用营销计划锁定胜局:用数字解放营销人2** 黄润霖　著	全方位教你怎么做好营销计划,好学好用真简单	照搬套用就行,做营销计划再也不头痛
	快消品营销人的第一本书:从入门到精通 刘　雷　伯建新　著	快消行业必读书,从入门到专业	深入细致,易学易懂
产品	**产品炼金术Ⅰ:如何打造畅销产品** 史贤龙　著	满足不同阶段、不同体量、不同行业企业对产品的完整需求	必须具备的思维和方法,避免在产品问题上走弯路
	产品炼金术Ⅱ:如何用产品驱动企业成长 史贤龙　著	做好产品、关注产品的品质,就是企业成功的第一步	必须具备的思维和方法,避免在产品问题上走弯路
	新产品开发管理,就用IPD 郭富才　著	10年IPD研发管理咨询总结,国内首部IPD专业著作	一本书掌握IPD管理精髓
品牌	**中小企业如何建品牌** 梁小平　著	中小企业建品牌的入门读本,通俗、易懂	对建品牌有了一个整体框架
	采纳方法:破解本土营销8大难题 朱玉童　编著	全面、系统、案例丰富、图文并茂	希望在品牌营销方面有所突破的人,应该看看
	中国品牌营销十三战法 朱玉童　编著	采纳20年来的品牌策划方法,同时配有大量的案例	众包方式写作,丰富案例给人启发,极具价值
	今后这样做品牌:移动互联时代的品牌营销策略 蒋军　著	与移动互联紧密结合,告诉你老方法还能不能用,新方法怎么用	今后这样做品牌就对了
	中小企业如何打造区域强势品牌 吴之　著	帮助区域的中小企业打造自身品牌,如何在强壮自身的基础上往外拓展	梳理误区,系统思考品牌问题,切实符合中小区域品牌的自身特点进行阐述
渠道通路	**快消品营销与渠道管理** 谭长春　著	将快消品标杆企业渠道管理的经验和方法分享出来	可口可乐、华润的一些具体的渠道管理经验,实战
	传统行业如何用网络拿订单 张　进　著	给老板看的第一本网络营销书	适合不懂网络技术的经营决策者看
	采纳方法:化解渠道冲突 朱玉童　编著	系统剖析渠道冲突,21个渠道冲突案例、情景式讲解,37篇讲义	系统、全面
	学话术　卖产品 张小虎　著	分析常见的顾客异议,将优秀的话术模块化	让普通导购员也能成为销售精英
	向高层销售:与决策者有效打交道 贺兵一　著	一套完整有效的销售策略	有工具,有方法,有案例,通俗易懂
	通路精耕操作全解:快消品20年实战精华 周　俊　陈小龙　著	通路精耕的详细全解,每一步的具体操作方法和表单全部无保留提供	康师傅二十年的经验和精华,实践证明的最有效方法,教你如何主宰通路

思想·文化

	书名．作者	内容/特色	读者价值
思想·文化	**史幼波中庸讲记(上下册)** 史幼波　著	全面、深入浅出地揭示儒家中庸文化的真谛	儒释道三家思想融汇贯通
	史幼波心经讲记(上下册) 史幼波　著	句句精讲,句句透彻,佛法经典的多角度阐释	通俗易懂,将深刻的教理以浅显的语言讲出来
	史幼波大学讲记 史幼波　著	用儒释道的观点阐释大学的深刻思想	一本书读懂传统文化经典
	史幼波《周子通书》《太极图说》讲记 史幼波　著	把形而上的宇宙、天地,与形而下的社会、人生、经济、文化等融合在一起	将儒家的一整套学修系统融合起来